제주에서 중국까지, 조선 사대부의 아주 특별한 표류기

표해록

표해록

제주에서 중국까지, 조선 사대부의 아주 특별한 표류기

초판 1쇄 발행 2019년 5월 10일
초판 2쇄 발행 2021년 4월 1일

지은이   최부
옮긴이   허경진
펴낸이   이영선

편집   이일규 김선정 김문정 김종훈 이민재 김영아 김연수 이현정 차소영
디자인   김회량 이보아
독자본부   김일신 김진규 정혜영 박정래 손미경 김동욱

펴낸곳 서해문집 | 출판등록 1989년 3월 16일(제406-2005-000047호)
주소 경기도 파주시 광인사길 217(파주출판도시)
전화 (031)955-7470 | 팩스 (031)955-7469
홈페이지 www.booksea.co.kr | 이메일 shmj21@hanmail.net

ISBN 978-89-7483-985-7 03910

이 도서의 국립중앙도서관 출판예정도서목록(CIP)은 서지정보유통지원시스템 홈페이지(http://
seoji.nl.go.kr)와 국가자료공동목록시스템(http://www.nl.go.kr/kolisnet)에서 이용하실 수
있습니다.(CIP제어번호: CIP2019015133)

오래된
책방
23

제주에서 중국까지, 조선 사대부의
아주 특별한 표류기

최부 지음·허경진 옮김

서해문집

지금은 중국 윈난(윤남)대학의 교수인 최영화의 2013년 석사논문 〈18세기 전기 표류를 통한 해외 정보의 유입과 지식화〉를 내가 지도했던 이유는, 나 자신이 최부의《표해록》을 다시 읽어 보고 싶어서였다. 또한 최영화가 박사학위를 받고 중국에 돌아간 뒤에도 나와 공동연구를 계속하려면 두 나라 사이에 있는 바다를 주제로 하는 것이 좋다고 생각했다.

나는 그즈음 바다 건너 일본에 여러 차례 다녀오면서 문화교류의 주역이었던 통신사에 관심이 많아 관련 자료를 수집하고 구지현 교수의 박사논문도 지도했는데, 중국 쪽 바다로 시야를 돌리니 자연스럽게 표해록에 눈길이 갔다. 중국과 관련된 표해록 가운데 대표적인 작품이 바로 최부의《표해록》이다.

최부는 여러 차례 죽을 고비를 겪으면서도 예법을 지키며 43명을 모두 살렸다. 다른 표해록과 달리 최부의 뛰어난 문장력과 기억력 때문에 나는 이 책을 손에서 놓지 못하였다. 선조들이 길고 짧은 수십 종의 표해록을 구술하거나 기록하였지만, 그 가운데 가장 뛰어난 문장가가 바로 최부다. 그는 왕 옆에서 홍문관·예문관·교서관·세자시강원 등의 관각문인으로 활동했던 유일한 표해록 저자였다.

《표해록》의 1차 독자는 당연히 6개월에 걸친 표류와 생환을 기록한 보고서를 제출하게 명한 성종이지만, 이 책은 외국 견문보고서를 넘어 국내외에서 흥미로운 읽을거리로도 인기를 끌었다. 국내에서도 여러 판본이 출판되었으며, 특히 청나라와 외교관계가 단절되어 대륙 소식에 목말라 하던 일본에서는 유학자 기요타 기미카네가 일본어로 번역하고 삽화까지 편집하여 1769년에 《당토행정기唐土行程記》라는 제목으로 출판한 뒤 중국, 미국에서도 번역·출판되었다.

이제는 우리나라의 조선술이 세계 최고 수준이어서 표해록을 기록할 시대는 아니다. 하지만 바다 바깥 세상에 관심을 가진 독자들이 여전히 많아서 다양한 형태의 표해록이 번역·출판되었듯, 이 책도 누군가에게 사랑을 받으며 읽히기를 바란다.

머리말을 쓰면서 옛 디스켓을 열어 보니, 최초의 《표해록》 번역파일의 수정일자가 2004년 4월 7일이었다. 그 뒤 2006년 10월 5일 중국 절강(저 장)대학 한국학연구소에서 주최한 한국학국제학술대회에서 관련 논문을 발표하고, 2010년 3월 한국외국어대학교 중국연구소에서 간행하는 《중국연구》 48집에 〈『漂海錄』中体現的朝中兩國人相互認識〉라는 제목으로 중국어 논문을 게재하였다.

처음에는 최부가 도착한 바닷가에서 항주, 북경을 거쳐 의주 건너편 압록강가까지 돌아오는 길을 답사한 기록을 덧붙여 번역본을 출판하려 했지만, 부지런한 분들이 먼저 답사기를 출판하거나 번역본과 연구서를 함께 출판하기도 하였다. 어쩔 수 없이 일반독자용 번역본 원고로 수정하여 서해문집에 넘겨준 뒤에도 다른 책들부터 출판하느라 4~5년 더 미루다 보니 연세대학교에서 정년을 맞은 뒤에야 이 책을 내게 되었다.

이 책이 늦게 나오긴 했지만, 나에겐 《한국 표해록 전집》을 함께 출판하

게 해 준 책이다. 마침 중국에서 개최하는 '표해록 국제학술대회'에 참석
하는 여러 학자들에게 이 책을 선물로 전하게 되어 기쁘다.

2019년 5월

허경진

당나라와 원나라는 적극적으로 국제화정책을 펼쳐, 수많은 유학생을 받아들이고 빈공과賓貢科까지 실시하였다. 그러나 명나라가 건국되면서 조선과 명나라 사이에는 벽이 생겼다. 명나라에서 쇄국정책을 실시하며 유학생도 받아들이지 않아, 조선의 모든 선비들이 중국의 책을 읽고 유학을 배워 과거에 응시했지만 중국을 실제로 가 본 사람은 드물었다. 책으로만 중국과 중국 사람을 체험했던 것이다.

조선시대에는 사신 일행만 중국에 드나들 수 있었다. 사신 가운데 일부는 중국에 다녀온 기록을 남겼는데, 명나라 시대에는 조천록朝天錄, 청나라 시대에는 연행록燕行錄으로 전한다. 그러나 사신들은 정해진 길로만 다녔기 때문에 북경北京 남쪽으로는 내려갈 수 없었다. 조선시대에 북경 남쪽을 가 본 사람은 주로 표류한 사람들이었는데, 대부분은 문자를 모르는 어부였으므로 보고 들은 것을 글로 남기지 못했다. 몇 편 되지 않는 기록 가운데 대표적인 것이 바로 최부崔溥(1454~1504)가 쓴 《표해록漂海錄》이다. 《표해록》에는 최부가 중국인들과 주고받은 대화가 많이 실렸는데, 중국인들의 질문은 최부가 조선인인지 확인하는 것과, 조선에 관한 것이 대부분이다.

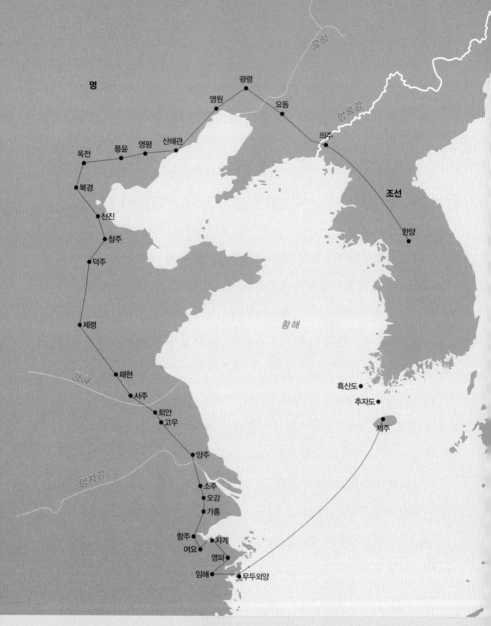

명

옥전
풍윤
영평
산해관
영원
광령
요동
요하
압록강
의주
조선
환양

북경
천진
창주
덕주

황해

제령
황하
패현
서주
회안
고우

흑산도
추자도
제주

양주
양자강

소주
오강
가흥

항주
자계
여요
영파
임해
우두외양

《표해록》에 나타난 최부의 경로

중국에 관심이 많은 성종이 《표해록》을 쓰게 하다

최부가 표해록을 쓰게 된 것은 1488년에 제주도에서 배를 타고 아버지의 장례를 치르러 떠났다가 풍랑에 표류하여 중국 절강성 바닷가에 도착했기 때문이지만, 정확히는 그가 본국에 돌아온 뒤에 성종이 그에게 견문일기見聞日記를 기록해 바치라고 명했기 때문이다. 그는 북경에서 병이 들어 수레를 타고 귀국할 정도로 몸이 쇠약해져 있었다.

또한 그는 상주喪主였으므로 빨리 고향 나주로 가서 삼년상을 마쳐야 했는데, 8일 동안 청파역靑坡驛에 머물며 일기를 기록해 바친 뒤에야 내려가 삼년상을 시작하였다. 그가 연산군 때에 사화士禍에 얽히게 된 것도 결국은 성종에게 중국 견문기를 기록해 바쳤기 때문이다.

최부가 중국에 표류하기 5년 전인 1483년에 이섬李暹이 먼저 표류했다가 귀국했는데, 성종은 이때도 큰 관심을 보였다.

천추사 박건이 경사京師(북경)에서 돌아왔는데, 이섬이 따라와 복명하였다. 임금이 만나 보고 이섬에게 표류했던 일을 묻자, 이섬이 아뢰었다.

"신이 정의현감으로 있다가 체임되어 지난 2월 29일에 본관을 떠나 바다를 가는데, 추자도 10리쯤 못 미쳐 동북풍을 만났습니다. 구름과 안개가 사방에 가득 차고 빗줄기가 물 붓는 것 같았으며, 성난 물결이 산 같아 동서를 분간하지 못했습니다. 그래서 열흘을 표류하다가 뜻밖에 중국 장사진長沙鎭에 정박하여 잔명을 보전할 수 있었으니, 이것은 오로지 성상의 은덕이 미친 덕분입니다."

이어서 표류했던 때의 상황을 두루 서술하니, 임금이 말하였다.

"네가 만약 문자를 해득하지 못했더라면 어찌 살아서 돌아올 수 있었겠느냐?"

그러고는 뒤에 다시 아뢰라고 명하니, 벼슬을 상 주려고 한 것이다.

-《성종실록》14년 8월 22일

성종이 이날 잠시 묻고는, "뒤에 다시 아뢰라"라고 하였다. 그러나 이섬
은 무관이었기에 임금이 직접 읽어 볼 만하게 기록할 수 없었다. 그가 기억
나는 대로 기록하자, 김종직이 다시 문장을 정리하여 임금에게 아뢰었다.

왕실의 문장을 주관하는 홍문관의 직제학 김종직이 바로 그날 이섬의
행록을 정리하여 성종에게 바쳤는데, 중국에서 떠도는 동안 자세한 기록
을 남기지 못했으므로 내용이 간단하였다. 이섬은 곧 새로운 벼슬을 받았
는데, 너무 높은 벼슬을 받아 사간원에서 반대하였다. 이튿날 성종이 이섬
의 공을 두 가지로 설명했는데, 중국 관원에게 항의하여 굴복하지 않은 사
실과 함께, '무사武士로서 시를 창화唱和하여 나라를 빛낸 사실'을 칭찬하
였다.

그로부터 5년 뒤에 최부가 역시 13일 동안의 표류와 136일 동안의 중
국 대륙 종단 끝에 조선으로 돌아왔으므로, 성종이 지극한 관심을 나타
냈다.

전 교리校理 최부가 북경에서 돌아와 청파역에 묵자, "일기를 기록해 바치
라" 명하고, 전교하였다.

"이섬이 표류했다가 살아 돌아왔으므로 특별히 초자超資하였다. 최부는 쓸
만한 사람인데 이제 또 만리를 표박漂泊했다가 아무 탈 없이 살아 돌아왔으니,
상喪을 마친 후에 마땅히 서용敍用할 것이다. 우선 쌀과 콩 약간과 부물賻物을

내려 주도록 하라."
- 《성종실록》 19년 6월 14일

《동국여지승람》 권53, 국립중앙박물관 소장

성종은 그가 중국에 표류하기 전에 대제학 서거정과 함께 《동국통감東國通鑑》, 《동국여지승람東國輿地勝覽》 편찬에 참여하고, 사가독서賜暇讀書한 문인이었음을 기억했기 때문에 최부를 "쓸 만한 사람"이라고 평가했다. 그래서 "일기를 기록해 바치라"라고 명한 것이다. 최부의 외손자 유희춘은 뒷날 《표해록》을 간행하면서 그 발문에서 "성종이 읽어 보고 좋다고 하여, 승문원에 소장하였다"라고 하였다. 승문원은 외교문서를 관장하는 관청이니, 성종은 《표해록》이 중국을 이해하기 위해 꼭 필요한 책이라고 판단한 것이다.

성종은 6월 24일 전라도관찰사에게 명하여 "정교한 목공으로 하여금 최부의 지휘를 받아 수차水車를 만들어 올려 보내도록 하라"라고 하였다. 이는 성종이 최부가 기록한 일기를 열심히 읽은 결과이다.

최부가 부친상에 이어 모친상까지 마치고 4년 뒤에 조정으로 돌아오자, 성종이 직접 불러 물어보았다.

임금이 선정전에 나아가 최부를 불러 표류할 때의 일을 물으니, 최부가 대답하였다. (…)

임금이 또 그 백성들의 집과 성곽, 남녀의 의복에 대해 묻자, 최부가 아뢰었다.

"양자강으로부터 남쪽 소주蘇州와 항주杭州 사이는 큰 집들이 담을 이어서 즐비했는데, 양자강으로부터 북쪽은 서울에 이르기까지 인민의 생활이 그다지 번성하지 못했고, 간혹 초가집도 있었습니다. 그러나 관부官府의 성은 역시 모두 높이 쌓았고, 성문의 누각도 2층이나 3층이 있었습니다. 문밖에 모두 옹성甕城이 있고, 옹성 밖에 또 분장粉牆이 있어서 세 겹이나 되었습니다. 남녀의 의복은 강남 사람들은 모두 넉넉하게 큰 검정색 저고리와 바지를 입었고, 여자들은 옷깃을 외로 여미고 있었습니다. 영파부寧波府 이남 부인들의 머리 장식은 둥글면서도 길었고, 영파부 이북은 둥글고 뾰족했습니다."

- 《성종실록》 23년 1월 14일

성종은 최부에게 일기를 기록하게 해서 중국 사정을 미리 알아보았으며, 이때 불러들여 성곽과 의복에 대해서 물어보았다. 최부는 이듬해에도 곧바로 분상奔喪하지 않은 죄 때문에 경연관經筵官에 합당하지 않다고 비난받았는데, 성종은 "내가 중원中原의 일을 알고자 하여 일기를 지어 바치게 했다"라고 변명해 주었다. 임금이 나라를 다스리기 위해 중원의 일을 알고 싶어 한 것은 당연한 이치이다.

최부가 연산군 때에 사화에 얽혀 처형되었기 때문에 한동안 《표해록》 이야기가 실록에 나오지 않지만, 중종반정으로 집권층이 바뀌자 간행하자는 의견이 나왔다.

최부의 《표해록》은 금릉金陵에서 제도帝都에 이르기까지 산천과 풍토, 그리고 습속을 갖춰 기록하지 않은 게 없으니, 우리나라 사람이 비록 중국을 눈으로 보지 않더라도 이것으로써 알 수 있습니다. 청컨대 함께 간행하여 전파하게 하소서.

— 《중종실록》 6년 3월 14일

이 책이 언제 간행되었는지 확실치는 않지만 1차 동활자 본으로 간행된 뒤에 필요에 따라 여러 곳에서 간행되었다. 사람들이 중국을 알고 싶어 하는 한, 이 책의 효용은 줄어들지 않았다.

최부가 옥전현玉田縣을 지나 산해관으로 향해 가던 중 명나라 관원 두 사람을 만났는데, 반칙유사頒勅諭使로 조선에 갔다가 돌아오는 한림학사 동월董越과 급사중給事中 왕창王敞이었다. 말에서 내린 최부가 두 사람 앞에 불려 가서 표류되었다가 조선으로 돌아가는 길이라고 밝히자, 동월이 "그대 나라 사람들이 그대가 살아서 중국에 도착한 것을 이미 알고 있다"라고 일러 주었다. 동월은 귀국한 뒤에 조선에서 보고 들은 내용을 《조선부朝鮮賦》라는 책으로 출판했는데, 4년 뒤인 1492년 6월 23일에 원접사遠接使 노공필이 복명하며 성종에게 바쳤다. 이 책을 읽어본 성종은 "이 부賦는 우리나라 일이 자세히 기록되어 있으니, 속히 인쇄하여 바치라"라고 명하였다.

《조선부》에 실린 조선 이야기가 중국인에게는 새로운 지식이겠지만, 조선인에게는 특별히 새로운 이야기가 아니어서 '속히 인쇄해 바칠' 정도로 매우 중요한 책은 아니다. 그러나 속히 인쇄해 바치게 한 까닭은 중국인들이 우리를 어떻게 생각하는지 알고 싶었던 것이다. 이 책은 인쇄한 뒤에

《신증동국여지승람》 제1권 〈경도京都 상上〉에 전문이 실렸는데, 중국인의 눈에 비친 조선의 모습에 임금부터 문인들까지 많은 관심을 가졌음을 알 수 있다.

조선인의 중국 인식

명나라 시대에는 쇄국정책을 썼으므로, 조선인들의 중국 인식은 책으로 얻은 간접 체험의 결과이다. 고려 말까지는 원나라와 더불어 적극적인 외교관계를 유지하며 수많은 유학생을 보냈고, 빈공과에 합격하여 관원을 배출하기도 했다. 그러나 명나라 초기에 김도金燾(?~1379)가 향공鄕貢으로 뽑혀 명나라에 갔다가 1371년 제과制科에 급제해 동창부東昌府 구현승丘縣丞으로 임명된 것을 마지막으로, 명나라에서는 빈공과를 폐지하였다. 명나라는 초기에는 도읍이 남경에 있어 사신들이 해로를 통해 왕래하였다. 그러나 곧 북경으로 도읍을 옮기자 사신들이 왕래하는 길도 육로로 한정되었으며, 북경 이남에는 갈 수가 없게 되었다. 그랬기에 조선인들은 중국에 호기심을 가지면서, 북경 이남은 더욱 궁금히 여겼다.

우리 조선 땅이 비록 바다 밖에 있지만 의관과 문물은 다 중국과 같으니 외국이라고 보면 안 됩니다. 하물며 지금 명나라가 통일해 호월胡越 까지도 집안이 됐으니 온 천하가 모두 우리 형제입니다. 어찌 땅이 멀고 가까운 것으로 내외를 구분하겠습니까?

이는 1월 25일 건도소健跳所까지 호송해 온 이앙李昻에게 최부가 고마워하며 인사한 말이다. 명나라 태조는 "짐이 천하의 주인이 되어 화華와 이夷는 긴밀한 관계를 맺게 되었다. 성씨가 비록 다르다고 하나 위무하는 것은 똑같이 하겠다"라고 포고했다. 몽골족인 원나라를 멸망시키고 한족漢族이 중원을 통일하여 명나라를 세웠으므로, 최부는 중국의 의관과 문물이 조선과 같은 하나의 나라라고 생각하였다.

그러나 13일간의 표류 끝에 영파부寧波府 경계에 도착했을 때 최부 일행은 낯선 배 두 척을 만났는데, 처음에는 그 배에 탄 사람들이 누군지 알 수 없었다.

사람들이 모두 검은 저고리와 바지를 입고 짚신을 신고 있었다. 수건으로 머리를 동여맨 사람도 있고, 댓잎으로 짠 삿갓을 쓰거나 종려나무 껍질로 만든 도롱이를 쓴 사람도 있었다. 소란스럽게 떠들며 지껄이는 것이 모두 중국어였다. 내가 그들을 살펴보니 바로 중국인이었다.

옷차림만 보고는 알 수 없었는데, 시끄러운 말소리를 듣고야 중국인이라는 것을 알게 되었다. 그러나 중국어를 모르므로 필담으로 의사를 전달하기 시작했고, 이때부터 중국인의 언행을 눈여겨 살펴보았다. 몇 차례 속고 물건을 빼앗기기도 했지만, 일단 목숨을 건지고 나자 중국인을 긍정적으로 보기 시작했다.

하산의 도적들은 우리를 죽이지 않았고 물건을 남겨 주었으며, 선암 사람들은 위협했던 일을 숨기지 않아 결국 빼앗았던 안장을 돌려주었으니 기풍이 유약함을 볼 수 있다. 인심이 아주 포악하지는 않은 증거다.

성이 윤씨인 늙은 관인이 정보程保 등을 자기 집에 데리고 가 음식을 먹였다. 그리고 그의 처첩과 자녀를 보여 예를 행하게 했다. 그의 마음이 이처럼 순박하고 넓었다.

도저소桃渚所의 천호千戶 진화陳華는 최부가 쓴 삿갓을 보고 "이것은 무슨 모자인가?"라고 물었고, 다른 관원들은 "당신들은 돼지고기를 먹는가?", "당신의 국왕을 황제라고 부르느냐?"라고 물었다. 그 밖의 많은 사람들이 종이와 붓을 가지고 와 물었지만, 일일이 대답할 수가 없었다. 그러자 한 관인이 최부에게 "이곳 사람들은 경박하니, 그들과 쓸데없이 길게 이야기하지 마시오"라고 은밀히 써 보였다. 중국인들의 조선에 관한 일상적인 관심도 최부에게는 인상적이었다.

최부가 중국 대륙을 종단하던 해는 효종孝宗이 즉위한 홍치弘治 원년 (1488)이었다. 황제가 즉위하면 으레 부황父皇의 폐정을 바로잡고 새로운 정치를 펼치는 법인데, 최부는 3월 8일에 노교역魯橋驛을 지나면서 호송인 부영傅榮과 이야기하다가 "새 황제가 불교를 금지시켰다"라는 이야기를 들었다. 유학자였던 최부에게는 가장 반가운 소식이었기에, 부영과의 대화를 통해 홍치신정弘治新政을 정확하게 인식하고 기록하였다.

성화成化 황제께서 도법과 불법을 가장 중요시하셨으나, 지금 새 황제께서는 일절 금지하오.

그러나 새로 즉위한 황제가 도교와 불교를 일절 금지시켰다는 것은 그동안 두 종교가 성행했다는 뜻이기도 하다. 부영의 이야기를 듣고도, '중국이 조선만큼 유교를 숭상하지 않는다'는 최부의 판단은 바뀌지 않았다. 홍치 연간은 명나라 중기에 해당되어 초기의 사회경제나 문물제도가 차츰 해이해지기 시작했으며, 사상계도 성리학적 분위기에서 심학적心學的 분위기로 바꾸어 가고 있었다. 최부는 그러한 변화를 예리하게 파악한 것이다.

3월 21일 창주滄州를 지나면서 최부가 부영과 주고받은 이야기만 보더라도, 최부가 홍치신정에 얼마나 많은 관심을 가졌는지 알 수 있다.

강가에 장대를 세워 놓았는데 꼭대기에 사람의 머리를 매달아 군중에게 보였다. 부영이 내게 말했다.

"저것이 바로 강도의 머리라오."

(…)

내가 부영에게 물었다.

"회하淮河를 지난 후부터 병부·형부·이부 등의 각사 관선이 이어져 끊이지 않으니 왜 그렇소?"

"지금 천자께서 성스럽고 현명하셔서, 조정의 신하가 옛날처럼 했다가 혹 조금이라도 과실을 저지르면 모두 강등시키오. 물길 가운데 석패錫牌(주석으로 만든 패)를 띠고 돌아가는 자들은 모두 폄직貶職돼 고향으로 돌아가는 조정의 신하들이오."

(…)

"지금 천하가 다시 요순堯舜 같은 임금을 얻게 돼 팔원팔개八元八愷 같은 신하를 들어 쓰고 사흉四凶을 축출하니, 조정이 엄숙하여 맑아지고 사해가 순조롭소. 그러니 경하해야 하지 않겠소?"

최부는 심문받던 위치에서 벗어나, 오히려 중국의 정세를 살피는 위치에 섰다. 조선에 돌아가면 견문기를 작성하려고 이미 생각했던 듯하다. 압록강을 건너면서 견문기를 마무리하게 되자 강남과 강북을 비교한 뒤에, 강남과 강북의 공통점, 즉 중국인이 조선인과 다른 점을 이렇게 설명하였다.

귀신을 숭상하고 도교와 불교를 숭상한다. 말할 때 손을 흔들고 성이 나면 이마를 찌푸리고 침을 뱉는다. (…) 사람들이 모두 상업을 업으로 여겨, 벼슬이 높은 거족巨族이라도 직접 소매에 저울을 넣고 다니며 작은 눈금으로 이익을 따진다.

최부는 성종에게 일기를 바치기 전에, 중국에서 초고를 기록했다. 표류 초기의 날씨까지 정확하게 기록한 것이 이를 입증하는데, 그것도 혼자 기록한 것이 아니라 여러 명이 기록했다. 성종에게 올린 일기의 마지막 단락은 다음과 같다.

내가 지나오며 본 것은 1000년에 한 번 보기 어려운 것이지만 상중이라 감히 구경하고 돌아다니거나 경승지를 찾아다니지 못했다. 다만 배리 네 사람에게 날마다 표시한 것을 살펴보게 했지만 옆에서 지방을 물어 하나를 찾으면 만개는 빠뜨리니, 그 대략만 기록했다.

다른 나라를 여행하면서 보고 듣는 것을 기록하려는 것은 우리와 다른 남을 인식하고, 그것을 통해서 우리 자신을 인식하려는, 상호인식의 자세다. 광주목光州牧 아전 정보程保 · 화순현和順縣 아전 김중金重 · 승사랑承仕郎 이정李楨 · 나주羅州 수배리首陪吏 손효자孫孝子가 목숨이 오가는 중에도 틈틈이 기록했기에, 상세하게 기록할 수 있었다. 이따금 기억나지 않는다고 한 이름도 있지만, 수천 개의 지명과 인명을 차례대로 기록하려고 애썼으며 중국을 제대로 인식하고 조선에 알리려 했다.

중국인들의 조선 인식

중국 사람들도 조선 사람을 만날 기회가 적었다. 요동에서 북경까지는 조선 사신이 해마다 몇 차례씩 오갔지만, 절강성에서는 전혀 만날 기회가 없었다. 그들이 만나는 외국인은 대부분 10년에 한 번씩 영파항寧波港으로 입공入貢하는 일본 사신이거나, 자주 습격해 오는 왜구였다.

최부 일행은 황화관皇華館에서 송문松門 비왜지휘備倭指揮 파총관把摠官 유택劉澤에게 심문을 받았는데, 그는 인적사항과 조선의 규모를 물은 뒤에, 몇 가지 구체적인 질문을 했다.

너희 나라와 일본 · 유구琉球 · 고려는 서로 왕래하느냐?

너희 나라도 우리 조정에 조공朝貢을 하느냐?

너희 나라는 어떤 법도를 쓰느냐? 따로 연호가 있느냐?

물론 최부의 대답을 듣고는 "그대 나라가 우리와 좋은 관계를 맺고 있어, 마땅히 예로 대우하겠다"라고 했다. 지방 관원이 무식해서 위와 같은 질문을 한 것이 아니라, 최부가 과연 조선 관원인지 확인하기 위한 것이었고, 그 뒤에 만난 중국인들의 공통적인 질문도 그러했다. 또한 "조선도 유교를 신봉하느냐?"라는 질문은 과연 조선인인지, 일본인이 아닌지 확인하기 위한 것도 있지만, 같은 중화문화권인지, 동류의식을 확인하기 위해서도 물었다. 그러다가 조선이 중국보다 더 유교화儒敎化되어 있어 놀라기도 했다.

2월 11일 항주 무림역武林驛에서 머물 때에 역에서 일하는 고벽顧壁이 말했다.

우리 항주성 서산 팔반령에 오래된 절이 있는데 이름이 고려사高麗寺다. 절 앞에 비석 두 개가 있어 옛 자취가 기록돼 있다. 여기에서 15리 떨어져 있는데, 바로 남송 때 고려의 사신이 조공하러 와서 세운 것이다. 그대 나라 사람이 국경을 넘어와서까지 또 절을 세웠으니 불교 숭상하는 뜻을 알 만 하다.

그러자 최부가 불교를 숭상한다는 말을 강하게 반박하였다. "이것은 고려인이 세운 것이오. 지금 우리 조선에서는 이단을 물리치고 유교를 존숭하오. … 만약 머리를 자르고 (중이 된) 사람이 있다면 모두 충군充軍시킨다오." 최부는 조선이 유교국가라는 사실을 중국인에게 알리기 위해 애썼다.

1월 19일 도저소에서 만난 노부용盧夫容이라는 서생은 조선의 언어가 왜 중국과 다른지 물었다.

"수레는 폭이 같은 바퀴를 쓰고 글은 같은 문자를 쓰나, 유독 너희 말이 중국과 다르니 어째서인가?"

내가 말했다.

"1000리 떨어지면 풍습이 달라지고 100리 멀어지면 습속이 달라지오. 족하에게 내 말이 괴상하게 들리지만 내게도 족하의 말이 이상하게 들리니 풍습과 습속 때문이오. 그러나 똑같이 하늘이 부여한 성정을 얻었으니 나의 성정도 요순·공자·안연의 성정이오. 어찌 말소리가 다르다고 허물하시오?"

그가 손바닥에 써서 말했다.

"네가 상을 당해 간다니 주 문공의《가례》를 행할 수 있느냐?"

노부용은 중화中華 중심의 사고방식으로 질문하였다. "너희는 왜 우리와 다르냐?"라는 질문에 최부는 과감하게 "나 또한 족하의 말이 괴이하게 들린다"라고 대답하였다. "습속은 다르지만 성품은 같다"라는 답변을 통해, '요순과 공자·안회를 함께 배우고 받들기에 우리는 하나'라는 동류의식을 가지게 했다.

중화문화권에서 하나가 되었지만, 중국과 조선이 어떻게 다른지 확인하려는 중국인들의 관심은 계속되었다. 2월 17일 고소역姑蘇驛에서 만난 왕씨와 송씨 성을 가진 안찰어사 두 사람이 물었다.

"기자箕子가 조선에 봉해졌는데 지금 후손이 있소? 그리고 사당과 무덤과 제사는 버려지지 않았소?"

"기자의 후손인 기준箕準이 위만魏滿에게 쫓겨나 마한馬韓으로 도망가 도읍을 세웠으나, 나중에 백제에게 멸망돼 지금은 후사가 없소. 기자의 사당은 평양에 있소. 나라에서 해마다 봄가을로 분향하고, 희생과 폐백을 드려 제사를 지내오."

"그대 나라에 어떤 좋은 기술이 있기에 수隋와 당唐의 병사를 물리칠 수 있었소?"

중국 지식인들이 조선의 역사를 기자와 연관하여 생각하려는 것은 '조선은 기자가 봉해진 나라'라는 전통적 인식을 확인하는 것이다. 그런데 그들이 중화사상 속에서 알고 있던 조선은 기자가 봉해진 제후국가였기 때문에, 수나라와 당나라를 물리친 사실에 당혹감을 느낄 수밖에 없었다. 그래서 그 비결을 물은 것인데, 최부는 "지모智謀 있는 신하와 용맹한 장수가 군사를 부리니, 병졸들이 모두 윗사람을 친애하고, 윗사람을 위해 죽었다"라고 대답하였다. "지금은 신라·백제·고구려를 합쳐 한 나라가 되었다"라고 덧붙여 말하면서, 지금의 조선이 바로 수나라와 당나라를 물리친 고구려의 정통성을 잇고 있다고 강조하였다.

조선에 가까운 산동이나 요동 지역의 주민들은 조선을 더욱 친근하게 느꼈다. 3월 15일 임청주臨淸州 청원역淸源驛에서 만난 요동 상인들이 최부를 찾아와 술을 대접했다.

요동 사람 진기陳玘·왕찬王鑽·장경張景·장승張昇·왕용王用·하옥何玉·유걸劉傑 등이 물건 파는 일 때문에 먼저 여기에 도착해 있었다. 우리가 왔다는 말을 듣고 청주 세 병·엿강정 한 쟁반·두부 한 쟁반·큰 떡 한 쟁반을 가지고 와서 나와 종자들을 대접했다. 그리고 말했다.

"우리 요동성遼東城은 귀국의 땅과 이웃하니 의리상 한 가족이나 마찬가지요. 오늘 다행히 여행길에 만날 수 있었기에 변변찮은 물건을 가지고 와 예물로 삼았소."

내가 말했다.

"그대의 땅은 옛날 고구려의 옛 도읍이오. 고구려가 지금은 우리 조선의 땅이 됐으니, 지리적인 연혁이 비록 시대에 따라 차이가 있으나 사실 한 나라나 마찬가지요."

요동 상인들은 요동이 조선과 가까워서 한집안 같다고 했는데, 최부는 그곳이 옛 고구려 땅이니 우리와 한 나라라고 답했다. 최부는 실제로 5월 24일 요양역遼陽驛에서 계면戒勉이라는 중을 만났는데, 그는 조선말을 했다.

소승은 본래 조선인입니다. 제 조부께서 여기에 도망해 온 지 이미 3대가 지났습니다. 이 지방이 본국의 경계와 가깝기 때문에 조선인 가운데 내왕하는 사람이 매우 많습니다. 중국인이 겁이 많고 나약하기 때문에 도적을 만나면 모두 창을 버리고 도망을 칩니다. 그리고 활을 잘 쏘는 사람이 없습니다. 그래서 반드시 귀화한 조선인을 뽑아서 정병을 삼거나 선봉을 삼습니다. 우리나라 사람하나가 중국인 열 명, 백 명을 당할 수 있기 때문입니다. 이 지방은 옛날 우리 고구려의 도읍이었으나 중국에 빼앗겨 귀속된 지 1000여 년이 됐습니다. 우리 고구려의 남은 풍속이 아직 끊기지 않아 고려사를 세워 근본으로 삼고, 공경히 제사 지내기를 게을리하지 않으며, 근본을 잊지 않고 있습니다.

계면은 중국인이라 할 수 없지만, 중국 안에서 조선인을 바라보는 또 하나의 시각이라 할 수 있다. 두 사람의 대화는 곧 불교로 주제가 바뀌었지만, 최부가 고구려를 우리 땅으로 인식하는 자세가 새삼 확인된다.

중국인 가운데는 조선을 많이 아는 관원들도 있었다. 2월 7일 항주에서 만난 진수태감鎭守太監 장경張慶은 관인을 시켜 "정인지·신숙주·성삼문·김완지·조혜·이사철·이변·이견 등이 모두 조선의 인물인데, 이들이 어떤 관직에 있었는가를 일일이 적어 알려 달라"라고 했다. 이 가운데 이변·김완지·조혜·이견은 최부도 모르던 선배였는데, 장경은 조선에 사신으로 다녀왔던 예겸倪謙이 지은《조선기사朝鮮紀事》를 읽었음이 틀림없다.[1]

2월 8일에도 항주의 한 관원이 최부에게 물었다.

> "경태景泰(1450~1456) 연간 우리나라에서 급사중관 장녕이 그대 나라에 사신으로 가서《각금정시却金亭詩》와《황화집》을 지었는데 그대는 아는가?"
>
> 내가 대답했다.
>
> "장張 급사가 우리나라에 도착해서《황화집》을 저술했소. 그 가운데 한강루에 쓴 시 (…) 더욱 자자하게 칭찬하오."

장녕이 마침 이 지역에 살고 있었으므로《황화집皇華集》에 실린 그의 시를 지방의 일개 관원이 알고 있었던 것이지만, 다른 지역에서도《황화집》정도는 알고 있었다. 2월 15일 가흥부嘉興府 서수역西水驛 역승驛丞 하영何榮이 최부에게 절구 3수를 지어 주면서 물었다.

I   박원호,《최부 표해록 연구》, 고려대학교출판부, 2006, 222~223쪽.

"우리 조정의 낭중郎中 기순祁順과 행인行人 장근張謹이 조선에 사신으로 가셨다가 《황화집》을 저술했는데 조선 사람이 창수한 것 가운데 서거정이 으뜸이었소."

(…)

"서거정은 지금 어떤 관직에 있소?"

"의정부 좌찬성이 되셨소."

"서거정의 문장 역시 해동의 인물이오."

이런 기록을 보면 조선과 중국이 서로 쇄국정책을 썼기에, 두 나라 사신들이 주고받은 시를 편집한 《황화집》이 지방 지식인들에게까지 관심을 끌고, 조선의 문인 이름이 알려졌던 듯하다. 서거정의 이름을 묻는 중국인들은 많았다. 최부가 하영의 시에 화운和韻해 시를 짓자, 하영은 말린 닭고기와 문어를 선물하였다. 2월 17일 소주에서 만난 정씨 성의 관리도 화운을 요구했는데, 최부가 즉시 차운하자 쌀 여섯 말, 거위 한 마리, 나물 한 쟁반, 호도胡桃 한 쟁반을 보내왔다. 조선 문인의 작시作詩 능력을 인정한 것이다.

2월 7일 항주 무림역에서 최부를 심문한 정대인鄭大人 일행은 최부의 답변을 다 들은 뒤에 "당신은 참으로 독서를 많이 한 선비 같소. 이 지방 사람들은 정말로 무식하기 짝이 없소"라고 칭찬하였다. 서거정뿐만 아니라 최부 역시 중국인들에게 학식을 인정받은 것이다. 최부 한 사람과 중국의 지방 지식인 몇 사람이 만나 대화를 나눈 책 한 권만 가지고 중국인 전체를 일반화할 수는 없지만, 중국인들은 최부와의 만남으로 조선인을 더욱 긍정적으로 인식하게 되었다.

서장관書狀官으로 중국에 다녀오면서 견문기를 남기지 못하다

최부는 돌아온 뒤에 부친상에 이어 모친상까지 치렀다. 4년 뒤에 탈상하자 성종이 1491년 11월 22일에 사헌부司憲府 지평(정5품)에 제수했다. 그러나 몇 달 동안 사간원에서 '부친상을 치르기 전에 중국 견문일기부터 기록해 바쳤다'고 비판하며 서경署經해 주지 않아, 버슬을 바꿔야만 했다. 최부는 이듬해(1492)에 명나라에 서장관으로 파견되었다. 반책립황태자조사頒冊立皇太子詔使 애박艾璞이 조선에 왔다가, 5월 25일에 원접사 노공필에게 최부의 안부를 물었다. 그러자 노공필이 "이번에 진하사進賀使를 따라 북경에 갔다"라고 말했다.

당시 조선에서 명나라를 가장 잘 아는 관원 최부가 서장관으로 중국에 간 것은 당연한 일이다. 중국 소식을 알고 싶어 하던 성종이 최부에게 막중한 임무를 맡겼을 수도 있다. 그는 문장에도 뛰어났으므로, 서장관의 임무를 잘 감당했을 것이다. 그러나 최부가 명나라에 다녀온 뒤에 성종이 그를 불러다 중국의 소식을 물었다는 기록은 없다. 그는 아무런 견문록도 남기지 않았다. 《성종실록》에는 물론, 그의 문집인 《금남집錦南集》에도 이에 관한 기록은 전혀 없다. 분상에 앞서 중국 견문기를 기록했다가 오랫동안 비판에 시달렸기 때문인지, 성종도 최부도 이에 관해서는 전혀 언급이 없다.

최부는 명나라에 다녀와 홍문관 교리(정5품)에 임명되었지만 사헌부에서는 여전히 합당치 않다고 비판했으며, 성종은 그를 승문원承文院, 예문관藝文館 등으로 옮겨 주었다. 그가 《성종실록》을 편찬할 때는 예문관 응교(정4품)에 교서관校書館 교리校理(종5품)를 겸했으니, 외교문서와 왕의 문서를 맡은 측근이었다. 이러한 벼슬은 대제학이 되기 위해 반드시 거쳐야 하는 자리들이다. 그러나 연산군이 즉위하여 사화가 계속되자, 무오사화 때에 함경도 단천으로 유배되어 6년을 지내다가, 갑자사화 때에 처형되었다. 1504년 10월 24일에 참斬하고, 연산군이 이튿날 승지에게 최부가 형刑에 임하여 무슨 말을 했는지 물어보았다. 의금부 낭관은 "한마디 말도 없었다"라고 아뢰었지만, 그날의 실록을 기록한 사관은 최부의 언론에 대해 이렇게 기록하였다.

최부는 공렴公廉 정직하고, 경서經書와 역사에 능통하여 문사文詞가 풍부하였다. 간관諫官이 되어서는 아는 일을 말하지 않은 게 없어, (책임을) 회피한 적이 없었다.
- 《연산군일기》10년 10월 25일

흩어져 있는 그의 문장을 수집할 겨를도 없었기에, 그의 외손자 유희춘이 편집한 《금남집》에는 《동국통감》에 실린 논論 120편과 《표해록》 외에는 별다른 글이 실려 있지 않다. 명나라를 가장 정확하게 인식했던 최부가 정작 서장관이나 질정관質正官으로 중국에 다녀올 때에는 조천록이나 견문기를 남기지 못한 것은 너무나 안타깝다.

최부는 돌아오던 길에 옥전현을 지나다가 조선에 사신으로 다녀오던 동월을 우연히 만났다. 이들은 귀국한 뒤에 상호 견문기인 《조선부》와 《표해록》을 각기 지어 황제와 왕에게 바쳤는데, 중국인 동월이 지은 《조선부》는 중국뿐만 아니라 조선에서도 곧 간행되어 널리 읽혔지만 최부는 분상하지 않고 중국 견문기부터 기록했다는 죄 때문에 오랫동안 비판을 받았으니, 그것이 바로 실질보다 명분을 중시한 조선 중기 사대부들의 한계다.

최부가 1488년에 기록한 《표해록》은 외손자 유희춘이 81년 뒤인 1569년에, 그리고 90년 뒤인 1578년에 발문을 써서 다시 간행하였다. 1578년 발문에서 《표해록》 간행의 의의를 "중국의 문화를 가지고 조선의 좁은 소견을 변화시키려는 뜻에도 도움이 없지 않을 것"이라고 평가했으니, 그러한 시대적 한계 속에서 조선을 변화시켜 보려고 했던 최부의 꿈이 《표해록》의 몇 차례 간행으로 이루어진 것은 참으로 다행이다.

《표해록》의 편집과 간행

최부의 외손자 유희춘은 평소에 책에 관심이 많아 책 장수에게 책을 자주 구입했으며, 여러 종류의 책을 짓거나 편찬하고 필사하였다. 제자나 서리들에게도 필사를 시키고, 종이를 구하여 인쇄했으며, 책장冊匠을 불러 제본케 하였다. 그가 《표해록》을 간행하기 위해 애쓴 과정도 그의 일기에 자세하게 기록되어 있다.

1568년 8월 3일: 평안감사 오상吳祥을 찾아가 뵈었다.

1569년 8월 15일: 《표해록》의 발문을 초抄했다. 관서(평안도)로 보내기 위해서다.

17일: (유)경심이 아침저녁 두 번이나 왔는데, 나를 위하여 《표해록》의 발문을 고쳐 주어서 기쁘다.

23일: 아침에 이수륜이 와서《표해록》의 표지를 썼다.

1570년 6월 27일: 평안감사 성세동成世童 공이《표해록》두 권과《속문범續文範》한 권을 보내왔다.

1571년 8월 9일: 이날 뱃길로 (평안도) 정주에 있는《표해록》판板을 옮겨 올까 생각했는데, 대용의 형제도 그렇게 하는 것이 좋겠다고 했다.

1571년 11월 2일: 전주 사람이 관서에서 돌아왔는데, (후임) 윤감사가 "도내에 소장한 각판을 다른 도로 보내는 것이 어렵다"라고 하면서 한 부를 인쇄하여 보내왔다.

(내 후임) 전라감사 이양원이 찾아와 담소하고, "《표해록》한 부를 받아 나주에서 간행하겠다"라고 약속하고 갔다.

1572년 9월 25일: 노직이 말하기를 "《표해록》을 전 감사가 나주에 맡겼다'고 영리營吏 이조李祚가 말했습니다"라고 하였다.

오상이 언제 평안감사가 되었는지,《선조실록》에는 기록이 없다. 평안 감사로 부임한 뒤에는 특별히 한양에 올 일이 없었으므로, 유희춘이 '평안 감사 오상을 찾아가 뵈었다'는 1568년 8월 3일 전후에 임명된 듯한데, 실록에 임명 기사는 빠졌다. 아마도 이때 찾아가서《표해록》의 간행을 부탁한 듯하다.

《미암집眉巖集》에 실린 유희춘의 발문은 1568년 8월 16일 날짜로 되어 있는데, 15일에 평양으로 보내기 위해 써 놓고도 유경심에게 보여 주어 고칠 정도로 공을 들였다. 처음에《표해록》간행을 부탁한 오상이 병조판서로 올라오고 후임 평안감사 성세동이 제작을 마무리하여《표해록》두 권을 보내 줄 때까지 2년 가까이 걸렸다. 그 뒤에 책을 더 찍고 싶어서 판을 요구했지만, 후임 평안감사가 거절하자 결국 자신의 후임인 전라감사에게 재판 간행을 부탁하였다. 우여곡절 끝에 재판은 나주에서 나왔다. 외손자 유희춘이 편집부터 제본을 거쳐 간행까지 애쓴 덕분에 무오사화에 얽혀 참형을 당했던 최부의 《표해록》이 우리에게 전해졌다.

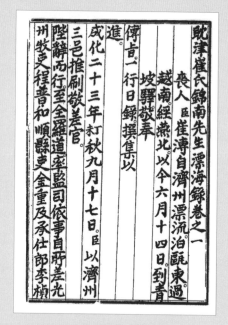

최부의 문집인 《금남집》
권3에 실린 《표해록》 권1

일 러
두 기

1 이 책은 최부崔溥(1454~1504)가 1488년 부친상을 당해 제주에서 귀향하다 표류해 중국을
   거쳐 돌아온 뒤 성종의 명을 받아 남긴 《표해록漂海錄》을 번역하고 주석을 단 것이다.

2 본문에 나오는 날짜는 모두 음력이다.

3 중국 인명과 지명은 본문에서는 한자음 그대로 표기하고, 필요한 경우 주석 또는 괄호 설명
   등에서 외래어표기법에 따라 현재에 맞는 발음으로 표기했다.

4 그 외의 외래어는 외래어표기법에 따라 표기했다.

차 례

표해록

상중인 신臣 최부는 제주에서 표류하다가 구동甌東[1]에 정박해, 월남[2]을 넘고 연북燕北[3]을 지났습니다. 이제 6월 14일에 청파역[4]에 도착해, 공경히 전지傳旨(임금의 명령서)를 받들어 일행의 일록을 지어서 올립니다.[5]

---

1   구甌는 옛날의 동구국東甌國. 동구국의 동쪽은 지금의 중국 절강성(저장성) 동남쪽 지역이다.
2   월越은 춘추시대 월나라. 월나라 남쪽은 지금의 강소성(장쑤성) 남부 일대다.
3   연燕은 전국시대 연나라. 연나라 북쪽은 지금의 하북성(허베이성) 북부, 넓게는 산동반도 북쪽이다.
4   남대문을 나서면 첫 번째 도착하는 역이다. 최부는 관원이 아닌 데다 상복을 입고 있었으므로 왕을 직접 뵙지 못하고, 청파역에 머물며 왕명을 기다리고 있었다.
5   이 책은 최부가 임금의 명에 따라 보고하는 형식의 글이기 때문에, 끝까지 아주 높이는 말로 번역해야 한다. 그러나 그렇게 하면 문장이 너무 번거롭기 때문에, 이 뒤부터는 평서문으로 번역했다.

성화[6] 23년 정미년(1487)

9월 17일

나는 제주 세 고을(제주목, 대정현, 정의현) 추쇄경차관推刷敬差官[7]으로 임금께 하직을 고하고 떠났다.[8] 전라도에 도착해 감사를 거느리고 사목事目에 의거해 차출한 광주목 아전 정보, 화순현 아전 김중, 승사랑 이정, 나주 수배리[9] 손효자, 청암역 아전 최게산, 종 만산 등 여섯 명과 사복시 안기安驥[10] 최근 등을 데리고 해남현으로 돌아와 바람을 기다렸다.

11월 11일, 아침에 제주의 새 목사 허희와 관두량에서 배를 같이 탔다

11월 12일, 저녁에 제주 조천관朝天館에 도착해 정박했다

---

6   명나라 헌종憲宗의 연호(1465~1487).
7   도망한 관아 노비를 찾아내거나 노비안을 작성하기 위해 임금의 명령을 받고 파견된 관리.
8   《성종실록》에는 이날의 기사가 실리지 않고, 2월 18일에 《동국여지승람》을 편찬한 공으로 사슴 가죽 한 장을 상으로 받는 기사까지만 실려 있다.
9   어른을 따라 모시는 일을 도맡아 하던 아전.
10 사복시에 속해 말을 관리하던 정6품 잡직.

朝天館
在州城東三十里石磯錯
雜於海口自成一小島填
石高築城環其上中有公
廨數十間東南城隅景高
憩客館三楹標樹半空舟
護照曜水則一方連陸岡
環海刱橋以通城門此乃大
作舉橋從海生未時待防
小人自航設防護而置助防
所也因設防護未時待防
將城周四百二十八尺高
九尺正軍一百四十一名
所管峰燧一個臺三柵石
浦三處城下浦口互築石
浦中開水門以通船路出
入常時藏船於其內城外
下陸廬有利涉亭舟楫數
百戶櫛比橋林中舟楫迷
津關防形勝甲於九鎮矣

조천관을 묘사한 《제주십경화첩》 그림

'바람을 기다리는 집'이란 뜻으로 '후풍관'이라고도 한다. 《신증동국여지승람》에서는 '세 고을에서 육지로 나가는 자는 모두 여기서 바람을 기다리고, 전라도를 거쳐 세 고을로 들어오는 자도 모두 이곳과 애월포에 배를 댄다'고 했다. 국립민속박물관 소장

홍치[11] 원년 무신년(1488)

1월 30일, 흐렸다

포시哺時(오후 3~5시)에 내 종인 막쇠가 나주에서 제주에 도착했는데, 상복을 가지고 와서 부친상을 알렸다.

윤정월 1일, 비가 왔다

목사가 아침저녁으로 와서 위로했다. 이어서 '수정사水精寺의 승려 지자智慈의 배가 튼튼하고 빨라 관선이 따라가지 못한다'고 하면서 병방의 진무鎭撫[12] 고익견·오순 등에게 별도포別刀浦[13]에 돌아와 정박하라고 명했다. 내가 바다를 건널 준비를 하기 위해서였다. 판관 정전이 군관 변석산을 보내 조문했다.

윤정월 2일, 흐렸다

동틀 무렵 별도포 후풍관候風舘에 갔다. 정의현旌義縣 훈도 최각향과 향교 생도 김정린 등 20여 명, 내수사內需司 전회典會(종7품) 박중간과 최근 등이

---

11 명나라 효종孝宗의 연호(1488~1505).
12 병영兵營·수영水營·진영鎭營에 딸려 있던 서리書吏.
13 제주목 동쪽 8리 되는 곳에 있는 별도천 어귀의 포구.

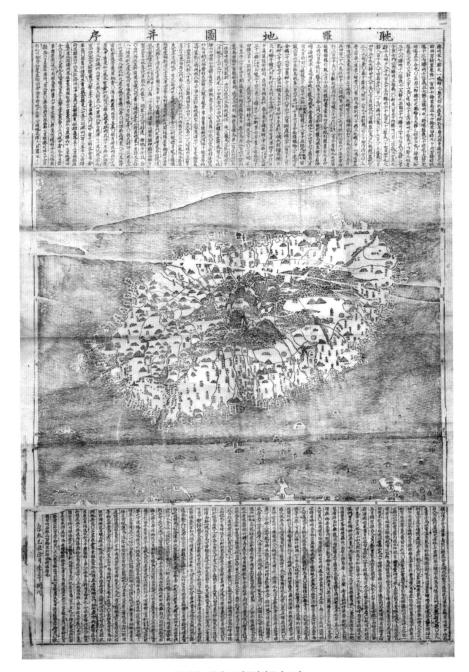

〈탐라지도병서〉 국립중앙박물관 소장

모두 걸어서 따라왔다. 15리쯤 이르자 얼마 안 돼 목사가 달려와 위문했다.[14]

이날 내가 데려간 아전 정보와 김중 등은 (많은 일을 했다.) 임금이 타실 말을 뽑고, 목장을 감독하며, 공사 노비를 분변하고, 떠돌아 옮겨 온 사람을 조사하며, 지나치게 낙점된 반당伴倘[15]과 양민을 사칭하는 사람들을 찾아내 다스린 문적文籍 및 전주부에 보낼 제주 세 고을의 장적帳籍 열일곱 책과 또 제주 세 읍에서 올리는 각 연장年帳·호적·군적 등의 문서 한 책을 봉해서 목사에게 실어 보내어 영청營廳에 보관하게 했다. 서목을 받자 돌려보내 왔다.

윤정월 3일, 바다를 표류했다[16]

이날 흐렸다가 비 오다가 했다. 동풍이 약하고 순했으며 바다 빛이 매우 푸르렀다. 대정大靜현감 정사서와 훈도 노경이 내가 상을 당했다는 말을 듣고 달려와 위문했다. 최각·박중간·왜학훈도 김계욱·군관 최중중·진무 김중리 등 10여 명, 학장 김준려와 김득례, 교생 20여 명이 함께 포구에서 송별했다. 김준려와 김득례 등이 떠나는 나를 잡으며 말했다.

"저희는 바닷가에서 나고 자라 바닷길 지나는 것을 잘 압니다. 한라산

---

14 최부가 표류 끝에 중국을 거쳐서 조선으로 돌아와 6월 22일 성종에게 《표해록》을 지어 바치자, 성종이 다 읽어 보고 1488년 7월 6일 제주 목사 허희에게 "그대가 튼튼한 배를 구해 주었기 때문에, 비록 표류를 당했지만 같이 탄 마흔세 명이 모두 살아서 돌아왔다. 그대가 어찌 도운 것이 없겠는가?"라고 칭찬하며 겉옷과 속옷 한 벌을 상으로 내렸다.

15 변방의 천호 밑에 딸린 군사. 활을 잘 쏘고 창을 잘 쓰는 자를 뽑아 천호의 우익으로 삼았다.

16 이날부터의 일기는 첫 줄을 제목처럼 썼다.

이 흐리고 비가 와서 날씨가 고르지 못하니, 반드시 풍랑으로 인한 변이 있을 것입니다. 배를 타면 안 됩니다. 그리고 《가례》《주자가례朱子家禮》에서 '친상親喪을 처음 들으면 곧 간다'는 구절의 주석에 '하루에 100리를 가되 밤에는 가지 않는다'고 했습니다. 비록 슬프더라도 오히려 해害를 피해야 하는 법입니다. '해를 피해야 한다', '밤에 가는 것도 안 된다'고 했는데, 하물며 이런 큰 바다를 지나는 데에야 신중하지 않을 수 있겠습니까?"

좌중의 어떤 이는 권하기도 하고 어떤 이는 만류하기도 해, 해가 높이 솟도록 결정하지 못했다. 진무 안의가 와서 아뢰었다.

"동풍이 딱 좋으니 가도 되겠습니다."

박중간과 최중중 등도 또한 가기를 권해, 나는 마침내 고별하고 배에 올랐다. 노를 저어서 5리를 지나자 군인 권산·허상리 등이 모두 말했다.

"오늘 바람이 불 듯도 하고 그칠 듯도 하며, 안개(흙비)가 걷힐 듯도 하고 낄 듯도 합니다. 이렇게 바람이 순하지 않은 날을 만나 파도가 험악한 바다를 지난다면 후회할 일이 있을까 걱정스럽습니다. 별도포로 돌아가십시오. 바람을 기다렸다가 다시 떠나도 늦지 않을 것입니다."

안의가 말했다.

"하늘의 기후는 인간이 예측할 수 없습니다. 잠깐 사이에 구름이 걷혀 하늘을 볼 수도 있을지 어찌 알겠습니까? 이 바다를 지나는 자 가운데 민간의 배들이 뒤집혀 가라앉는 경우가 줄줄이 이어졌으나, 왕명을 받든 조정의 신하 가운데에는 전 정의현감 이섬 밖에는 표류하거나 물에 빠진 경우가 드물었습니다. 이 모두 임금의 덕이 지중함을 실로 하늘도 알기 때문입니다. 하물며 이러쿵저러쿵 여러 입이 떠들면 일이 제대로 되지 않는 법입니다. 어찌 길을 나섰다가 다시 돌아가 지체할 수 있겠습니까?"

돛을 펴라고 명을 내려 출발했다. 겨우 대화탈도大火脫島[17]를 지나자, 배 안의 사람들이 모두 "배가 거요량을 향해 바다를 가로질러 순풍을 타고 올라가 추자도楸子島에 정박하면 매우 빠를 것이다"라고 말했다. 권산이 그 말을 듣지 않고 키를 잡은 채 바람이 이끄는 대로 수덕도愁德島를 지나 서쪽으로 갔다. 바다 기운이 어둑어둑해지고 바람이 약해지면서 비가 내렸다. 추자도의 배 두는 곳에 가까이 가려 했으나 밀물이 매우 빠르고 하늘도 또한 어두컴컴해졌다. 격군格軍들에게 노를 젓도록 독촉했으나, 군인들이 모두 "이런 날 배를 띄우면 누가 지나갈 수 있겠는가?"라고 하며 다들 엇나가는 마음을 품고, '열심히 노를 저으라'는 말을 듣지 않았다. 물러나서 초란도草蘭島에 이르러 서쪽 해안에 의지해 닻을 내리고 배를 대었다. 밤 3경(오후 11시~오전 1시)에 상리가 말했다.

"이 섬이 비록 동풍은 막아 주지만 3면이 트여 있어 배를 대기에 적당치 않고, 지금 또 북풍이 점차 일어나고 있습니다. 나아가나 물러가나 의지할 곳이 없으니 앞으로 어찌하겠습니까? 또 이 배가 처음 정박한 곳에 있지 않고 점점 밀려나 바다 가운데로 들어가고 있으니, 내린 닻이 혹시라도 부서졌을까 걱정됩니다. 지금 생각해 보니 닻을 끌어 올려 조금 앞에 있는 언덕에 매느니만 못합니다. 날이 밝기를 기다려 추자도로 들어가는 것이 좋겠습니다."

마침내 닻을 끌어 올리니 과연 부서져 있었다. 노를 저어 가까운 해안에 미처 닿기 전에 북풍이 거슬러 불어닥쳐 의지할 데 없는 곳으로 나아가게

17 　추자도 남쪽에 있는 섬인데, 돌 봉우리가 뾰죽뾰죽하다. 그 위에 샘이 있으나 나무는 없고, 풀이 있는데 부드럽고 질겨서 기구를 만들 만하다(《신증동국여지승람》 제38권 〈제주목〉).

됐다. 비는 여전히 그치지 않고 풍랑이 번갈아 사납게 굴어 파도를 따라 오르락내리락하며 갈 곳을 몰랐다.

윤정월 4일, 표류해 큰 바다 가운데로 들어갔다

이날 우박이 쏟아지고 큰바람이 불었다. 놀라운 파도와 두려운 물결이 하늘을 흔들고 바다를 두들겼다. 돛은 다 부서지고 두 돛대는 높고 커서 기울어져 흔들리기 쉬웠기 때문에 엎어져 빠질 형편이었다. 초근보에게 명해 도끼로 찍어 없애라고 했다. 고이복이 새끼줄로 묶어서 고물(船尾, 배의 뒷부분)을 붙잡아 매어 파도를 막고 있었다. 정오가 되자 비가 조금 그쳤으나 동풍이 또 크게 일어나, 기울어졌다가 떠올랐다가 했다. 가는 곳을 물어보니 별안간에 이미 서해로 들어섰다고 했다. 사공이 동북쪽 멀리 어떤 섬을 가리키는데, 아득한 가운데 한 점 탄환 같았다.

"저 곳이 아마 흑산도일 것입니다. 여기를 지나가면 사방에 섬이 없고 물과 하늘이 서로 닿아 끝없이 넓은 바다입니다."

사람들이 모두 어찌할 바를 몰라 배 안에 널브러져 누웠다. 나는 안의를 시켜 군인들에게 새는 곳을 찾아 배를 고치게 하라고 했다. 군인 가운데 고회라는 자가 소리를 질렀다.

"제주의 바닷길은 몹시 험해서 왕래하는 사람들이 모두 여러 달 바람을 기다리곤 하오. 지난번 경차관의 경우에도 조천관과 수정사에서 통틀어 석 달을 기다린 뒤에야 떠났소. 이번 떠나는 길은 비바람이 그치지 않은 때인데도 하루도 기다리지 않아 이 지경에 이르렀으니 모두 자초한 것이오."

나머지 군인들이 모두 말했다.

"형편이 이미 이런데, 아무리 새는 곳을 찾아 마음과 힘을 다해 배를 고친대도 결국은 분명 죽을 것이오. 나는 힘을 쓰다 죽으니, 차라리 누워서 죽음을 기다리겠소."

모두 귀를 막고 명령을 따르지 않았다. 혹 때리기도 했으나 역시 일어나지 않았다. 송진이라는 자는 몹시 허약하고 못났는데 매를 맞자 화를 내며 말했다.

"오래도 가는구나, 이놈의 배가. 부서지기만 기다리는데 어찌 빨리 부서지지 않느냐?"

정보가 말했다.

"제주 인심이 겉으로는 어리석은 듯하나 속은 독합니다. 고집이 센 데다 게으르고 사나워, 죽음을 가볍게 여깁니다. 그래서 저렇게 말하는 것입니다."

내 생각에도 물에 빠져 죽는 것은 이미 결정이 난 것 같았다. 혹시 하늘의 도움을 받아 빠지지는 않더라도 정처 없이 표류하다가 죽는 날에 이를 것이니, 어찌할 도리가 없었다. 군인들이 태만한 것이 분해 배에 같이 탄 사람을 점검하니, 나를 따라온 사람은 정보·김중·이정·손효자·최계산·막쇠·만산 등이고, 나머지는 제주목사가 정해 보낸 진무 안의, 기관記官 이효지, 총패摠牌 허상리, 영선領船 권산, 사공 김고면, 격군 김괴산·초근보·김굿회·현산·김석귀·고이복·김조회·문회·이효태·강유·부명동·고내을동·고복·송진·김도종·한매산·정실, 호송군 김속·진무음산·고회·김송·고보종·양달해·박종회·김득시·임산해, 관노 권송·강내·이산·오산 등이니 나까지 합해 모두 마흔세 명이었다. 나는 안의를 불러 물었다.

"나는 일개 상喪을 당한 사람일 뿐 관원이 아닌데, 전례대로 따라온 자가 너무 많아 편안치 못하군. 제주 사람 가운데 배에 탄 자가 서른다섯 명이나 되니 어째서인가?"

안의가 말했다.

"우리 목사께서 마음을 다하시어 경차관의 예로써 대우했기 때문입니다. 그리고 큰 배를 움직이려면 반드시 많은 사람이 힘을 써야만 합니다. 더욱이 바닷길이 먼 데다 울도蔚島 같은 곳은 해적이 설치니 엄하게 호송하지 않을 수 없습니다."

내가 말했다.

"바다를 지날 때에는 배를 움직일 사람과 뱃길에 익숙한 사람을 잘 가려 뽑아야 하니, 수는 적어도 좋다. 지금 이 배에 같이 탄 자들은 모두 게으른 데다 사납기만 하니, 쓸데없이 사람 수만 늘리고 실리는 없네. 배가 표류해 죽을 곳에 이르게 만들고, 한갓 통곡할 사람만 늘렸을 뿐일세."

그러고는 군인들에게 외쳤다.

"나는 초상에 달려가느라 잠시도 머물 수 없는 사정이었고, 어떤 사람들은 떠나라고 권했다. 아들 된 몸으로 잠시라도 지체할 수 있었겠느냐? 너희가 나와 함께 표류당한 것은 사실 나 때문이지만, 형편이 그렇게 만든 것이다. 더구나 살기를 좋아하고 죽기를 싫어하는 것은 인지상정인데, 너희가 어찌 살고 싶은 마음이 없겠느냐? 배가 혹시 부서지거나 엎어져 가라앉았다면 끝난 것이지만, 배를 살펴보니 지금은 튼튼해 쉽게 부서지지는 않을 것이다. 만약 돌섬만 만나지 않는다면 배를 수리하고 물을 길어올 수 있을 것이며, 다행히 바람이 그치고 파도가 고요하면 다른 나라에 흘러가더라도 살 수 있을 것이다. 지금 너희 역시 부모가 있고 처자가 있을 것이며 형제와 친척이 있을 것이다. 모두 너희가 살기를 바랄 것이고,

오래 살지 못할까 두려워할 것이다. 너희가 그들의 마음을 생각하지 않고 자기 몸을 아끼지 않으면서 한갓 나를 원망하는 마음 때문에 서로 다 뿔뿔이 흩어져 스스로 사지에 들어가니 너무 미혹된 짓이다."

허상리 등 열댓 명이 말했다.

"군인들은 모두 어리석고 무식한 무리입니다. 그래서 그들의 마음 씀이 이렇듯 통하지 않습니다. 그러나 사람마다 각자 마음이 있는 법입니다. 저희는 힘을 다해 일하다가 죽은 뒤에나 그만두겠습니다."

밤에 비바람이 그치지 않고 거대한 파도가 더욱 심해졌다. 고물과 이물(船首, 배의 앞부분)에 물이 부딪쳐 들어와, 들어오는 대로 퍼냈다. 2경(오후 9~11시)쯤 됐을 때 놀란 파도가 쳐서 쓸어내려 선창을 들어 올렸다. 배가 반쯤 잠기고 의복과 짐이 모두 젖었으며, 추위가 뼛속을 파고들어 목숨이 눈 깜박할 사이에 달려 있었다. 나는 이정의 손을 잡고 정보의 무릎을 베었으며, 김중과 손효자는 내 좌우에서 널브러져 죽음을 기다렸다. 옆에 있던 어떤 사람이 목을 매 죽으려고 했다. 이정이 줄을 풀고 보니 바로 오산이었다. 계산과 막쇠 등이 힘을 다해 물을 퍼냈으나 물은 여전히 줄지 않았다. 내가 말했다.

"배가 아직도 완전하고 튼튼하니 위에서 들이치고 틈으로 새어 드는 물을 퍼내지 않으면 앉아서 침몰을 기다리게 될 것이고, 퍼낸다면 거의 살길이 있을 것이다."

억지로 일어나 권송을 불렀다. 부싯돌을 켜 불을 얻고, 돛을 말아 불을 붙였다. 또 초근보·고복·고면 등을 불러 직접 물이 새는 틈을 점검해 틀어막게 했다. 옷을 벗어 권산·고면·계산·괴산·상리 등에게 나누어 주고 열심히 일하라고 격려했다. 정보·김중·효자 등도 역시 의복을 풀어 군인들에게 나누어 주었다. 굿회·문회·도종·매산·현산 같은 군인들이 감복하여 다투어 죽을힘을 내었다. 물을 거의 다 퍼내자 배가 간신히 온전해졌다. 얼마 후에 배가 또 돌섬이 어지럽게 엇갈린 가운데로 들어갔다. 권산이 배를 움직였으나 어디로 향할지 몰랐고, 상리·굿회 등이 상앗대를 잡았으나 둘 곳이 없었다. 다행히 하늘의 바람이 밀어내 빠져나와 부서지는 것은 면했다.

윤정월 5일, 큰 바다를 표류했다

이날은 날이 어둡고 안개가 사방을 메워 지척을 분변하지 못했다. 저물녘 빗발이 삼대 같았다. 밤이 되자 비가 조금 그쳤으나 성난 파도가 산 같아, 높이 오르면 푸른 하늘로 나가는 듯하고 내려가면 깊은 못으로 들어가는 듯했다. 이리저리 쳐 대는 통에 소리가 천지를 찢을 듯했다. 물에 빠져 몸이 썩는 것도 잠깐 사이에 결정 날 판이었다. 막쇠와 권송 등이 눈물을 닦으며 내게 말했다.

"일이 이미 닥쳤습니다. 이제는 희망이 없습니다. 옷을 갈아입고 하늘의 명이 닥치기를 기다리십시오."

나는 그들의 말대로 관인官印과 마패를 품고 복상 때 쓰는 관과 상복을 차려 입었다. 두려워하며 손을 모아 하늘에 빌었다.

"제가 세상에 살면서 오직 충효와 우애로 마음을 삼아 마음으로는 속인 일이 없고 몸으로는 원한을 산 일이 없으며 손으로는 죽이거나 해친 일이 없으니, 하늘이 비록 높디높으나 실로 살펴보신 바가 있을 것입니다. 이제 또 임금의 명을 받들어 갔다가 부친상을 만나 돌아가는 길입니다. 저는 무슨 죄와 허물이 있는지 모르겠습니다. 만일 제게 죄가 있다면 벌이 제 몸에만 미치면 될 것인데, 같이 배를 탄 40여 명을 죄 없이 빠져 죽게 하시니, 하늘이 어찌 불쌍히 여기지 않으십니까? 하늘이 만약 이 궁박한 사람을 어여삐 여기신다면 바람을 돌리고 파도를 가라앉혀 제가 다시 세상에서 살 수 있게 해주십시오. 저의 돌아가신 아버지의 장사를 치르고 늙으신 어머니를 봉양하고 또 궁궐 아래에서 임금께 절할 수 있게 된 뒤라면 만 번 죽어 살지 못하더라도 저는 달갑게 여기겠습니다."

말을 마치기 전에 막쇠가 갑자기 내 몸을 끌어안고 말했다.

"우리 가족이 백년고락百年苦樂 속에 모두 이 몸 바라보기를 마치 장님 열 명이 지팡이 하나 바라보듯 하는데, 이제 다시는 가족을 보지 못하겠지요."

마침내 가슴을 치고 펄쩍 뛰며 통곡했다. 아전 이하 모두가 통곡하고 흐느끼며 손을 모아 하늘의 도움을 빌었다.

윤정월 6일, 큰 바다를 표류했다

이날 흐렸으나 바람과 파도가 조금 잦아들었다. 비로소 굿회 등을 독촉해 조각난 베를 모아 돛을 만들고 상앗대를 세워 돛대를 만들었으며, 예전에 있던 돛대를 잘라 닻을 만들었다. 바람 따라 서쪽을 향해 갔다. 돌아보니 넓은 물결 사이로 무엇인가 있는데, 그 크기는 알 수 없었다. 물 위로 보이는 것이 마치 큰 집채 같았는데 하늘에 물을 뿜어 올려 파도가 뒤집히고 물결이 소란스러웠다. 사공이 뱃사람들에게 손을 흔들어 주의를 주며 말하지 않도록 했다. 배가 아주 멀리 지난 뒤에 사공이 외쳤다.

"저것은 고래입니다. 크면 배를 삼키고, 작아도 배를 뒤집을 수 있답니다.

이번에는 다행히 마주치지 않았으니 우리는 다시 살아날 수 있을 겁니다."

밤이 되자 바람과 물결이 도로 거세지고 배의 속도가 매우 빨라졌다. 안의가 말했다.

"바다에 용신이 있는데 매우 탐욕스럽다는 말을 들은 적이 있습니다. 짐 보따리에 있는 물건을 던져 재앙을 없애 달라고 비십시오."

《삼재도회三才圖會》에서 고래를 묘사한 그림

내가 대답하지 않자 뱃사람들이 모두 말했다.

"이 몸이 있고 나서 이 물건들이 있는 것이니, 이 물건들은 모두 몸 밖의 사물입니다."

다투어 더러워진 물건을 점검해 의복·군기·철기·식량 등을 바다에 던졌다. 나 또한 말릴 수가 없었다.

윤정월 7일, 큰 바다를 표류했다

이날 흐리고 바람이 매우 사나웠다. 물결이 세차게 솟고 바다가 흰 빛이었다. 정의현감 채윤혜가 내게 이렇게 말한 적이 있다.

"제주의 노인들이 '하늘이 맑은 날 한라산 꼭대기에 오르면 멀리 서남쪽 바다 너머 흰 모래사장 일대가 있다'고 했습니다."

그런데 지금 보니 흰 모래가 아니라 이 흰 바다를 보고 한 말이었다. 내가 권산 등에게 말했다.

"고려시대에 너희 제주도가 원나라에 조공할 때 명월포明月浦에서 순풍을 만나 곧바로 가게 되면 7일 밤낮 사이에 흰 바다를 지나고 큰 바다를 건넌다고 했다. 지금 우리가 바다에 표류해 곧바로 가는 길인지 돌아가는 길인지 알 수 없지만, 다행히 흰 바다 가운데로 들어올 수 있었으니 아마도 중국의 경계가 반드시 가까우리라. 만약 중국에 배를 댈 수 있다면 중국은 우리 부모의 나라이니, 이런 때를 당해 나를 살리고 죽이는 것은 모두 하늘의 뜻이며, 순풍과 역풍은 하늘이 실로 주재하는 것이다. 이제 동풍이 바뀌지 않은 지 이미 며칠이 지났으니, 아마도 하늘은 분명 우리를 살리려는 마음을 가지고 계신 듯하다. 너희는 각기 사람이 해야 할 일에 힘써 하늘이 명한 것을 들으면 될 뿐이다."

저녁이 되자 바람이 또 동쪽에서 북쪽으로 바뀌었다. 권산이 여전히 키를 잡아 서쪽을 향했다. 밤이 아직 절반도 지나지 않았는데 사나운 파도가 솟구쳐 올라 배가 하늘로 들어갈 듯했다. 배의 뜸[18]이 사람의 머리와 얼굴을 덮어 모두 눈을 감은 채 뜨지 못했다. 영선[19]과 사공이 모두 통곡하며 어찌할 바를 몰랐다. 나 역시 죽음을 면치 못할 줄 알고 홑이불을 찢어 몸에 여러 겹 감아 배 가운데 있는 가로목에 묶었다. 죽은 후에 시체가 배에서 오랫동안 떨어지지 않게 하기 위해서였다. 막쇠와 계산이 모두 울부짖

---

18 짚, 띠, 부들 따위로 거적처럼 엮어 만든 물건. 비, 바람, 볕을 막는 데 쓴다.

19 조운선漕運船 한 척에서 조졸漕卒을 거느리는 우두머리로, 조운선 열 척에 통령統領 1인, 서른 척에 천호 1인을 두었으며, 그 위에는 해당 지역의 조운선을 통틀어 관리 감독하는 만호萬戶를 두었다.

으며 내 몸을 잇달아 감싸 안고 말했다.

"죽어도 함께하겠습니다."

안의가 크게 울며 말했다.

"저는 짠물을 먹으며 죽느니 자살하는 것이 낫겠습니다."

활 시울로 자기 목을 매었지만 김속이 구해 죽지 않았다. 나는 영선과 사공 등에게 소리쳤다.

"배가 이미 부서졌느냐?"

"아닙니다."

"키를 이미 잃었느냐?"

"아닙니다."

곧 게산을 돌아보며 말했다.

"파도가 위험하고 형편이 급박해도 배가 실로 튼튼하니 쉽게 부서지지는 않을 것이다. 만약 물을 다 퍼낸다면 아마도 살아날 수 있을 것이다. 네가 가장 건장하니, 네가 가서 앞장서 물을 퍼내라."

게산이 명령에 따라 물을 퍼내려 했지만, 물 퍼낼 기구가 이미 다 망가져 있었다. 쓸 것이 없다고 소리치자, 안의가 즉시 칼로 작은 북을 찢어 그릇을 만들어 게산에게 주었다. 게산과 이효지·권송·도종·현산 등이 힘을 다해 물을 퍼냈지만, 물은 오히려 무릎까지 차올랐다. 효자·정보·이정·김중 등이 직접 퍼내기도 하고, 서서 군인들을 감독하기도 했다. 굿회 등 일고여덟 명이 서로 이어서 다 퍼내어 겨우 침몰하지 않았다.

윤정월 8일, 큰 바다를 표류했다

이날 흐렸다. 정오를 지나 서북풍이 또 일어났다. 배가 다시 물러나 동남쪽을 향해 밤새 갔다. 내가 권산·고면·이복 등에게 말했다.

"너희는 키를 잡아 배를 똑바로 하라. 방향을 모르면 안 된다. 내가 예전에 지도를 본 적이 있는데, 우리나라 흑산도에서 동북쪽으로 가면 바로 충청도와 황해도의 경계고, 정북쪽이 바로 평안도와 요동 같은 곳이다. 서북쪽은 옛 〈우공禹貢〉[20]에 나오는 청주青州와 연주兗州의 경계고, 정서쪽은 서주徐州와 양주揚州 지역이다. 송나라 때 고려와 오갈 적에 명주明州에서 바다를 건넜으니 명주는 바로 양자강 이남 땅이다. 서남쪽은 옛날 민閩 땅이니 지금의 복건福建 가는 길이다. 서남쪽을 향해 조금 남쪽으로 갔다가 서쪽으로 가면 섬라暹羅(타이)·점성占城(베트남 남부)·만라가滿剌加(말레이시아) 등의 나라다. 정남쪽은 바로 대유구국大琉球國(오키나와)·소유구국(타이완)이고, 정남쪽을 향하다가 동쪽으로 가면 여인국女人國[21]과 일기도一歧島(이키노시마)이며, 정동쪽이 바로 일본과 대마도對馬島(쓰시마섬)다. 지금 바람에 표류해 5일 밤낮 동안 서쪽을 향해 왔으니 거의 중국 땅에 도착한 것으로 생각된다. 불행히 또 서북풍을 만나 거꾸로 동남쪽을 향하니, 유구국(오키나와)이나 여인국에 도착하지 않으면 반드시 천해天海 밖으로 흘러갈 것이다. 위로 은하수에 닿으면 끝이 없다고 하니 어찌 하겠느냐? 너희는 내 말을 기억하고 키를 바로 잡고 가라."

권산 등이 말했다.

---

20 《상서尚書》 가운데 한 편인데, 고대 중국을 아홉 주로 나누고 각 지역의 산천과 교통, 특산물을 소개했다.

21 여자국이 무함의 북쪽에 있는데, 두 여인이 함께 살며, 물이 그곳을 에워싸고 있다. 혹은 한 집안에 산다고도 한다(《산해경》). 어떤 나라가 바다 한가운데 있는데, 온통 여자뿐이고 남자는 없다(《삼국지》〈위지〉동이전).

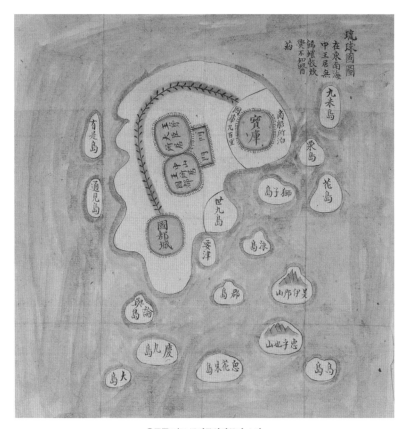

유구국 지도 국립중앙박물관 소장

"하늘이 만약 갠다면 해와 달, 별을 보고 헤아리겠지만, 여전히 바다 위에서 사방을 모르는 데다 지금은 구름과 안개가 끼었습니다. 하루 또 하루가 가도 새벽과 저녁, 밤과 낮을 다 기억할 수 없고, 단지 바람의 변화를 가지고 마음속으로 사방을 기억하고 있을 뿐입니다. 어찌 정확한 방향을 분별할 수 있겠습니까?"

머리를 맞대고 통곡했다.

윤정월 9일, 큰 바다를 표류했다

이날 하늘에 조각구름이 끼고 바다 빛이 더욱 희었다. 이에 이르자 배가 오랫동안 파도에 부딪혀서 양두梁頭(뱃머리의 가로 들보), 풍초風梢(키의 끝), 비우鼻隅(뱃전의 판) 세 판이 모두 흔들려 부러질 것 같았다. 물이 또 새어 들어 저절로 조금씩 부서지려 했다. 근보·고면·상리 등이 닻줄을 잘라 배의 이물과 고물을 동여매고 나무를 깎아 덧대더니, 끝내 서로 바라보고 눈물을 흘리며 말했다.

"이렇게 마음을 다해 배를 수리하지만, 배고프고 목마른 지가 열흘이 다 돼 갑니다. 눈이 뵈지 않고 손발이 저려, 몸을 보호할 수 없고 힘을 다할 수가 없습니다. 그래서 배를 수리하는 것도 역시 튼튼하게 되지 않으니 앞으로 어찌해야 좋겠습니까?"

갑자기 바다 갈매기가 떼를 지어 날아 지나가자 뱃사람들이 바라보고 기뻐하며 말했다.

"바닷새는 낮에 바다 위를 노닐다가 밤에는 섬이나 물가에 내려온다고 들은 적이 있습니다. 우리가 표류해 창해 만 리 밖을 지나다가 다행히 이 새를 보게 됐습니다. 물가가 분명 멀지 않을 것입니다."

내가 말했다.

"갈매기는 한 종류가 아니어서 혹 강가나 호숫가에 사는 것도 있다. 바다 갈매기는 창해 가운데 떼를 지어 물결 따라 날아다니다가 항상 3월 바람이 이르면 곧 물가나 섬으로 돌아간다. 지금은 정월이니 갈매기가 무리 지어 날아올라 바로 큰 바다 가운데 있을 때다."

말을 마치기 전에 또 가마우지 여러 쌍이 날아가는 것이 보였다. 나 역시 섬이 가까이 있는 것이 아닌지 조금 의심스러웠다. 정오에 남쪽을 바라보니 구름이 피어오르는데, 희미하게 산의 모습이 보이고 인가의 연기도 있었다. 유구국 지경이라 생각해 가서 정박하려 했다. 잠시 후 동풍이 또 일어나 배가 다시 서쪽을 향했다. 밤이 되자 바람이 더욱 세지고 배가 나는 듯 달렸다.

윤정월 10일, 큰 바다를 표류했다

이날 비가 오고 어제처럼 동풍이 불었다. 오후에 바다 빛이 도로 푸른색이 됐다. 지난번 제주를 출발할 때 뱃사람이 무지해 민물을 거룻배에 싣고 따랐다. 풍랑에 표류한 뒤 서로 떨어져 만나지 못했다. 내가 탄 배 안에는 마실 물 한 그릇이 없어 밥을 지을 수 없었다. 음식이 떨어졌지만 어찌할 수 없었다. 권송이 내게 아뢰었다.

"배 안에 있는 사람들을 살펴보니 귤과 청주를 가지고 온 사람도 있습니다만, 함부로 먹으면 남지 않을 것입니다. 거둬들여 위로 옮겨 간직해 두고 갈증을 달래는 것이 좋겠습니다."

나는 즉시 계산에게 명령해 배 안의 짐 보따리를 모두 뒤지도록 했다. 그래서 귤 50여 개와 청주 두 동이를 찾아내어 손효자에게 일렀다.

"한 배를 타면 호^해나라 사람과 월나라 사람도 한마음이 되는데, 더구나 우리는 모두 한 나라 사람이 아니더냐? 정이 골육지간과 같으니, 살아도 같이 살고 죽어도 같이 죽어야 한다. 이 귤과 술은 한 방울에 천금의 가치가 있으니, 너희가 맡아 낭비하지 말고 배에 탄 사람들의 갈증을 달래는 것이 좋겠다."

효자가 사람들 입술이 타들어 가는 것을 보고 골고루 나누어 먹고 마시게 했으나, 겨우 혀를 적시게 할 뿐이었다. 며칠이 지나자 귤과 술이 모두 바닥이 났다. 어떤 사람은 생쌀을 잘게 씹어 먹기도 했고 자기 오줌을 받아 마시기도 했으나, 얼마 되지 않아 오줌도 그쳐 버렸다. 가슴이 바짝 말라 소리조차 나오지 않았고, 죽음의 문턱에 거의 다다른 듯했다. 이때 비가 와서 뱃사람들 가운데 어떤 이는 손으로 봉옥 처마에서 떨어지는 물을 받아 마시기도 하고, 어떤 이는 갈모를 가지고 솥과 그릇처럼 만들어 흐르는 물을 받았다. 어떤 이는 방석을 구부려 뿌려지는 빗방울을 받았고, 어떤 이는 돛대와 노 가운데 동여맨 종이 노끈을 세워 방울지는 물을 받았다. 조금이라도 혀로 핥기 위해서였다. 안의가 말했다.

"비를 옷에 적셔 짜서 마시면 정말 많이 얻을 수 있을 텐데, 뱃사람들 옷이 모두 짠물에 절어 있어 비에 적셔 짜더라도 마실 수 없을 것입니다. 어떻게 할까요?"

내가 즉시 보관해 두었던 옷 여러 벌을 찾아내 계산에게 시켜서 비에 적시게 했더니, 짜내 모은 물이 여러 병이나 됐다. 김중을 시켜 숟가락을 가지고 나누어 마시게 했다. 김중이 숟가락을 쥐고 뱃사람들의 벌린 입에 들이붓는 것이 제비 새끼가 모이를 바라는 것 같았다. 이에 비로소 혀를 놀리고 숨을 내쉴 수 있어 조금 살고 싶은 마음이 생겨났다.

윤정월 11일, 큰 바다를 표류했다

이날 흐렸다. 맑은 새벽녘 한 섬에 도착했다. 바위 벽이 우뚝 솟아 매우 험준했고, 바다 물결이 진동하며 돌산에 부딪쳐 올라가는데 거의 한두 길이 됐다. 배가 물결을 따라 곧바로 들어가자 사태가 급박하여 부딪쳐 부서지게 됐다. 권산이 크게 울부짖으며 있는 힘을 다해 배를 운전했다. 효자와 정보도 직접 돛 주변의 밧줄을 움켜쥐고, 바람과 파도를 살피며 풀어주기도 하고 끌어당기기도 했다. 이때 물은 바다에서 섬으로 밀려들고 바람은 섬에서 바다로 나가고 있어, 배가 바람을 따라 빙빙 돌았기 때문에 환난을 면할 수 있었다. 저녁에 어떤 큰 섬에 도착했다. 이 섬도 바위가 깎아지른 듯 서 있었으므로 배를 대려고 해도 할 수 없었다. 이복이 옷을 벗고 물에 뛰어 들어가 배를 끌면서 헤엄을 쳤다. 섬의 해안에 기어올라가 뱃줄을 묶자 뱃사람들이 기뻐 날뛰며 마구 내렸다. 시냇물을 찾아 단물을 떠서 마시고 물을 길어 밥을 지으려고 했다. 내가 말했다.

"굶주림이 극도에 이르러 오장이 말라붙었으니, 만약 급하게 밥을 배불리 먹으면 반드시 죽을 것이다. 먼저 장국을 마신 뒤에 죽을 먹어, 적당히 한 다음 그치는 게 좋을 것이다."

뱃사람들이 모두 죽을 끓여 먹었다. 섬에는 바람을 피할 곳이 없었기 때문에 밤에 또 배를 풀어 떠났다.

윤정월 12일, 영파부 경계에서 적을 만났다

이날은 흐리다 비오다 했다. 바다 빛이 도로 희어졌다. 저물녘 큰 섬에 도착했는데 병풍처럼 이어져 있었다. 멀리 중국 배 두 척이 보였는데 모두 거룻배를 달고 곧바로 우리 배를 향해 왔다. 정보 등이 내 앞에 줄지어 꿇어앉아 말했다.

"모든 일에는 떳떳한 도리도 있고, 임시방편도 있습니다. 청컨대 상복

을 벗으시고, 임시방편으로 사모紗帽와 단
령團領을 착용하여 관리의 위엄을 보이십
시오. 그렇지 않으면 저들이 반드시 우리
를 도적이라고 여겨 소란을 떨 것이고 욕
보이기까지 할 것입니다."

내가 말했다.

"바다 위를 표류한 것도 하늘의 뜻이
고, 여러 차례 죽을 곳을 지나며 다시 살
아난 것도 하늘의 뜻이며, 이 섬에 도착해
이 배를 만난 것도 하늘의 뜻이다. 천리天
理는 본래 정직한 것이니 어찌 하늘의 뜻
을 어겨 거짓을 행하겠느냐?"

사모
벼슬아치들이 관복을 입을 때에 쓰던 모자다.
국립민속박물관 소장

단령
깃을 둥글게 단 예복이다.
국립민속박물관 소장

잠시 뒤에 배 두 척이 점점 다가왔다.
한 척에 열댓 명쯤 탔는데, 사람들이 모두
검은 저고리와 바지를 입고 짚신을 신고
있었다. 수건으로 머리를 동여맨 사람도
있고, 댓잎으로 짠 삿갓을 쓰거나 종려나
무 껍질로 만든 도롱이를 쓴 사람도 있었다. 소란스럽게 떠들며 지껄이는
것이 모두 중국어였다. 내가 그들을 살펴보니 바로 중국인이었다. 정보에
게 시켜서 종이에다 이렇게 써서 주었다.

"조선국 신하 최부가 왕명을 받들어 섬에 갔다가 부친상에 가려고 바다
를 지나던 중 풍랑을 만났다. 어느 나라 고을인지도 모르고 표류해 왔다."

그 사람이 대답했다.

"여기는 바로 대당국 절강성 영파부 지역이다."

또 말했다.

"본국으로 가려면 마땅히 대당에 가는 것이 좋다."

정보가 손으로 자기 입을 가리키자, 그 사람이 (먹을) 물 두 통을 가져다 주고는 노를 저어 동쪽으로 갔다. 나는 뱃사람들에게 노를 저어 한 섬으로 들어가 의지하게 했다. 또 한 척 역시 거룻배를 달고 있었는데 군인이 일고여덟 명 있었고, 의복과 말소리가 전에 본 배와 같았다. 그 배가 와서 우리 배를 맞이하며 말했다.

"그대들은 어느 나라 사람인가?"

나는 또 정보를 시켜 전처럼 대답하게 하고 물었다.

"여기는 어느 나라 땅인가?"

그가 섬을 가리키며 말했다.

"이곳은 대당국 영파부 땅의 하산이다. 바람과 물길이 좋으면 이틀 만에 돌아갈 수 있을 것이다."

나는 다시 말했다.

"타국 사람이 풍랑을 만나 구사일생으로 다행히 대국의 경계에 도착했다. 다시 살 땅을 얻어 기쁘다."

또 물었다.

"그대의 성과 이름은 무엇인가?"

그가 대답했다.

"나는 대당국의 임대林大다. 네가 대당에 가려고 한다면 내가 너를 데리고 가겠다. 네게 보화가 있다면 내게 주어도 좋다."

내가 대답했다.

"나는 명을 받든 사신이지, 장사하는 무리가 아니다. 게다가 표류하며 떠돈 뒤이니 어찌 보화가 있겠는가?"

곧 식량을 덜어 내어 주었다. 그가 받더니 다시 말했다.

"이 산에 배를 묶어 두면 서북풍도 두렵지 않지만, 남풍이 좋지 않으니 우리를 따라 배를 묶어 두라."

우리 배를 인도하더니, 배를 댄 어떤 섬을 가리키며 말했다.

"여기가 배를 댈 만하군, 댈 만해."

나는 그의 말대로 즉시 가서 배를 대었다. 과연 바람이 없고 섬으로 둘러싼 가운데 배를 댈 만한 곳이었다. 그 서쪽 해안에는 초가집 두 채가 있었는데 보자기[22]의 집 같았다. 그들은 배를 집 아래 대었다. 우리 배에 같이 탔던 사람들은 오랫동안 굶주림과 목마름에 시달렸고, 피로한 데다 잠도 자지 못한 끝이었다. 음식을 얻어먹고 바람이 없는 곳을 찾아 배를 대니 지치고 사지가 피로해 함께 배 안에서 포개어 잤다. 밤 2경에 자칭 임대라고 했던 사람이 무리 20여 명을 이끌고 왔는데, 창을 들기도 하고 도끼를 가지고 있기도 했으나 활과 화살은 없었다. 횃불을 들고 와서 우리 배에 함부로 들어오더니 적의 괴수가 다음과 같이 썼다.

"나는 관음불觀音佛이다. 네 마음을 꿰뚫어 보니 네게는 금은이 있다. 찾아봐야겠다."

내가 대답했다.

"금은은 우리나라에서 나는 것이 아니고 애초에 가지고 온 것도 없다."

---

22 원문에는 포작한鮑作干이라고 한자로 표기했는데, 바다에서 물고기를 잡아 소금에 절이는 일을 업으로 삼는 사람이다. 이들은 배를 잘 다루기 때문에 격군으로 동원된다.

적의 괴수가 말했다.

"네가 만약 관리라면 어찌 가져오지 않았겠느냐? 내가 마땅히 찾아보리라."

앞서 나와 정보·이정·김중·효자 등은 제주는 바다 밖에 있는 땅이라 왕래할 기약이 없다 여겨 사계절 의복 몇 벌만 갖추어 떠났었다. 이때 적의 괴수가 소리치자 그 무리들이 나와 수행원들의 주머니 속과 봇짐을 샅샅이 뒤지고 뱃사람들의 양식과 물건을 모두 자기들 배에 옮겼다. 남긴 것이라곤 바닷물에 심하게 젖은 옷과 몇 가지 서책뿐이었다. 도적 가운데 애꾸눈인 자가 더욱 포악했다. 정보가 내게 말했다.

"도적이 처음 왔을 때 얌전한 듯 굴었는데 우리 세력이 약한 것을 보더니 큰 도적이 됐습니다. 한번 떨쳐 일어나 사생을 결단합시다."

내가 말했다.

"우리 뱃사람들은 모두 기갈飢渴(배고픔과 목마름) 때문에 죽다가 살아나 적에게 기세를 빼앗겼다. 그래서 적이 기세를 타고 함부로 포악하게 구는 것이다. 만약 서로 치고받는다면 우리는 모두 적의 손에 죽을 것이니, 짐을 다 주고 살려 달라고 비는 것만 못하다."

적의 괴수는 또 내가 가지고 온 인신印信과 마패를 빼앗아 소매 품에 넣었다. 정보가 뒤를 따라가며 돌려 달라고 했으나 주지 않았다. 내가 말했다.

"배 안의 물건은 다 가져가도 좋으나, 인신과 마패는 나라의 증표이니 사적으로 쓸 수 없다. 내게 돌려주는 것이 좋을 것이다."

적의 괴수가 인신과 마패를 돌려주고는 봉창으로 나가 그 무리와 뱃전에 늘어서서 한참 동안 시끄럽게 굴더니 배 안으로 도로 들어왔다. 먼저 정보의 옷을 벗기고 묶어 몽둥이질을 했다. 다음에는 작두로 내 옷고름을 자르더니 벌거벗기고, 손을 뒤로 하고 다리를 구부리게 해 묶었다. 몽둥이로 내 왼팔을 일고여덟 번 내려치고 말했다.

"네가 만약 목숨이 아깝다면 금은을 내놓아라."

나는 크게 소리쳤다.

"살은 저밀 수 있고 뼈는 가루를 낼 수 있겠지만, 어디서 금은을 얻는단 말인가?"

도적이 내 말을 알아듣지 못해 묶은 것을 풀어 주더니 내 생각을 쓰도록 허락했다. 내가 곧 쓰자 적의 괴수가 노해 눈을 부릅뜨고 주둥이를 벌려, 정보를 가리키며 소리치고 나를 가리키면서도 소리쳤다. 곧 내 머리카락을 끌어다 거꾸로 매달더니 작두를 들어 내 목을 향해 내리쳤으나, 칼날이 마침 내 오른쪽 어깨에 잘못 떨어져 날이 위로 뒤집어졌다. 도적이 또 칼을 들어 내 목을 치려고 했다. (그때) 어떤 도적이 와서 칼을 든 팔을 잡아 막았다. 도적의 무리가 일제히 크게 소리를 질렀으나 무엇이라 하는지 알수 없었다. 이때 뱃사람들이 겁을 먹고 정신을 잃은 채 도망쳤으나 갈 데가 없었다. 오직 김중과 게산 등만이 손을 모으고 절을 하며 무릎을 꿇고 내 목숨을 살려 달라고 빌었다. 잠시 후 적의 괴수가 내 몸을 짓밟고 뱃사람들을 으르더니 자기 무리를 끌고 나갔다. 우리 배의 닻과 노, 모든 줄을 끊어서 바다에 내던졌다. 마침내 자기네 배로 우리 배를 끌고 가다가 큰 바다에 버린 뒤 자기네 배를 타고 달아났다. 밤은 이미 깊었다.

윤정월 13일, 다시 큰 바다를 표류했다

이날 흐리고 서북풍이 크게 일어났다. 오랫동안 흘러 끝없는 바다로 들어갔다. 나와 뱃사람들은 간직했던 솜옷을 적에게 다 잃었다. 입고 있는 옷은 오랫동안 짠물에 절어 버린 데다 날까지 항상 흐려 햇볕을 쏘일 수 없으니, 얼어 죽을 날이 닥쳐오고 있었다. 배에 실어 두었던 식량은 적에게 모두 빼앗겨 굶어 죽을 날도 머지않았다. 배의 닻과 노는 도적이 바다에 던져 버리고 임시 돛은 바람에 찢어져 단지 바람 따라 동서를 떠돌고 물결 따라 드나드니, 뱃사공들이 힘을 쓸 방법이 없어 침몰할 날만 다가오고 있었다. 뱃사람들이 모두 목이 메어 소리를 내지 못하고 앉아서 죽을 날을 기다렸다. 효지가 내게 말했다.

"우리가 죽는 것은 분에 맞는 일입니다만, 경차관의 죽음이 원통하고 안타까울 뿐입니다."

내가 말했다.

"너희는 어찌 죽을 지경이 된 것을 분수에 맞는 일이라고 하느냐?"

효지가 말했다.

"저희 제주는 아득히 큰 바다 가운데 있어 뱃길이 900여 리입니다. 파도가 다른 바다에 비해 더욱 사납습니다. 세공선이나 장삿배의 왕래가 이어져 끊이지 않으나, 표류하다 침몰하는 배가 열 가운데 대여섯입니다. 제주 사람들은 먼저 죽지 않으면 나중에 반드시 죽습니다. 그래서 고을 안에 남자 무덤이 가장 적고, 여염에는 여자가 남자의 세 배입니다. 부모가 된 사람은 딸을 낳으면 '내게 효도할 애구나'라고 하지만, 아들을 낳으면 모두 '이 물건은 내 아이가 아니라 고래나 자라의 밥이로구나'라고 합니다. 저희가 죽는 것은 하루살이가 나서 죽는 것과 같습니다. 평일이라고 어찌 제 집 창 아래에서 죽으리라 생각하겠습니까? 오직 조정의 신하가 왕래할 때에는 조용히 바람을 기다렸다가 배 젓기를 민첩하고 굳세게 하기 때문에 풍파에 죽는 사람이 예부터 드물었습니다. 마침 이번 경차관의 몸은 하늘이 돕지 않아 예측할 수 없는 곳에 이르게 됐으니 이 때문에 통곡할 뿐입니다."

윤정월 14일, 큰 바다를 표류했다

이날 맑았다. 오후 네 시쯤 한 섬에 떠밀려 도착했다. 동쪽, 서쪽, 남쪽 3면이 끝없는 바다였다. 북풍을 피할 만한 곳이었으나 닻이 없는 것이 걱정이었다. 앞서 제주를 출발할 때 배가 매우 큰데 실은 물건이 없었으므로 약간의 돌덩이를 배 안에 실어 흔들리지 않게 했다. 이곳에 이르자 상리 등이 새끼줄로 그 돌덩이 네 개를 동여매 한데 합해서 임시 닻을 만들어 정박했다. 안의가 군인들과 얘기를 나누는 것이 내게 들려왔다.

"이번 행차가 표류해 죽게 되기에 이른 까닭을 나는 안다. 예로부터 제주에 가는 사람은 모두 광주 무등산 사당[23]과 나주 금성산[24]사당에서 제

23 　광산현 서쪽에 있다. 신라 때는 소사小祀를 지냈고, 고려 때는 국제를 올렸다. 동정원수 김주정이 각 관청의 성황신에게 제사를 지낼 때에 차례로 신명神名을 불러 신의 기이함을 징험했다. 이때 광주의 성황신이 큰기(纛旗)의 방울을 울린 것이 세 번이었다. 그래서 김주정이 조정에 보고해 벼슬을 청했다. 본조 (조선조)에 와서도 봄가을로 본 고을에 명해 제사를 올리도록 했다(《신증동국여지승람》 제35권 〈광산현〉).

24 　사당이 다섯 개 있다. 상실사上室祠는 산꼭대기에 있고, 중실사는 산허리에 있으며, 하실사는 산기슭에 있다. 국제사는 하실사 남쪽에 있고, 미조당은 읍성 안에 있다. 고려 충렬왕 4년에 이 사당의 신이 무당에게 내려서 말했다. "진도와 탐라를 정벌하는데 내 힘이 있었지만, 장병들은 모두 상을 타고 나만 빠졌다. 왜 그랬느냐? 나를 정녕공으로 봉해야 한다." 그러자 고을 사람 보문각대제 정흥이 왕에게 귀띔해 벼슬을 주게 하고, 그 고을의 녹미祿米 가운데 해마다 다섯 석을 이 사당에 바쳐 봄가을로 향과 축문과 폐백을 내려 제사 지냈다. 본조에 와서도 향과 축문을 내렸다. 속설에 '이 사당의 신이 영험해 제사를 지내지 않으면 재앙을 내리므로, 해마다 봄가을에 이 고을 사람뿐 아니라 온 전라도 사람이 와서 제사를 지낸다. 오가는 사람이 그치지 않아 남녀가 혼잡하게 온 산에 가득하고, 바깥에서 잠을 자므로 남녀가 서로 간통해 정절을 잃게 되는 부녀자가 많다'고 한다. 밤마다 기생 네 명이 사당 안에서 번갈아 숙직했는데, 성종 10년에 예조에 명해서 금하게 했다(《신증동국여지승람》 제35권 〈나주목〉).

66

를 올렸고, 제주에서 뭍으로 나오는 사람도 모두 광양·차귀[25]·천외·초춘 등의 사당에서 제를 올린 후 출발했기 때문에 신의 도움을 받아 큰 바다를 잘 건넜다. 지금 이 경차관은 유독 큰소리치며 (사당에 제사 지내는 것을) 비난해, 올 때 무등산과 금성산의 사당에 제를 올리지 않았고, 떠날 때에도 광양 등의 여러 사당에 제를 올리지 않았다. 신을 업신여기고 공경하지 않았으니, 신도 또한 구해 주지 않는 것이다. 이 지경까지 이르게 하고 도리어 누구를 허물하겠는가?"

군인들이 어울려 모두 나를 허물했다. 권송이 홀로 말했다.

"그렇지 않다. 이 전에 정의현감 이섬은 3일 동안 재계하고 광양 등의 신에게 정성스럽게 제사를 지냈으나 역시 표류해 거의 죽었다가 다시 살아왔고, 경차관 권경우는 제사를 다 지내지 않았지만 오히려 오갈 때 빠르고 순조로워 조금의 해도 없었다. 바다를 건널 때 편하고 편하지 않음은 바람을 기다리는 것에 달려 있을 뿐이다. 어찌 신에게 제사를 지내고 안 지내기에 관계된 것이겠느냐?"

나도 역시 깨우쳐 주며 말했다.

"천지는 사적인 것이 없고 귀신은 묵묵히 움직여 선한 사람에게는 복을 주고 잘못한 사람에게 화를 주니, 오직 공적으로 할 뿐이다. 사람 중에 악한 사람이 있어 아첨하는 일로 복을 훔치려 한다면 복을 받을 수 있겠느냐? 사람 중에 선한 사람이 있어 부정한 말에 현혹되지 않는다면, 불경한 제사를 지내지 않았다고 화를 입을 수 있겠느냐? 천지와 귀신이 아첨하거

---

25 봄가을로 남녀가 광양당廣壤堂과 차귀당遮歸堂에 무리로 모여 술과 고기를 갖추어 신에게 제사한다. 그 땅에 뱀·독사·지네가 많은데 만일 회색 뱀을 보면 차귀遮歸의 신이라 해 죽이지 말라고 금한다(《신증동국여지승람》 제38권 〈제주목〉).

나 섬겨 바치는 음식 때문에 인간에게 화복을 내린다고 하더냐? 절대 이런 이치는 없다. 게다가 제사에도 등급이 있어 사서인土庶人이 산천에 제사를 지내는 것은 예가 아니다. 예가 아닌 제사는 곧 잘못 지내는 제사이니, 잘못 지내는 제사로 복을 얻은 사람을 나는 아직 보지 못했다. 너희 제주 사람들은 귀신을 너무 좋아해서 산이나 못, 시내나 늪에 모두 귀신 사당을 차려 놓았다. 광양 같은 곳의 사당에 가서 조석으로 제사를 받들면 해 주지 않는 것이 없다고 하니, 바다를 건너는 경우에도 당연히 표류하거나 물에 빠지는 환난이 없어야 할 것이다. 그러나 오늘 어떤 배는 표류하고 내일 어떤 배는 침몰해, 표류하고 침몰하는 배가 앞뒤로 이어지니, 이게 과연 귀신에게 영험한 응답이 있는 것이며, 제사를 지내면 복을 받을 수 있는 것이냐? 게다가 지금 함께 배를 탄 사람 가운데 제사를 지내지 않은 사람은 나 하나뿐이다. 너희 군인들이 모두 성심으로 제사를 지내고 왔으니, 귀신에게 만약 영험이 있다면 어찌 나 하나 제사를 지내지 않았다고 너희 40여 명이 제사 지낸 정성을 버리겠느냐? 우리 배가 표류한 것은 전적으로 길 떠나는 일이 뒤죽박죽되고, 바람을 잘 기다리지 못해 일어난 일이다. 그런데도 제사 지내지 않았다고 나를 허물한다면 역시 미혹된 짓이 아니냐?"

안의 등은 오히려 내 말이 사리에 어둡다며, 옳게 여기지 않았다.

윤정월 15일, 큰 바다를 표류했다

이날 흐리고 바다색이 붉으면서도 탁했다. 동풍이 다시 일었는데, 순풍이어서 키를 서쪽으로 향했다. 배 안의 사람들 가운데 박종회·만산·이산 등은 병이 나서 일하지 못했고, 고보종·양달해·고회·김명회·임산해

등은 바다에 표류할 때부터 지금까지 누워서 기동하지 못해, 이슬을 받는 따위의 일을 재촉해도 듣는 둥 마는 둥 했다. 정실·부명동·김득시·강유·송진·김속·강내·오산·고내을동 등은 열 번 부르면 한 번 대답했으니, 어쩔 수 없이 일하는 자들이었다. 초근보·김괴산·고복·김송·김석귀·이효태·김진산 등은 낮에 열심히 하다가도 밤에 태만하거나, 처음에 열심히 하다가도 끝에는 태만하게 굴었다. 허상리·권산·김고면·김굿회·최게산·김도종·고이복·문회·현산·한매산·권송·막쇠 등은 밤낮으로 게으름 피우지 않고 배를 움직이는 것을 자기 임무로 생각했다. 정보·김중·이정·손효자·이효지·안의 등은 직접 스스로 노역에 종사하거나 배 고치는 일을 검사하고 감독해 일을 꼭 완수하려고 했다. 노적을 만나 다시 표류한 이후 사람들이 모두 살 생각이 없이 차츰 예진 같지 않았다. 배가 성난 파도에 부딪쳐 날이 오래되자 온갖 구멍과 상처가 났는데, 막으면 도로 터지고 틈으로 물이 새어 들어와 다 퍼낼 수 없게 됐다. 그래서 내가 말했다.

"물은 이렇듯 새고 뱃사람은 또 이렇듯 풀어져 버렸으니, 내가 망령되게 스스로를 높이 여겨 앉아서 물에 빠져 죽는 일을 어찌 볼 수 있겠느냐?"

그러고는 정보 등 여섯 명과 손수 물을 거의 다 퍼냈다. 그러자 상리 이하 10여 명도 조금씩 힘을 떨쳐 일어났다. 밤에 바람 없이 비가 왔다. 어떤 큰 섬에 도착했으나 조수의 기세에 거슬러 정박할 수가 없어 바다 위를 떠돌았다.

윤정월 16일, 우두외양牛頭外洋에 정박했다

이날 흐리고 바다 빛이 검붉은 가운데 온통 탁했다. 서쪽을 바라보니 이어진 봉우리와 첩첩 산이 하늘을 떠받친 채 바다를 둘러싸고 있었는데 인가의 연기가 있는 듯했다. 동풍을 타고 이르자 산 위에 많은 봉수대가 줄지어 솟아 있는 것이 보여 다시 중국 땅에 도착한 것을 기뻐했다. 오후에 풍랑이 더욱 심해지고 비가 내려 앞이 잘 보이지 않았다. 배가 바람에 밀려 눈 깜작할 사이에 갑자기 떠내려가 두 섬 사이에 이르렀다. 옆 해안을 지나가니 중국 배 여섯 척이 줄지어 정박해 있는 것이 보였다. 정보 등이 내게 청했다.

"전에 하산에 도착했을 때 관리의 위의威儀를 보이지 않아 도적들을 불러들여 거의 죽을 뻔 했습니다. 이제 마땅히 임기응변으로 의관을 갖춰 저들의 배에 보이십시오."

내가 말했다.

"너희는 어찌해 의를 해치는 일로 나를 이끄느냐?"

정보 등이 말했다.

"이렇게 죽음이 코앞에 닥쳤는데 어느 겨를에 예의를 차리겠습니까? 우선 형편에 맞게 처신해 살길을 찾은 후에 예로써 상사喪事를 치러도 의에 해가 되지 않을 것입니다."

내가 거절했다.

"상복을 벗고 예복을 입는 것은 효가 아니고, 거짓으로 사람을 속이는 것은 신의가 아니다. 차라리 죽을지언정 효가 아니고 신의가 아닌 곳에 차마 처할 수 없다. 나는 올바르게 처신해 (무슨 일이 생기든) 순순히 받아들이겠다."

안의가 와서 청했다.

"제가 우선 의관을 갖추고 관리인 척해 보겠습니다."

내가 말했다.

"아니다. 저 배가 만약 지난번에 만난 도적 같다면 괜찮겠지만, 만약 좋은 배라면 반드시 우리를 몰아 관부로 가 심문할 것이니 네가 무슨 말로 대답하겠느냐? 조금이라도 정직하지 않은 말을 하면 저들은 반드시 의심할 것이다. 올바른 태도를 지키는 것이 더 낫다."

조금 후에 배 여섯 척이 노를 저어 와 우리 배를 포위했다. 한 배에 여덟아홉 명쯤 탔는데, 그들의 의복과 말소리 역시 하산에서 만난 해적과 같았다. 우리에게 글을 써서 보였다.

"너희를 보니 (우리와) 다른 부류다. 어느 곳에서 왔느냐?"

내가 정보를 시켜 역시 써서 대답하게 했다.

"나는 조선 조정의 신하다. 임금의 일을 받들어 바다의 섬을 순시하고 있었는데, 상을 당해 바다를 건너다가 바람에 밀려 왔다. 이 바다가 어느 나라 땅인지 모르겠다."

그가 대답했다.

"이 바다는 우두외양이다. 지금 온 곳은 대당국 태주부台州府 임해현臨海縣의 땅이다."

정보가 손으로 자기 입을 가리켰더니 그가 물통을 가져다주었다. 또 북쪽에 있는 산을 가리키며 말했다.

"이 산에 샘이 있으니 너희가 길어다가 밥을 지어 먹을 수 있을 것이다. 너희에게 후추가 있으면 두세 냥 줄 수 있느냐?"

내가 대답했다.

"우리나라는 후추가 나지 않아, 처음부터 가지고 오지 않았다."

그들은 곧 배를 저으며 조금씩 물러나, 우리 배를 둘러싸고 줄지어 선 채 닻을 내렸다. 우리 배 역시 해안에 정박했다. 안의·계산·상리에게 배에서 내려 산에 올라 인가의 연기가 있는지 두루 살펴보게 했더니 과연 육지와 이어진 곳이었다.

내가 이번 길에 지나온 물결은 비록 한 바다라도 물의 성질과 빛깔이 가는 곳마다 달랐다. 제주의 바다 빛은 짙푸르며 성질이 사납고 급해, 바람이 아무리 적어도 파도 위를 타고 가면 세차게 돌아 흐르는 물과 빠른 물살이 이보다 더 심할 수가 없었다. 흑산도 서쪽에 이르러서도 역시 같았다. 나흘 밤낮을 지나자 바다 빛이 희어졌고, 이틀 밤낮을 지나자 더욱 희어졌다. 또 하루 밤낮을 지나니 도로 푸르러졌다. 또 이틀 밤낮을 지나니 도로 희어졌다. 다시 사흘 밤낮을 지나자 붉고 탁해졌다. 또 하루 밤낮을 지나자 검붉은 가운데 온통 탁해졌다. 우리 배는 바람 따라 나아갔다 물러났다 해 동서남북으로 부평초처럼 정처 없이 떠돌았다. 그 동안 보았던 바다 빛이 대개 이와 같았다. 흰빛에서 도로 맑아진 이후에는 바람의 힘이 강해도 파도가 많이 높지는 않았다. 도로 흰빛이 된 후에 처음으로 섬이 나타났는데 섬이 모두 바위 절벽으로 골짜기가 깊고 바위가 크고 많았다. 꼭대기에는 흙이 있어 잡목과 향초가 울창하고 매우 푸르렀다. 물의 성질은 유약해 큰바람을 만나지 않으면 거센 물결의 환난을 만나는 경우가 드물었다. 내가 도적을 만나 다시 표류한 바다가 제주 바다처럼 험했다면 어찌 다시 섬과 뭍가를 볼 수 있었겠는가?

해마다 정월은 바로 심한 추위가 한창일 때라 매서운 바람이 사납게 불고 거대한 파도가 진동하며 부딪히니 배 타는 사람이 꺼리는 때다. 2월이 되면 차츰 바람이 온화해지지만 제주 풍속에서는 오히려 연등절이라고

제주칠머리당영등굿

제주도에서 음력 2월에 영등신에게 당굿을 올려 어업과 해녀들의 일이 잘되기를 빌었다. 연등燃燈, 또는 영등迎燈이라는 한자로 표기하기도 하지만, 영등할망이라는 여신으로 생각한다. 영등신은 본래 강남천자국, 또는 외눈박이섬에 사는 신인데, 이 나라에서 해마다 음력 2월 초하룻날 제주도로 찾아왔다가, 그달 15일(또는 20, 25일)에 다시 본국으로 돌아간다고 한다. 영등할망이 찾아드는 기간에는 배를 타고 바다에 나가서는 안 되고, 빨래를 해도 안 된다. 영등할망이 딸을 데리고 오면 바람이 불고, 며느리를 데리고 오면 비가 온다. 풍신風神과 풍요신豊饒神의 성격을 다 갖추고 있다.

해 바다 건너기를 금한다. 그리고 강남의 바닷가 사람들도 정월에는 항해하지 않는다. 4월이 돼 장마가 지나가면 시원하게 맑은 바람이 불고 바다에 배가 처음 돌아오니, 이를 박초바람이라고 부른다. 내가 바다를 표류하다가 마침 풍파가 험하고 좋지 않을 때를 만나 바다 위 하늘에 흙비와 먹구름이 날마다 더 심해져서, 돛대와 돛, 밧줄과 노를 부러뜨리고 잃어버리기도 하면서 기갈과 피곤에 지쳐 걸핏하면 열흘을 지냈다. 하루 동안에도 빠져 죽을 뻔한 적이 한두 번이 아니었다. 그러나 다행히 겨우 목숨을 보존해 해안에 닿게 된 것은 단지 비에 적신 옷을 짜서 타들어 가는 창자를 적셨을 뿐만 아니라, 배가 정말 튼튼하고 빨라 바람과 파도를 제압할 수 있었기 때문이다.

윤정월 17일, 배를 버리고 상륙했다

이날 비가 왔다. 동틀 무렵에 중국 배 여섯 척이 에워싸고 와서 우리에게 말했다.

"너희를 보니 좋은 사람이다. 우리를 따라와도 좋다. 너희에게 기이한 물건이 있으면 우리에게 조금 달라."

우리가 말했다.

"표류한 지 이미 오래돼 가지고 온 물건은 모두 바다에 버렸다. 만약 우리에게 살길을 알려 준다면 타고 온 배는 모두 너희의 소유가 될 것이다."

이어서 물었다.

"사람이 사는 곳이 먼가, 가까운가?"

그 가운데 한 사람이 말했다.

"여기서 관가가 가깝다. 네가 가고 싶다면 상관없다."

한 사람이 말했다.

"앞으로 1리를 지나면 인가가 있다."

한 사람이 말했다.

"이곳은 인가가 멀다. 여기에 머물면 안 된다."

내가 다시 물었다.

"관가로 가는 길은 먼가, 가까운가?"

그 가운데 한 사람이 말했다.

"태주부가 여기에서 180리다."

한 사람이 말했다.

"150리다."

한 사람이 말했다.

"240리다."

그들 말이 서로 다르니 믿을 수 없었다. 그들은 서로 소란을 떨며 우리 배로 다투어 들어왔다. 눈에 보이는 것이라면 아무리 사소한 물건이라도 빼앗아 갔다. 그러면서 우리에게 말했다.

"우리와 같이 가지 않으면 우리가 화를 낼 것이다."

안의가 배를 버리고 그들의 배를 타고 따라가자고 청했다. 이정이 한 사람을 쳐 죽여 물리치려고 했다. 내가 말했다.

"너희의 계책은 모두 잘못됐다. 저 사람들을 살펴보니 말이 신실하지 않고 겁탈하는 것도 심하다. 진정인지 거짓인지 자세히 알 수 없다. 저들이 만약 지난번 하산의 해적과 같은 부류라면, 안의의 계책대로 따라가면 저들은 반드시 우리를 외딴 섬으로 끌고 가서 물에 빠뜨려 죽이고 흔적을 없앨 것이다. 저들이 혹시라도 어선이거나 도적을 방어하는 배라면, 이정의 계책을 따라 쳐 죽였다가는 저들이 반드시 자기들이 한 일은 덮어 버리고 도리어 '타국인이 사람을 위협해 죽였다'고 할 것이다. 대국의 변경은 소란스러워 우리를 도적이라고 무고해도 말이 통하지 않아 변명하기 어려울 것이니, 결국은 모두 변경 장수에게 죽을 것이다. 너희의 계책은 모두 스스로 죽을 길로 들어가는 것이니 임시방편으로 좋게 말해 그들의 형편을 살피는 것만 못하구나."

내가 그들에게 말했다.

"내가 바다를 떠돌아다닌 날이 오래돼 기갈과 피곤에 시달린 끝이라 위태로운 목숨이 겨우 한 가닥 남았을 뿐이다. 밥을 지어 허기를 달랜 뒤에 같이 가게 해 달라."

그들이 다시 말했다.

"너희는 잠시 머물렀다가 천천히 떠나도록 하라."

즉시 노를 저어 2~3리쯤 물러나더니, 다시 우리 배를 둘러싸고 정박했다. 비가 왔기 때문에 모두 선창 안으로 들어갔으므로 멀리서 살피는 자가 없었다. 내가 배를 같이 탄 사람들에게 말했다.

"저들의 말과 행동을 보니 매우 황당하다. 이 산이 육로와 연결된 것을 보니 반드시 사람 사는 곳과 통할 것이다. 이런 때 처신을 잘못하면 우리의 목숨이 그들 손에 달리게 될 것이고, 끝내 바다 한 구석의 귀신이 될 것이 틀림없다."

마침내 아전 등을 데리고 먼저 배에서 내리자 모든 군인이 뒤따라 내렸다. 비를 무릅쓰고 숲으로 들어가 달아나 숨었다. 두 고개를 넘으니 고개가 모두 바다를 베고 있어 돌이 용도[26]처럼 나 있었다. 6~7리를 가니 한 마을이 있었다. 내가 아전과 군인들에게 말했다.

"이 생사의 고통을 함께했으니 골육지친과 다르지 않다. 이제부터 서로 보호하면 몸을 온전히 해 돌아갈 수 있을 것이다. 너희는 환난을 만나면 함께 구해 주고, 밥 한 그릇을 얻으면 나누어 먹어라. 병이 있으면 서로 부축해 한 사람이라도 잃지 말아야 할 것이다."

모두 말했다.

---

26 양쪽에 담을 쌓은 길.

"명대로 하겠습니다."

또 말했다.

"우리나라는 본래 예의지국이다. 비록 표류해 군색한 지경이지만 역시 위의를 보여, 이곳 사람들이 우리나라의 예절이 이와 같다는 것을 알게 해야 할 것이다. 가는 곳마다 아전은 내게 무릎을 꿇어 절하고, 군인들은 아전에게 무릎을 꿇고 절해 틀림이 없게 하라. 그리고 혹 마을 앞이나 성안에서 떼를 지어 구경하러 온 자가 있으면 반드시 읍례揖禮를 해 감히 방자하게 굴지 마라."

모두 말했다.

"명대로 하겠습니다."

그 마을에 이르자 마을 사람들이 남녀노소 다투어 우리를 괴이하게 여겨, 구경꾼들이 벽처럼 둘러쌌다. 내가 따르는 자들과 종종걸음으로 가서 읍하자, 모두 소매를 모으고 몸을 구부려 답례를 했다. 내가 곧 조선에서 온 까닭을 알렸다. 용모가 진실해 평범치 않은 사람이 둘 있었는데 우리에게 말했다.

"너는 조선 사람인데 무슨 까닭으로 우리 나라 경계에 들어왔는가? 네가 만약 도적이거나 진공進貢하러 온 사람이거나 풍랑에 정처 없이 온 사람이거나, 하나하나 써 오면 너희 나라로 돌아가게 하겠다."

내가 말했다.

"나는 본디 조선의 신하다. 왕명을 받들어 섬에 갔다가 부친상에 가느라 바다를 지나던 중 풍랑을 만나 표류해 바닷가에 도착했다. 배를 버리고 육지로 올라와 멀리서 인가의 연기를 찾아왔다. 여러 대인들은 관가에 알려 죽어 가는 목숨을 살려 달라."

그러고는 가지고 온 인신과 관대冠帶, 문서를 보여 주었다. 그 두 사람이 다 보고 나자 내 앞에 진무와 아전들이 차례로 꿇어앉아 있고 말단 군인들도 차례로 엎드리고 있는 것을 가리키며 내게 말했다.

"귀국이 예의지국이라 들은 지 오랜데, 과연 들은 대로요."

곧 종들을 불러 미음·차·술을 가져다 대접해 군인까지 두루 주었고 마음대로 마시게 했다. 마을 앞의 불당을 가리키며 말했다.

"당신들은 이 당에 머물러 편히 쉬어도 좋소."

나는 불당에 이르러 젖은 옷을 벗어 바람을 쐬었다. 오래지 않아 그 두 사람이 또 밥을 지어 와 대접했다. 과연 모두 충후한 사람들이었으나 그들의 직임과 성명은 잊어버렸다. 잠시 후 그 두 사람이 와서 말했다.

"당신이 몸을 움직일 수 있다면 좋은 곳으로 보내 드리겠소."

내가 물었다.

"좋은 곳은 몇 리나 가야 하오?"

그 두 사람이 속여서 말했다.

"2리쯤 가야 하오."

"지명이 무엇이오?"

"서리당西里堂이오."

"비가 심해 길이 진창인 데다 시간이 이미 늦었으니 어떻게 하면 좋겠소?"

"가는 곳이 멀지 않으니 걱정할 필요가 없소."

나는 그들의 말을 따라 종자들을 이끌고 길을 떠났다. 마을 안 사람 가운데에는 창검을 지닌 자도 있고 징과 북을 두들기는 사람도 있었다. 앞길에 징과 북소리를 들은 사람들이 구름처럼 떼를 지어 모여들자 소리 지르며 밀쳐 냈다. 좌우로 끼고 앞뒤로 둘러싸 몰아대며 교대로 보냈다. 앞마을에서도 이렇게 하고, 뒷마을에서도 이렇게 했다. 50여 리를 지나가자 밤이 이미 깊었다.

윤정월 18일, 천호 허청許清을 길에서 만났다

이날 큰비가 내렸다. 우리는 한밤중에 마을 사람들이 내모는 대로 갔다. 어느 높은 언덕을 지나자 소나무와 대나무가 울창했다. 자칭 숨어 사는 선비라는 사람을 만났는데 성은 왕王이고 이름은 을원乙源이었다. 내가 한밤중인데도 비를 맞아 고생하면서 내몰리는 깃을 불쌍하게 여겨, 마을 사람을 말려 잠깐 멈추게 했다. 내게 어디에서 왔냐고 물어, 풍랑에 표류한 사고를 말해 주었다. 을원이 측은하게 여겨 즉시 술을 가져오게 해 내게 권했다. 내가 말했다.

"우리 조선 사람은 부모의 상을 치를 때에는 술과 고기, 파나 마늘 같은 훈채葷菜와 맛있는 음식을 먹지 않고 3년을 마쳐야 하오. 술을 주었으니 은혜에 감사하는 마음이 이미 깊소. 그러나 내가 지금 상을 당해 감히 사양하겠소."

을원이 내게 차를 대접하고 종자들에게 술을 주었다. 그리고 물었다.

"그대 나라에도 불교가 있는가?"

내가 대답했다.

"우리나라는 불교를 숭상하지 않소. 오로지 유학을 숭상해 집집마다 모두 효제충신孝悌忠信을 업으로 삼는다오."

을원이 내 손을 잡고 돌아보며 이별했다. 그 마을 사람들이 우리를 몰아 한 큰 고개에 이르렀다. 내 발이 고치솜처럼 부어 앞으로 나아갈 수가 없었다. 마을 사람이 내 팔을 껴안고 앞에서 끌고 뒤에서 밀며 갔다. (다른 마을 사람들로) 바뀌어서 20여 리를 갔더니, 그 마을에는 큰 다리가 있었다. 마을 사람들이 모두 각목으로 우리를 마구 때리면서 너무 사납게 굴었다. 오산이라는 자가 내 말안장을 지고 있었는데, 어떤 사람이 때리면서 빼앗아 갔다. 우리는 몽둥이에 맞으며 앞으로 몰려가다가 엎드려 울었다. 두 고개를 지나서야 다른 마을 사람들로 바뀌었다. 동틀 무렵 그 큰 다리가 있던 마을을 물으니 '선암리'라고 했다. 뭍에 오른 이후 길가에서 구경하는 사람들이 모두 팔을 들어 목을 가리키며 머리가 잘리는 모양을 해 우리에게 보여 주었으나, 무슨 뜻인지 알 수 없었다. 포봉리에 도착하자 비가 와 잠깐 멈추었다. 어떤 관리가 군리를 이끌고 와서 내게 물었다.

"너는 어느 나라 사람이냐? 어떻게 여기까지 왔느냐?"

내가 말했다.

"나는 조선 사람이오. 두 번 문과에 급제해[27] 국왕의 근신이 됐고 국사를 받들어 섬을 순시했소. 부친상에 가느라 육지로 나가다가 풍랑을 만나 여기까지 표류해 왔소. 기갈 때문에 거의 죽게 됐다가 겨우 남은 목숨을 이었건만, 다시 마을 사람들에게 구박당하는 꼴이 됐소. 온갖 고생 끝에 여기에서 관인을 만나게 됐으니 내가 살게 됐나 보오."

그 관인은 즉시 내게 먼저 죽을 주고 이어서 밥하는 도구로 내 종자들이 밥을 만들어 먹게 했다. 내가 관인의 성명과 맡은 일을 묻자, 왕괄이라는

---

27 문과에 급제한 관원 가운데 당하관들에게 과거에 다시 응시할 기회를 주어 벼슬을 올려 주었는데, 중시 重試는 10년마다 병丙 자가 들어가는 해에 치렀다. 최부는 1482년 문과에 을과로 급제해 교서관 저작著作(정8품)에 제수됐다가, 1486년(병오년) 중시重試에 을과로 급제해 홍문관 교리(정5품)에 제수됐다.

사람이 말했다.

"이분이 바로 해문위海門衛 천호 허청이오. 당두채塘頭寨를 지키시다 왜倭가 국경을 침범했다는 말을 듣고 잡으러 오셨소. 그대들은 조심하시오"

내가 지쳐서 길가에 누운 채 사지를 들지 못하자, 허청이 내게 말했다.

"우리 대당의 법도는 엄격하니, 너희같이 다른 곳에서 온 사람이 이곳에 오래 머물며 양민을 시끄럽게 할 수 없다."

군리들에게 우리를 빨리 내몰도록 해 50리쯤 가니 관가가 있었는데 바로 당두채였다. 긴 둑을 지나 10여 리 가니 비가 다시 많이 내렸다. 내가 절룩거리며 가다가 다리를 전혀 움직이지 못해 중도에 쓰러졌다.

"내 근력이 다했으니 죽게 될 것이다. 이럴 줄 미리 알았으면 바다 위에서 죽는 것이 더 편했을 텐데."

정보를 비롯한 자들이 역시 나를 보며 통곡했다. 군리에게 심하게 독촉을 당해 잠시 머물 수도 없었다. 이정·효지·상리·현산 등 몸이 튼실한 자들이 서로 번갈아 나를 업고 갔다. 두 고개를 지나 거의 30여 리를 오니 사람이 사는 마을이 있었는데 매우 번성했다. 앞에는 절이 있었다. 하늘이 어두워지려고 했으나 비가 그치지 않았다. 그래서 허청이 우리를 절에 머물게 해 밤을 지내려 했는데, 그 마을 사람들이 모두 안 된다고 했다. 허청이 내게 말했다.

"이 고장 사람들은 모두 너희를 사나운 적이라고 의심한다. 그래서 너희가 머무는 것을 허락하지 않는다. 걷기 어려워도 가지 않을 수 없다."[28]

---

28 성종이 1492년 1월 14일 최부를 만나 표류 이야기를 들었는데, 같은 날짜 《성종실록》 기사에 좀 더 자세하게 기록됐다. "두 고개를 지나자 절이 있었는데 날이 저물려고 하자 허청이 신 등을 이곳에 묵게 하려고 했습니다. 마을 사람들이 모두 안 된다고 하자, 허청이 신에게 이르기를, '네가 만약 글 짓는 선비라면

군리들이 우리를 몰아대며 큰 고개를 하나 넘었다. 밤 2경에 시냇가에 도착했다. 이정 등도 힘이 다하니 제 몸도 가누지 못해 나를 업지 못했다. 종자들도 쇠약해져 가지 못했다. 허청이 직접 내 손을 잡아 일으켰으나 내 두 발이 부어올라 절룩거리며 한 발자국도 움직이지 못했다. 고이복이 매우 화가 나서 나를 가리키며 말했다.

"이놈아, 이놈아. 미친병이 난 게 아니냐? 네가 만약 힘들고 고통스럽다면 마땅히 사지를 내맡긴 채 일어나지도 못할 것이다."

나는 그 말을 욕되게 여겨 차라리 죽을 것이면 여기에서 죽어야겠다고 생각하고 다시 누워 일어나지 않았다. 종자들이 모두 여기저기 엎어지고 널브러졌다. 허청이 군리를 시켜 독촉하거나 때렸지만 몰아내지는 못했다. 한참 있다가 또 한 관인이 병사를 이끌고 횃불을 들고 왔다. 수많은 갑주·창검·방패와 쇄납·바라·나팔·징과 북, 조총 소리가 갑자기 여러 겹 둘러싸더니 칼을 뽑고 창을 쓰며 찌르는 모양을 해 보였다. 우리는 눈과 귀로 겁을 먹고 혼비백산해서 어찌할 바를 몰랐다. 관인과 허청이 군대의 위의를 정비하고 우리를 몰아대어 3~4리 갔다. 성곽으로 둘러싸인 큰 집이 있었는데, 방어하는 관문 같았다. 물으니 어독장이라고 하고 도저소가 보였다. 혹은 비험소批驗所[29]라고도 했다. 성안에 또 안성사安性寺가 있어 우리를 절에 머물게 하고 유숙을 허락했다. 내가 그 관인이 누구냐고 묻자 어떤 스님이 말했다.

시를 지어 보이는 것이 좋을 것이다'고 하기에, 신이 즉시 절구絶句를 써서 보였는데도 역시 숙박을 허락하지 않았습니다."

29 소금은 국가가 독점해 산출하고 판매했기 때문에, 개인적으로 소금 만드는 것을 막기 위해 소금 산출지 곳곳에 설치해 소금의 부정 유통을 조사했던 곳이다.

"이분이 바로 도저소 천호라오. 왜인이 국경을 침범했다는 말을 듣고 기계를 이끌고 여기에서 준비하는 것이오. 허 천호의 보고 때문에 병사를 이끌고 와서 그대들을 몰아왔소. 그러나 그대들의 마음이 진심인지 거짓인지 알 수 없어, 내일 도저소에 도착하면 그대들을 신문할 것이오."

윤정월 19일, 도저소에 도착했다

이날 큰비가 왔다. 천호 두 사람이 말을 나란히 해 우리를 몰아대 비를 무릅쓰고 갔다. 내가 정보를 시켜 허청에게 알렸다.

"우리는 바다를 표류해 떠돌며 기길에 시달리다가 죽음에 임박해 다시 살아났소. 겨우 목숨을 보존해 그대 국경에 도착해서 관인을 만날 수 있었으며 어제 아침밥을 배불리 먹을 수 있어 다시 살아날 수 있는 곳이라 생각했소. 그런데 이제 장맛비와 진창이 된 길에서 구덩이에 넘어지고 골짜기에 엎어져 돌에 채이고 진흙에 빠지니, 몸은 얼고 다리는 병이 나고 마음은 지치고 힘은 다 됐소. 어제 저녁에 밥을 먹지 못하고 오늘 아침 또 밥을 먹지 못했소. 또 몰아내 큰비를 맞으며 가니, 나는 아마도 중도에 쓰러져 죽을 것이오."

허청이 다시 말했다.

"어제 네가 걸어서 관가에 도착하지 못했기 때문이니 굶주림을 자초한 것이다. 만약 지금 도착한다면 관에서 먹을 것을 줄 것이니 빨리 가라. 빨리 가."

내가 발을 옮기지 못하고 길 구석에 엎어져 사지를 땅에 맡긴 채 꼼짝 못했다. 효자·정보·김중·막쇠·만산·계산 등이 둘러앉아 통곡했다. 마침 소를 끌고 지나가는 사람이 있어 정보가 천호에게 고했다.

"옷을 벗어 팔아 이 소를 사서 우리 관원이 탈 수 있게 해 주시오."

허청이 말했다.

"나라고 어찌 너희가 이런 고통을 받는 것이 불쌍하지 않겠는가? 국법에 얽혀 있어 너희를 보호할 수 없을 뿐이다."

이정·효지·상리 등이 또 교대로 나를 업고 한 고개를 지나니 20여 리가 됐다. 한 성에 도착하니 바로 해문위의 도저소였다. 성에 가까이 가자 7~8리 사이에 군졸이 갑옷을 입고 창을 들었으며 총과 방패가 길 좌우를 메우고 있었다. 그 성에 도착하니 성에는 겹문이 있고 문에는 쇠 빗장이 있으며, 성 위에는 경계해 지키는 누대가 줄지어 세워져 있었다. 성안에 상점이 줄지어 있고, 사람들이 많았다. 우리를 끌고 한 공관에 이르러 머물게 했다. 우리의 초췌한 모습과 진흙탕에 젖은 의관은 보는 자들이 기절할 정도였다. 왕벽이라는 사람이 내게 글로 써서 말했다.

"어제 이미 상부 관사에 왜선 열네 척이 변경을 범해 사람을 위협했다고 보고했다. 너희가 과연 왜인인가?"

내가 말했다.

"나는 왜인이 아니라 조선의 문사라오."

또 노부용이라는 사람이 있었는데 자칭 서생이라고 하며 내게 말했다.

"수레는 폭이 같은 바퀴를 쓰고 글은 같은 문자를 쓰나,[30] 유독 너희 말이 중국과 다르니 어째서인가?"

---

30 이제 천하는 수레바퀴의 폭이 같고, 쓰는 글자가 같게 됐다('今天下車同軌書同文' 《중용》). 천하가 통일됐음을 뜻하는 말이다.

내가 말했다.

"1000리 떨어지면 풍습이 달라지고 100리 멀어지면 습속이 달라지오. 족하에게 내 말이 괴상하게 들리지만 내게도 족하의 말이 이상하게 들리니 풍습과 습속 때문이오. 그러나 똑같이 하늘이 부여한 성정을 얻었으니 나의 성정도 요순·공자·안연의 성정이오. 어찌 말소리가 다르다고 허물하시오?"

그가 손바닥에 써서 말했다.

"네가 상을 당해 간다니 주 문공의《가례》를 행할 수 있느냐?"

내가 대답했다.

"우리나라 사람은 상을 지킬 때에 모두 한결같이《가례》를 준수하고 있으니, 나도 마땅히 따르오. 다만 풍랑에 떠밀려 와 이제까지 운구 앞에서 곡을 할 수 없으니 통곡할 뿐이오."

그가 또 물었다.

"너는 시를 짓느냐?"

내가 대답했다.

"시사詩詞는 경박한 자가 음풍농월하는 자료이니 도를 배우는 독실한 군자가 할 것이 아니오. 나는 격물치지格物致知와 성의정심誠意正心을 학문으로 하니 시사를 배울 생각이 없었소. 만약 먼저 짓는 사람이 있으면 어쩔 수 없이 화답할 뿐이오."

또 한 사람이 내 손바닥 위에 썼다.

"너를 보니 나쁜 사람이 아니라 단지 말이 달라서 실로 벙어리 같으니 정말 가련하다. 내가 네게 한마디 알려 주겠으니, 너는 이 말을 기억하고 스스로 잘 처신해서 삼가 가볍게 남에게 말하지 마라. 예로부터 왜적이 자주 우리 변경을 위협했기 때문에 국가에서 비왜도지휘備倭都指揮와 비왜파총관備倭把摠官을 두어 대비했다. 만약 왜적을 잡으면 모두 먼저 목을 베고 나중에 아뢴다. 지금 너희가 처음 배를 맨 곳은 사자채獅子寨를 관할하는 땅인데, 사자채를 지키는 관원이 너희를 왜적이라고 무고해 머리를 베어 공을 세우려고 도모했다. 그래서 먼저 '왜선 열네 척이 변경을 침범해 사람들을 위협했다'고 보고했다. 병사를 거느리고 가서 너희를 잡아 머리를 베려고 할 때 너희가 먼저 스스로 배를 버리고 사람이 많은 마을로 뛰어들어갔기 때문에 그 계책을 이루지 못했다. 내일 파총관이 와서 너희를 신문할 것이다. 너희가 상세히 변명하되, 조금이라도 그르치면 일은 예측할 수 없게 될 것이다"

내가 그의 성명을 묻자 다음과 같이 말했다.

"내가 말을 해 준 이유는 너를 아끼기 때문이다. 위험하다."

머리를 흔들며 떠나갔다. 나는 그 말을 듣고 머리털이 쭈뼛하고 섰다. 즉시 정보 등에게 말했다. 정보가 말했다.

"길거리에 있던 사람들이 우리를 가리키며 목이 잘리는 시늉을 했던 것이 모두 우리가 이 계략에 넘어갔기 때문이군요."

날이 저물자 천호 등 관원 일고여덟 명이 큰 탁자를 두고 탁자 주변에 둘러섰다. 정보를 앞으로 끌어내더니 물었다.

"너희 배가 모두 열네 척이라고 하는데 사실이냐?"

정보가 대답했다.

"아니오. 다만 한 척뿐이오."

손을 휘둘러 정보를 나가게 했다. 또 나를 끌어다가 물었다.

"너희가 원래 타고 온 배가 몇 척인가?"

내가 말했다.

"한 척뿐이오."

"우리 국경에서 왜선 열네 척이 지난번 머물던 해양에 함께 정박해 있던 것을 분명히 보았다고 한다. 나는 수채관守寨官의 보고 때문에 이미 상사대인에게 보고했다. 너희 배 열세 척은 어디 두었느냐?"

"우리가 해안에 도착했을 때 그대들 땅의 사람들이 탄 배 여섯 척이 있어 같은 바다에 함께 정박했었소. 만약 여섯 척 배에 탔던 사람들에게 물어보면 우리 배 숫자를 알 수 있을 것이오."

"너희가 왜인으로서 이곳에 상륙해 위협했다 하니 어째서인가?"

"나는 조선 사람이오. 말이 왜인과 다르고 의관의 제도가 다르니 이것으로 분변할 수 있소."

"왜는 도적질하는 데 귀신 같으니 혹 조선인인 척 바꿔 입을 수도 있는데, 너희가 왜인이 아님을 어찌 알겠는가?"

"나의 행동거지를 보고 내 인신과 마패, 관대와 문서를 살펴보면 진위를 알 수 있을 것이오."

천호 등이 곧 내게 인신 등의 물건을 가져오게 해 따져 보았다. 그리고 물었다.

"네가 왜인으로서 조선인을 위협해 이 물건을 얻은 것은 아니냐?"

내가 말했다.

"조금이라도 나를 의심하는 마음이 있다면, 우선 나를 북경으로 보내 조선의 통역관과 한번 대화하게 해보시오. 진위가 곧바로 드러날 것이오."

"너의 성은 무엇이고 이름은 무엇이냐? 어느 현 사람이냐? 무슨 벼슬을 하느냐? 무슨 일 때문에 우리 국경에 오게 된 것이냐? 사정을 써라. 감히 거짓으로 속여서는 안 된다. 내가 상사에 보고하겠다."

"성은 최, 이름은 부요. 조선국 전라도 나주성에 사오. 문과에 두 번 급제해 처음 관직에 나간 지 여러 해 됐소. 지난 정미년(1487) 9월에 국왕의 명을 받들어 제주도 등의 섬에 갔소. 올해 윤정월 3일 부친상에 허겁지겁 달려 집으로 돌아가던 중 풍랑을 만나 바다를 표류하다가 여기에 도착하게 됐소."

"네 아비의 이름은 무엇이냐? 관직은 무엇이냐? 어디에서 죽었느냐?"

"아버지 함자는 택澤이시고, 진사시에 합격했으나 부모님 봉양 때문에 벼슬을 하지 않으셨소. 상복을 입는 기한을 마친 지 겨우 4년 만에 나주에서 돌아가셨소."

공초가 끝난 뒤 나를 별관에 머물게 하고 나와 종자들에게 먹을 것을 주었다.

우리나라 사람이 공적인 일이나 사적인 일 때문에 제주를 왕래하면서 혹 풍랑을 만나 간 곳을 모르는 경우는 일일이 다 셀 수가 없다. 마침내 살아 돌아온 사람은 열이나 백에 겨우 한둘이다. 이 어찌 모두 바닷물에 빠져 죽은 것이겠는가? 섬라나 점성 같은 섬 오랑캐 땅에 표류해 들어가서 다시 돌아올 희망이 없어지거나, 비록 중국 경계에 표류해 이르렀더라도 역시 국경 사람들이 왜적으로 무고해 목을 잘라 상을 받으면, 누가 그 실정을 분변할 수 있겠는가? 우리 경우에도 먼저 스스로 육지에 내리지 않고 인신과 마패의 증표가 없었다면 어찌 다시 화를 면할 수 있었겠는가? 우리나라가 만약 중국 조정의 제도를 본받아 모든 백관에게 호패號牌와 석패를 지급하여 관직과 성명을 새겨 넣어 다름을 표시하고, 왕명을 받든 사신은 대소 없이 절월節鉞[31]을 지급해 왕명을 따르게 하며, 또 바닷가에 사는 사람은 비록 사적으로 장사하느라 바다를 건너는 자라도 모두 호패를 지급해 어느 나라, 어느 주현, 성명, 모습과 나이를 써서 구별하고, 또 통역한 사람을 제주도에 두어 왕명을 받들어 가는 모든 신하와 세 고을의 수령이 가거나 돌아올 때 항상 데리고 다니도록 해 뒷날의 우려에 대비한다면, 그런 후에야 거의 화를 면할 수 있을 것이다.

윤정월 20일, 도저소에 머물렀다

이날 흐렸다 맑았다 했다. 내가 도저소 천호의 성명을 물으니 진화陳貨라고 했다. 진화가 관원 한 사람과 와서 나를 보고 내 상립喪笠을 가리키며 말했다.

"이것은 무슨 모자인가?"

내가 말했다.

"이것은 상립이오. 우리나라 풍속에 모두 여묘살이를 3년 하는데, 불행히 나처럼 표류한 사람이나 부득이하게 멀리 떠나 있는 사람은 감히 하늘의 해를 우러러보지 못해 피눈물 흘리는 비통한 마음을 굳건히 하오. 그래서 이같이 깊숙한 삿갓을 쓰는 것이오."

밥 먹을 때가 되자 허청이 나를 이끌어 같은 탁자에 앉았다. 한 사람이 젓가락으로 탁자 위에 글자를 썼다.

상립
국립민속박물관 소장

---

31 지방관이 지방에 부임할 때에 임금이 내어 주던 물건.

"너는 돼지고기를 먹는가?"

"우리나라 사람은 상중일 때 3년간 어육과 젓갈, 훈채는 먹지 않소."

그 사람이 다른 그릇에 소찬素饌을 담아 내게 주었다. 허청도 내 의복이 젖은 채 마르지 않은 것을 보고 내게 말했다.

"오늘 햇볕이 나니 옷을 벗어 말려라."

내가 대답했다.

"내 옷이 모두 젖어 이것을 벗으면 입을 게 없으니, 말릴 수 없소."

허청이 나를 끌어다 양지쪽에 앉히고 볕을 쬐어 말리게 했다. 한 관인이 와서 물었다.

"너희 국왕은 황제라고 칭하는가, 아닌가?"

나는 대답했다.

"하늘에 두 해가 없으니 어찌 한 하늘에 두 황제가 있겠소? 우리 왕은 성심으로 사대事大를 할 뿐이오."

또 물었다.

"너희 나라 관인들이 과연 모두 서대犀帶를 하느냐?"

"1~2품은 금띠를 하고, 3~4품은 은띠를 하며, 5~6품 이하는 모두 검은 뿔 장식을 쓰지만 서대는 없소."

또 물었다.

"너희 나라에 금은이 있는가, 없는가?"

"금은은 본래 우리나라에서 생산되는 것이 아니오."

"그렇다면 어떻게 금띠·은띠가 있느냐?"

"모두 상국과 무역해 가져오지요. 그래서 비싸다오."

내가 그 관인이 어떤 사람인지 묻자 그는 즉시 공문을 내보였다. 파총관이 먼저 이 관인을 파견해 명패를 주어 앞서 도저소로 밤새 달려가 우리를 보호하고, 거듭 해석해 일이 그릇되지 않도록 했는데, 성명은 설민薛旻이었다. 또 한 사람이 와서 말했다.

서대
무소뿔로 장식한 허리띠.
국립중앙박물관 소장

"나는 영파부 정해위 사람이다. 이곳 도사 때문에 공적으로 파견돼 여기에 왔다."

내가 곧 물었다.

"영파부에 하산이 있소?"

"있다."

내가 이어서 전날 하산에 정박해서 해적을 만나 다시 표류한 까닭을 말하자, 그가 말했다.

"내가 이 글을 가지고 지부知府에 가서 물어보아야겠다."

내가 그의 성명을 물으니 왕해王海라고 했다. 또 외부 사람들이 떼를 지어 와서 종이와 붓을 들고 다투어 물었는데 이루 다 대답할 수가 없었다. 어떤 관인이 은밀히 써서 보여 주었다.

"이곳 사람들은 경박하니 쓸데없이 함께 얘기하지 마라."

윤정월 21일, 도저소에 있었다

이날 맑았다. 외부 사람들이 몰려들어 나를 구경했다. 왕해가 벽 위의 한 초상화를 가리키며 말했다.

"너는 저 그림을 아는가?"

"모르겠소."

"이것은 당나라 조정의 진사 종규鍾馗다."

"종규는 평생 진사를 하지 못했는데 어째서 진사라 하시오?"

왕해 등이 껄껄 크게 웃었다. 또 어떤 백발노인이 왔기에 내가 물었다.

"천태산天台山인 안탕산鴈蕩山은 여기에서 몇 리나 되는지요?"

노인이 대답했다.

"천태산은 천태현 북쪽에 있으니 여기에서 이틀 거리라오. 천태산 남쪽으로 하루 거리에 안탕산이 있소."

내가 또 물었다.

"이 성의 주산主山은 어디인지요?"

"석주산石柱山이지요."

나를 끌고 문을 나가 석주산을 가리키는데, 과연 석벽이 산을 이루었고 산꼭대기에 기둥 같은 바위의 형상이 있었다. 내가 말했다.

"여기에서 북경까지 몇 리인지요?"

노인이 말했다.

"5800여 리라오."

"양자강까지는 몇 리인지요?"

"북쪽으로 2000여 리이지요."

내가 또 이섬이 정박했던 양주부揚州府에 대해 물었다.

"여기에서 몇 리인지요?"

"양자강 북쪽에 있소. 그대가 강을 건너면 바로 양주부의 경계라오."

"남경에서 몇 리인지요?"

"서북쪽으로 2000여 리이지요. 그러나 모두 짐작한 것뿐이지, 정확히 안다고 감히 말하지 못하겠소."

어떤 대관인이 앞으로 벽제辟除를 하고 뒤에서 옹위擁圍하며 위의를 갖추고 와서 황화관에 앉았다. 물어보니 바로 파총 송문 등지의 비왜지휘 유택이었다. 우리를 앞으로 오라고 불러 말했다.

"너희가 사사로이 변경을 넘었기 때문에 본래 군법으로 처리하는 것이 마땅하지만, 그간의 일에 불쌍한 점이 있을까 해 일부러 다 죽이지 않은 것이다. 상국을 침범한 일이 있는지 사실대로 써서 올려라."

내가 아뢰었다.

"성은 최, 이름은 부. 조선국 전라도 나주성에 삽니다. 두 번 문과에 급제해 국왕의 근신이 됐습니다. 지난 정미년 9월 17일에 왕명을 받들어 제주 등지의 경차관으로 갔습니다. 제주는 남해 가운데 있고, 나주에서 수로로 1000여 리입니다. 같은 해 11월 12일 바다를 건너가 인구를 추쇄하다 일을 다 마치지 못했습니다. 올 무신년 정월 30일에 부친상을 듣고 윤정월 3일 바람을 살피지도 않은 채 허겁지겁 바다를 건너다가 바람에 휩쓸려 성난 물결에 잠겼다 뒤집혔다 기갈에 시달리며 구사일생했습니다. 이달 12일 이름을 알 수 없는 섬에 도착했습니다. 어떤 어선이 와서 '어느 나라 사람이냐?'고 물었습니다. 조선 사람이란 것과 표류한 이유를 대답하고 어느 나라 땅이냐고 묻자, '이곳은 대당국 영파부 하산이다'라고 했습니다. 그날 밤 20여 명의 도적이 배를 타고 와서 도끼와 칼로 겁을 주며 목을 베려 했고, 의복과 식량·행장 등의 물건을 빼앗았습니다. 끝내 노와 닻을 잘라 버리고 떠나, 다시 큰 바다에 표류하게 됐습니다. 17일에 다시 지명을 알 수 없는 해안에 도착했는데, 또 어선 여섯 척이 줄지어 서 있었습

청나라의 화가 전유성이 안탕산을 묘사해 그린 〈안탕도雁蕩圖〉

니다. 전에 만났던 해적과 같은 무리일까 봐 걱정이 돼 배를 버리고 육지
로 올라와 두 고개를 넘어 6~7리쯤 가니 사람이 사는 마을이 있었습니다.
(그곳에서부터) 차례로 보내져 선암리에 이르렀습니다. 그 마을 사람들이
다투어 각목으로 마구 때리며 겁을 주었습니다. 인계돼 어느 곳에 이르렀

는데 우연히 관인을 만나 이 성으로 내몰려 왔습니다."

또 물었다.

"너는 몇 년에 급제했느냐? 어떤 벼슬을 거쳤느냐? 데리고 온 사람은
어느 주현에 사느냐? 짐에는 어떤 도구가 있느냐? 원래 배가 몇 척 있었

느냐?"

"저는 성화 연간 정유년 진사시에 제3인으로 합격했고, 임인년 문과에 을과 제1인으로 급제해 교서관 저작·박사博士, 군자감軍資監 주부主簿·성균관成均館 전적典籍·사헌부 감찰監察·홍문관 부수찬副修撰·수찬을 거쳤습니다. 병오년 문과 중시에 을과 제1인으로 합격해 홍문관 부교리·용양위龍驤衛 사과司果·부사직副司直을 거쳤습니다. 데리고 있는 사람으로 아전 네 명은 광주목 아전 정보·화순현 아전 김중·나주목 아전 손효자·제주목 아전 이효지고, 반솔 한 명은 서울 사람인 이정입니다. 진무 한 명은 제주 사람인 안의, 역리驛吏 한 명은 나주 청암역 사람인 최게산입니다. 종 막쇠 등 두 명, 제주 관노 권송 등 네 명, 호송군인 금속 등 아홉 명, 격군 허상 등 스무 명은 모두 제주 사람입니다. 타고 온 배는 큰 배 한 척뿐인데 돛대와 배 돛, 상앗대는 바람을 만나 잃었고 닻과 노는 도적을 만나 잃었습니다. 가지고 온 물건은 인신 하나, 마패 하나, 사모와 각대, 써 온 문서, 중시 방목, 서책, 활 하나, 칼 하나와 각자 입고 온 옷이며, 그 밖에 다른 물건은 없습니다."

파총관이 즉시 인신 등의 물건을 점검하고 또 물었다.

"너희 나라 지방은 거리가 얼마나 되느냐? 부와 주는 몇 개인가? 군량미는 약 얼마나 되느냐? 본지에서 나는 물건은 어떤 것이 비싼가? 읽은 시서 가운데 어느 경전을 숭상하느냐? 의관과 예악은 어느 시대의 제도를 따르느냐? 하나하나 쓰라. 그것으로 조사하겠다."

내가 말했다.

"우리나라 지방은 대략 수천 리입니다. 8도가 있고, 소속 주·부·군·현이 모두 300여 개입니다. 나는 것으로는 인재人才와 오곡, 마소와 닭, 개가

있으며, 읽고 숭상하는 것은 사
서오경입니다. 의관과 예악은
한결같이 중국의 제도를 따릅니
다. 군량미는 내가 문신이라 익
숙하게 안 적이 없어 그 숫자를
상세히 모르겠습니다."

"너희 나라와 일본·유구·고
려는 서로 왕래하느냐?"

"일본과 유구는 모두 동남쪽
큰 바다 가운데 있는데, 서로 멀
리 떨어져 있어 사신의 왕래가
없습니다. 고려가 바뀌어 지금
의 우리 조선이 됐습니다."

"너희 나라도 우리 조정에 조
공을 하느냐?"

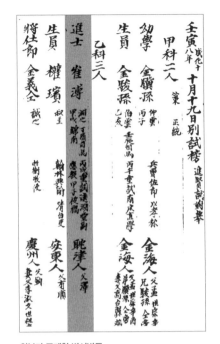

최부가 급제한 별시방목
방목榜目은 급제한 사람의 명부를 가리킨다.
국립광주박물관 소장

"우리나라는 매년 황제의 생신이나 새해 같은 때 조공을 더욱 공손하게
합니다."

"너희 나라는 어떤 법도를 쓰느냐? 따로 연호가 있느냐?"

"연호와 법도는 한결같이 대명의 제도를 따르고 있습니다."

파총관이 다 묻고 나서 말했다.

"너희 나라는 여러 해 조공을 해 왔고, 의리상 군신 간의 우호가 있어 이
미 침범하거나 반역하려는 뜻이 없으니 당연히 예로써 대접해야 한다. 각
자 안심하고 다른 염려를 하지 마라. 북경으로 보내 본토로 돌려보내도록

하겠다. 꾸물거리지 말고 짐 꾸리기를 서두르라."

그러고는 다과를 대접해 주었다. 나는 곧 감사하다는 시를 지어 절하고 바쳤다. 파총관이 말했다.

"절할 필요 없다."

나는 무슨 말인지 몰라 절했다. 파총관도 일어나 마주 답례했다.

윤정월 22일, 도저소에 머물렀다

이날 흐렸다. 파총관이 또 나를 앞으로 오게 했다. 어제 공초한 글을 가지고 와서, 하산에서 도적을 만난 일, 선암리에서 구타를 당한 일과 글이 번다한 곳을 깎아 내고 내게 다시 한 부를 쓰게 했다. 설민이 탁자가에 서서 내게 말했다.

"이 글은 상사에 보고해 황제께 이르는 것이니, 문장이 간략해야 하오. 그래서 우리 나리께서 번잡한 곳을 줄여 간단하게 만들고 그대에게 고쳐 쓰게 한 것이니 의심하지 마시오."

나는 쓰는 것이 달갑지 않았다.

"공초한 말은 그대로 써야 하니 번잡한들 무슨 해가 되겠습니까? 그리고 깎아 낸 내용이 바로 도적을 만난 일인데, 도리어 '군인들이 의복을 다 가지고 있다'는 말을 덧붙인 채 우리가 도적을 만난 실정은 없으니 무슨 뜻이오?"

설민이 은밀하게 써서 보였다.

"지금 황제께서 새로 즉위하시어 법령이 엄격하오. 만약 그대가 앞서 공초한 말을 보시면 반드시 도적이 성행한다고 생각하실 것이고 죄를 변방의 장수에게 돌릴 것이니, 작은 일이 아니오. 그대를 위한 계책은 살아서 본국으로 돌아가는 것을 중심으로 삼아야 하니, 일이 일어나기 쉽게 하면 안 되오."

나는 그의 말을 듣고 그럴듯하게 여겨, 즉시 붓을 들어 깎아 낸 대로 써 주었다. 설민이 또 내게 말했다.

"그대가 이미 군자감 주부를 했다고 하면서 어째서 군량미의 수를 모른다고 하시오?"

"나는 군자감에서 한 달을 채우지 못하고 체직遞職됐기 때문에 그 숫자를 상세히 알지 못하오."

"바다를 떠돌 때 며칠이나 먹지 못했소?"

"3일부터 11일까지라오."

"그렇다면 어떻게 굶어 죽지 않았소?"

"간혹 마른 쌀을 씹으며 오줌을 마셨소. 오줌도 그치자 하늘에서 내리는 비를 기다렸다가 옷에 적셔 짜 마시면서 실오라기 같은 목숨을 이었소. 죽지 않은 것이 다행일 뿐이오."

"나이가 몇이오?"

"35세라오."

"집을 떠난 지 며칠 됐소?"

"달이 이미 여섯 번 둥글었소."

"고향이 그립소?"

"아버지께서 이미 돌아가셨다지만, 어머니께서는 살아 계시오. 이미 부친상을 당해 통곡하실 텐데 내가 물에 빠졌다 생각하실 테니 아픈 마음이 더하실 것이오. 내가 이제 살아서 타국에 도착해 이런 생각까지 하다 보면 통곡하지 않는 날이 없소."

"신하 된 사람은 나랏일을 하면서 집은 잊는다고 했소. 그대가 왕명을 받든 일 때문에 여기까지 표류한 것이니 효심을 충으로 바꾸어야 할 텐데, 어찌 집을 그리워하시오?"

"효자의 집안에서 충신을 구하는 법이니, 부모에게 효도를 다하지 못하면서 임금에게 충성한 경우는 없었소. 게다가 봉양하려 해도 부모님이 기다리지 않고 남은 날이 거의 없으니 어떻게 돌아가신 아버지와 어머니를 그리워하지 않겠소?"

"그대 나라 국왕의 성과 휘는 무엇이오?"

"효자는 차마 부모님의 이름을 거론하지 못하오. 그래서 사람의 허물을 듣는 것을 부모의 이름 듣는 것처럼 하라고 했소. 하물며 신하가 돼 임금의 휘를 경솔하게 남에게 말해서야 되겠소?"

"국경을 넘었으니 상관없소."

"나는 조선의 신하가 아니오? 신하 된 자가 국경을 넘었다고 나라를 등지고 행실을 다르게 하고 말을 바꿔서야 되겠소? 나는 그렇게 못하오."

설민은 나와 묻고 답한 말을 가져다가 파총관에게 바쳤다. 파총관이 읽으면서 머리를 끄덕이기도 하다가 나를 돌아보며 말했다.

"내일 관원을 차출해 그대가 출발하는 것을 전송하겠소. 몸에 지닌 모든 짐과 물건을 써 오면 앞으로 가는 길에 잃지 않도록 하겠소."

나는 관사로 물러났다. 왕광王匡이라는 자는 허청의 앞잡이인데 성내기도 하고 달래기도 하면서 싫증도 내지 않고 무언가 달라고 했다. 내 짐에는 물건이 없어 응해 줄 수 없었다. 여기에 이르자 또 와서 '우리는 대인의 은혜를 보답하지 않을 수 없다'고 했다. 내가 입고 있던 핫바지를 벗어 허청의 아들 융에게 주었다.

태주는 옛 동구국의 땅으로 민 땅의 동쪽, 월 땅의 남쪽에 있다. 우두외양 등의 땅과 임해현 관할지가 또 태주 동남쪽 가장 가까운 경계다. 바람과 기후가 온난하고 항상 비가 내려 해가 나는 날이 적으니, 정말 무덥고 황폐하여 풍토병이 많은 지방이었다. 내가 정월에 도착했으나 기후는 삼사월과 같아서, 보리와 밀은 이삭이 나려 했고 죽순은 바야흐로 한창이었으며, 복사꽃과 살구꽃이 활짝 피었다. 또 산천은 높고 크며 숲에 가려 있고, 인물이 많으며 집들은 장려해 하나의 별천지를 이룬 구역이었다.

윤정월 23일, 도저소에서 길을 떠났다

이날 흐렸다. 파총관이 또 나와 종자들을 앞으로 불러내고, 내게 이름을 불러 숫자를 점검하게 했다. 천호 적용翟勇과 군리 20여 인을 차출해 우리를 총병관에게 호송하게 했다. 나와 아전 등은 모두 가마를 타고 떠났다. 양달해는 간교한 사람이었는데 병을 핑계로 지팡이를 짚고 걷지 못하는 척해 파총관이 역시 가마를 타도록 허락했다. 가마를 탄 사람은 모두 여덟 명으로 적용·허청·왕광 등과 우리였다.

산장과 오두 두 고개를 지났다. 그 사이에 세 개의 큰 내가 있었고 오두령 아래 또 감계鑑溪가 있었다. 허청이 우리를 시냇가에 있는 인가로 초대해 밥을 지어 대접했다. 또 당두·포봉 등의 땅을 지나갔다. 야간 통행금지 시간을 어겨 길가에 있는 어떤 절에 도착했다. 그 앞마을이 바로 선암리였다. 도저소부터 여기까지가 내가 지난번에 몰려 지나가던 길이었다. 밤에 허청과 적용이 이장을 국문해 말안장을 빼앗아 간 자를 잡아 관에 보고

하고 안장은 내게 돌려주었다. 군인들이 뺏긴 모자와 망건 등의 물건을 다 찾지는 못했다.

위협해 도적질하는 자들은 사람을 죽이고 재물을 빼앗으며 거리낌 없이 함부로 사납게 군다. 지금의 강남 사람들 가운데 비록 이익에 마음을 사로잡혀 도적질하고 위협하는 사람이 있기는 하지만 하산의 도적들은 우리를 죽이지 않았고 물건을 남겨 주었으며, 선암 사람들은 위협했던 일을 숨기지 않아 결국 빼앗았던 안장을 돌려주었으니 기풍이 유약함을 볼 수 있다. 인심이 아주 포악하지는 않은 증거다.

윤정월 24일, 건도소³²에 도착했다

이날 개었다. 새벽에 천암리를 지났다. 마을 서쪽에 산이 있었는데 석벽을 이고 우뚝하게 서 있었다. 궁륭에는 크게 뚫린 구멍이 있어, 멀리서 보니 무지개 문 같았다. 이것으로 마을 이름을 삼았다.

또 전령田嶺을 지났다. 고개 위에 길을 가로질러 절을 지어서, 길 가는 사람들이 절 가운데를 통해 다녔다. 우리는 평지에서 혹 가마를 타기도 했지만, 고갯길이 험준해서 가마에서 내려 걸어가는 경우가 많았다. 이 절에 이르자 갖가지 모습으로 절룩거리며 온 것을 승려가 불쌍하게 여겨 차를 달여 대접해서 잠깐 쉬었다.

바닷가 포구에 도착하니 병선이 있었는데, 병기를 갖추고 포구를 따라 오르내리며 해전을 치르는 모습이 보였다. 내가 거룻배를 타고 건너자 바

---

32 해문위에 소속된 성인데, 영해현 관아에서 동남쪽 130리 거리에 있다.

로 건도소였다. 성이 바닷가에 가까이 있었다. 천호 이앙李昂은 몸이 장대하고 위용이 훌륭했으며 갑옷과 병기를 갖추고 있었다. 우리를 인도해 성문으로 들어갔다. 문과 성은 모두 두 겹이었고 북과 나팔, 화포 소리에 바다와 산이 진동했다. 쇄납喇叭[33] 등의 크고 작은 뿔 나팔은 끝이 모두 위로 구부러져 있어, 그 끝이 부는 사람의 눈썹 사이를 향했다. 성안의 인물과 집들은 도저소보다 더욱 번성해 보였다.

이앙이 나를 객관으로 인도했다. 적용·허청·왕광·왕해 등과 이름은 잊었고 성이 장씨, 윤씨인 중후한 늙은 관인이 모두 탁자 좌우로 둘러서서 내게 표류한 까닭을 물었다. 내가 간략하게 전말을 얘기했다. 이앙이 당위로 올라 빈주賓主의 예를 행하기를 청했다. 이앙은 서쪽 계단으로, 나는 동쪽 계단으로 올라갔다. 마주보고 두 번 절한 뒤에 이앙이 내게 다과를 대접하고, 내 종자들에게는 술과 고기를 대접해 정성스러운 마음을 듬뿍 보여 주었다. 성이 윤씨인 늙은 관인이 정보 등을 자기 집에 데리고 가 음식을 먹였다. 그리고 그의 처첩과 자녀를 보여 예를 행하게 했다. 그의 마음이 이처럼 순박하고 넓었다. 어떤 사람이 병오년 등과소록登科小錄을 가져와 내게 보여 주며 말했다.

"이것이 내가 급제한 방목입니다."

또 소록 가운데 '장보張輔' 두 글자를 가리키며 말했다.

"이것이 내 성명입니다."

그리고 물었다.

"당신 나라에서도 역시 등과한 사람을 귀하게 여깁니까?"

---

33 페르시아어 surnā의 음역. 목관악기의 일종이다.

"그렇습니다."

"우리나라 제도는 초야에 있는 선비가 등과한 경우 모두 녹봉을 지급받고, 마을 어귀에 정문을 세워 표시합니다. 명함에도 '무슨 과 몇 등으로 진사 급제한 사람(進士及第某科某等人)'이라고 씁니다."

나를 자기 집에 이끌고 갔다. 그 집 앞 거리에 과연 용을 새긴 돌기둥으로 2층 3간의 문을 만들어 놓았다. 금빛과 푸른빛이 번쩍이는데 그 위에 크게 '병오과 장보의 집(丙午科張輔之家)'이라는 표시가 쓰여 있었다. 장보는 아마도 자기가 급제한 것을 나에게 과시하려는 것 같았다. 나 역시 허풍 떠는 말로 과시했다.

"나는 두 번 과거에 급제해 해마다 쌀 200석을 받고 정문이 3층입니다. 족하가 내게 미치지 못하는 것 같군요."

장보가 말했다.

"그걸 어떻게 알 수 있소?"

"내 정문은 멀리 있어 보여 줄 수 없습니다만, 내가 문과 중시소록을 여기 가지고 있습니다."

즉시 꺼내 보여 주었다. 장보가 방목 가운데 있는 내 직임과 성명을 보고 무릎을 꿇으며 말했다.

"제가 미치지 못할 것 같습니다."

윤정월 25일, 월계越溪 순검사巡檢司[34]에 도착했다

---

34 나루터나 관문에서 수상한 사람을 조사하기 위해 설치한 관아인데, 순검(종9품)이 치안 관리를 담당했다.

이날 흐리고 흙비가 왔다. 이앙·허청·왕광 및 장씨·윤씨가 모두 바닷가에서 나를 전송했다. 이앙이 내 손을 잡고 말했다.

"나와 그대는 1000년에 한 번 만날까 말까, 만 리 떨어진 곳에서 한 번 볼까 말까한 사이입니다. 한 번 이별하면 양쪽으로 떨어져 다시 만날 기회가 없을 것입니다."

나는 배 위에서 작별을 고했다.

"제가 올 때 장군은 수백 수천의 군사로 성곽을 둘러싸 호위했습니다. 깃발이 어지럽게 펄럭거렸고 징과 북소리가 울렸으니, 장군께서 먼 지방에서 온 사람에게 엄숙함을 보이기 위해서였던 것입니다. 제가 객관에 있을 때에는 당에 올라 행한 예에 그르침이 없었고, 음식 대접에 뜻이 더욱 두터웠습니다. 마음을 열고 성의를 보여 주어 한 번 만나자 옛 친구처럼 여겨졌으니, 장군께서 먼 지방 사람을 관대하게 대해 주신 것입니다. 제가 떠날 때가 되자 걸어서 성의 서쪽으로 나와 바다 굽이까지 멀리 전송했고 저를 부축해 배에 태우고 작별 인사를 하시니, 장군께서 먼 지방 사람을 후하게 전송하신 것입니다. 저는 일개 타국 사람이고 만난 지 하루가 되지 않았지만, 엄숙함을 보이고 관대함으로 대접하며 후하게 작별하시니 그 뜻이 그대로 간직됩니다. 우리 조선 땅이 비록 바다 밖에 있지만 의관과 문물은 다 중국과 같으니 외국이라고 보면 안 됩니다. 하물며 지금 명나라가 통일해 호월胡越까지도 집안이 됐으니 온 천하가 모두 우리 형제입니다. 어찌 땅이 멀고 가까운 것으로 내외를 구분하겠습니까? 게다가 또 우리나라는 천자의 조정을 각별하게 섬겨 조공 바치는 일을 게을리하지 않습니다. 그래서 천자 역시 예로써 대하고 인으로써 어루만져 회유하는 교화가 극진합니다. 저는 조선의 신하이고 장군 역시 천자께서 변방 장수에 임명한 신하인데, 천자께서 작은 것을 사랑하는 마음을 체득해 멀리에서 온 사람을 이렇게 지극하게 대해 주신 것이니 이 역시 충이 아니겠습니까? 그간 돈독한 마음은 제가 이미 깊이 느꼈습니다. 그러나 장군이나 장·윤 두 관인과 조용히 이야기를 나누며 회포를 나눌 겨를을 하루도 얻지 못했습니다. 100년 동안에 만 리 밖에서 봄철의 나무숲과 석양의 구름을 볼 때마다 그리워지는 마음이 어찌 그치겠습니까?"

또 허청에게 작별의 말을 했다.

"장군과 왕광 족하는 포봉 마을에서 만난 나를 기갈이 극심한 지경에서 배부르게 해 주었고, 온갖 죽을 고비를 넘긴 끝에 나를 살려 주었소. 두독장까지, 도저소까지, 그리고 이 성까지 구불구불한 수백 리 땅을 7~8일간 보호해 주었으니 그 돈독한 은혜를 이루 다 말할 수 없소. 한 번 이별한 후 얼굴 보기를 기약하기 어려우니 더욱 울적할 뿐이오."

마침내 작별을 고하고 적용과 함께 배를 타고 큰 바다를 건넜다. 적용이 내게 말했다.

"이 바다를 건너가면 서쪽으로 천태산을 볼 수 있습니다만, 지금 마침 구름과 안개가 사방에 끼어서 바라볼 수 없습니다."

저녁에 영해현의 월계 순검사에 도착했다. 성은 산꼭대기에 있었다. 군졸이 모두 갑옷을 입고 바다 곁에 줄지어 서 있었다. 적용과 그 무리가 배에서 내려 성으로 들어갔다. 우리를 해안에 남겨 두었으므로 무엇을 하려는지 알 수 없었다.

윤정월 26일, 영해현을 지났다

이날 비가 왔다. 순검사의 맞은편 언덕에 월계포[35]가 있었다. 월계포 앞에서 배를 떠나 육지에 올랐다. 월계 바닷가부터 걸었다. 월계에서 바다로 통하는 해구는 매우 넓어서, 그 근원이 어디에서 시작됐는지 알 수 없었다. 서양령과 허가산을 지나 시옥포에 도착했다. 시옥포 사람이 차를 여러 잔 대접했다. 또 출발해 백교령에 도착했다. 군졸 20여 명이 가마를 메고 와 우리를 맞이했다. 우리 여덟 사람이 또 탔다. 진사방을 지나 영해현의 백교역에 도착했다. 백교역은 현 안에 있었다. 성이 당唐인 지현知縣은 우리가 배부를 때까지 음식을 대접했다. 이어서 가마를 타고 비를 맞으며 출발해 동산포·매림포·강선령·항요포·해구포를 지났다. 그 사이 세 개의 큰 시내와 두 개의 큰 다리가 있었으나 그 이름은 잊었다. 밤 2경에 서점역에 도착해 묵었다. 역은 갑병이 방어소처럼 경계해 지켰다.

윤정월 27일, 서점역에 머물렀다

이날 큰바람이 불고 비가 많이 왔다. 시냇물이 불어 부득이하게 서점역에 머물렀다.

윤정월 28일, 연산역에 도착했다

이날 큰비가 왔다. 적용이 내게 말했다.

---

35 지금은 10리마다 1포를 두어, 역졸이 공문을 우송한다(《일지록》). 포鋪는 역참驛站이나 우정郵후인데, 원나라 때부터 설치돼 중앙에서 지방까지 사방으로 공문서를 전달했다.

"우리 대당국은 법령이 엄정해 조금이라도 지체하면 반드시 죄를 물을 것입니다. 지금 큰비가 내리지만 더 머물 수 없습니다."

적용의 군리와 내 종자들이 모두 가려 하지 않으면서 말했다.

"오늘 비가 몹시 내려 물이 골짜기에 넘칩니다. 가서는 안 됩니다."

적용이 말했다.

"골짜기에 넘치는 물은 가득 찼다가도 없어집니다. 그리고 이 역에서 지급하는 식량도 역시 한정돼 있으니, 어제 머무른 것도 이미 해서는 안 되는 것이었습니다."

결국 우리는 함께 비를 맞으며 책허포·탁개령·산황포를 지났다. 또 대령과 방문포를 지나 쌍계포에 도착했다. 쌍계포 북쪽에 쌍계가 있었는데 시냇물이 불어 넘쳤다. 사람들이 모두 웃옷만 입은 채 건넜다. 상전포를 거쳐 봉화현의 연산역에서 묵었다. 봉화현에서 역까지 동쪽으로 2리다. 지현의 성명은 두안杜安이었다. 역승이 우리가 비 맞아 옷이 푹 젖고 추위에 떨어 소름이 돋은 것을 보고 곧 당 앞에 나뭇등걸로 불을 피웠다. 나와 종자들은 둘러서서 불을 쬐며 몸을 따뜻하게 했다. 밖에서 어떤 사람이 와 함부로 화를 내며 행패를 부리고 불을 짓밟았다. 우리는 두려워 달아나 숨었고, 적용과 역승이 함께 욕을 당했다. 적용이 내게 말했다.

"밖에서 어떤 사람이 그대가 도적이라고 말해, 역의 관리들이 대접하지 못하게 막은 것입니다. 내가 그에게 그대는 글을 읽는 군자라고 말했습니다만, 그가 다시 사납게 굴었습니다. 그대가 '그가 옷을 빼앗아 갔다'고 아뢰는 글을 써서 지현에게 보내는 것이 좋겠습니다."

내가 말했다.

"그의 악행은 정말 벌 받을 만하지만, 빼앗기지도 않은 물건을 빼앗겼다고 무고해 잘못된 죄로 남을 굴복시키는 것은 도리에 매우 어긋나오. 지금 그대가 우리를 호위해 왔다가 그를 '여러 사람들을 위협하고 처들어와 사납게 군 죄'로 다스리면 역시 말이 없지 않을 것이오."

적용이 즉시 아뢰는 글을 써서 지현에게 보냈다.

윤정월 29일, 영파부를 지났다

이날 비가 왔다. 적용과 우리는 가마를 타고 큰 시내를 지났다. 시냇가에 절이 있었는데 몹시 화려했다. 앞에 부도浮屠 다섯 개와 큰 탑 두 개가 있었다. 또 허백관·금종포·남도포를 지나 광제교에 이르렀다. 다리가 큰 개천을 가로질렀다. 다리 위에 지붕이 있는데, 길이가 20여 걸음은 될 만했다. 다리가 있는 땅이 바로 영파부 경계였다. 예전 (영파부가) 명주였을 때 만든 것이다.

그곳을 지나 3리를 가니 또 큰 다리가 있었다. 다리 북쪽에 진사리가 있다. 다시 10여 리 가니 또 큰 다리가 있었다. 다리 위에 역시 지붕을 만들어 놓았는데, 광제교와 똑같이 생겼지만 조금 작았다. 그 이름은 잊었다. 다리 남쪽에 문수향이 있다. 상포교를 지나 북도강에 도착했다. 작은 배를 타고 건넜다.

우두외양에서 서북쪽으로 연산역까지는 무리를 이루어 늘어선 산봉우리가 이리저리 얽혀서 둘려 있고 시내와 바위벽이 구불구불 얽히고 섞여 있었는데, 이 강에 이르니 평평한 교외와 넓은 들이 훤하게 트여 있고, 단지 멀리 있는 산은 눈썹처럼 보일 뿐이었다. 강의 북쪽 언덕에 방죽 하나를 쌓아 놓았는데, 방죽은 배를 상류로 끌고 올라가는 곳이었다. 방죽 북쪽에는 제방을 쌓아 강을 끊어 놓았고 거룻배가 언덕을 둘러 줄지어 정박해 있었다. 적용이 우리를 이끌고 그 거룻배를 탔다.

석교 열세 개를 지나 20리를 갔더니, 강의 동쪽 제방이 여염집으로 뒤덮여 있었다. 그 서남쪽으로 사명산四明山이 바라다보였다. 사명산은 서남쪽으로 천태산에 이어지고 동북쪽으로 회계·진망 등의 산에 이어진다. 바로 하지장賀知章[36]이 젊을 때 살던 곳이다. 노를 저어 영파부 성에 도착했다. 물결을 가로질러 성을 쌓았고 성문은 모두 겹문이었으며 문은 모두 2층이었다. 문 밖에 성이 이중이었고 해자 역시 이중이었다. 성에는 모두 홍예문虹霓門을 설치했고 문에는 쇠 자물쇠가 있었으며 배 한 척을 들일 만했다.

배가 성안으로 들어가 상서교尙書橋에 도착했다. 다리 아래의 강 너비가 100여 보는 될 듯했다. 또 혜정교와 사직단을 지났다. 성안에서 지나간 큰 다리만 열댓 곳이 넘었다. 높고 큰 집들이 양쪽 강 언덕에 연이어 있었는데, 자줏빛 돌로 기둥을 만든 집이 거의 반을 차지했다. 기이하고 훌륭한 풍경을 다 기록할 수 없었다. 노를 저어 북문을 나갔는데, 북문 역시 남문과 같았다. 성의 둘레와 너비는 알 수 없었다. 영파부와 영파위, 은현鄞縣과 사명역이 모두 성안에 있다. 대득교를 지났는데, 다리에는 세 개의 홍예문이 있었다. 비가 심해 강 위에 머물러 정박했다.

2월 1일, 자계현慈溪縣을 지났다

이날 비가 왔다. 신청교와 진사향을 지나 송석 장군 묘에 도착했다. 묘

---

36 659~744. 당나라의 시인. 시인 이백의 발견자로 알려졌으며 풍류인으로 유명하다.

낙산사 홍예문
홍예문은 윗부분을 무지개 모양으로 반쯤 둥글게 만든 문이다. 문화재청 소장

의 크기가 관가와 같았고 정표하는 문이 서 있었다. 영파부 성에서 여기까
지 10여 리쯤 됐다. 강의 양쪽 기슭에는 상점과 배 들이 구름처럼 모여 있
었다. 이곳을 지나자 소나무·대나무·유자나무·귤나무가 언덕을 끼고 숲
을 이루었다.

또 다정茶亭·경안포·계금향·유씨 정절문을 지나 서진교에 도착했다.
다리는 높고 컸다. 지나온 곳에 또 두 개의 큰 다리가 있었다. 서패청西垻廳
에 도착했다. 방죽의 양쪽 언덕에 제방을 쌓았고 바위로 물길을 끊고 둑을
만들어서 외부의 강과 서로 통하지 못하게 했다. 양옆에 기계를 설치하고
대나무로 만든 밧줄로 닻줄을 만들어 배를 끌고 지나갔다. 서여향西瑮鄉의
새 방죽에 도착했다.

방죽은 예전에 찰자항刹子港이었는데 안공顏公이 둑을 쌓은 뒤에 막히자
항구가 없어지고 둑으로 막힌 곳은 밭이 됐다. 물을 끌어 동쪽으로 광리교

남쪽까지 돌아 흐르게 했다. 이 방죽을 설치해 밖으로 강과 호수를 막고 관선을 끌어 건넨다. 신언新堰이라고 부르는데 구조가 서파와 같다. 이곳에 이르러 또 배를 끌고 지나갔다. 신교·개회교·요평처사의 묘를 지나 자계현에 도착했다. 노를 저어 그 안으로 들어가니 경원문·종영문·도당리문·도헌교·진사문·덕성교·보봉문이 있었다. 임청정 앞에 이르러 잠깐 배를 멈추었다. 밤에 또 강을 북쪽으로 거슬러 올라갔다. 닭이 울 때 강 언덕에 정박해 날이 밝기를 기다렸다. 무슨 강인지 물으니 바로 요강姚江이었다. 강변에 역이 있었으니 거구역이었다. 역승은 진고다.

2월 2일, 여요현餘姚縣을 지났다

이날 흐렸다. 아침에 배를 띄워 서북쪽으로 거슬러 올라갔는데, 강산이 높고 컸다. 교외의 들이 평평하게 펼쳐지고 인가가 빽빽했으며 볼거리가 많았다. 해 저물녘에 오령묘·역전포·요강역·강교를 지나 여요현에 닿았다. 강이 성을 끼고 돌았는데, 서쪽에 연금향과 조서교가 있었으며, 조서교에는 홍예문이 셋이었다. 또 등과문登科門과 장씨 광명당을 지나 밤 3경에 하신파下新壩에 도착했다.

하신파에서도 앞서 보았던 신언과 같이 배를 끌고 방죽을 지났다. 큰 다리를 지나자 큰 나무 수십 그루가 강 가운데 줄지어 서 있었다. 동이 틀 무렵 중파에 도착했다. 중파에서도 하신파와 같이 배를 끌고 거슬러 올라갔다. 강은 상우강上虞江이었다.

2월 3일, 상우현을 지났다

이날 맑았다. 큰 다리 두 군데를 지나 올라갔다. 강의 남쪽에서 관인이 가마를 타고 왔다. 바로 상우현의 지현이 현에서 온 것이다. 현은 강 언덕에서 2~3리쯤 떨어져 있었다. 또 황포교·화도포·채묘포·대판교·보청문문·신교포를 지나 조아역에 도착했다. 역승은 서심徐深이었다.

역 북쪽에 방죽이 있어 배를 두고 방죽을 지나 걸어서 조아역에 도착했다. 어지럽게 흐르는 물결을 건넜다. 언덕을 넘으니 또 방죽이 있었다. 방죽과 양호梁湖 순검사는 남북으로 마주하고 있었다.

또 배를 두고 방죽을 지나 서쪽으로 2리를 걸어서 동관역에 닿았다. 다시 배를 타고 문창교·동관포·경령교·황가언포·과산포·도가언포·모양포를 지났다. 밤 4경에 이름을 모르는 강 언덕에 닿아 정박했다.

2월 4일, 소흥부紹興府에 도착했다

이날 맑았다. 감수鑑水를 거슬러 올라갔는데, 감수는 경호鏡湖에서 갈라져 나와 성안을 감돌았다. 해가 뜰 때 소흥부에 도착했다. 성 남쪽에서 감수를 거슬러 동쪽으로 갔다가 북쪽으로 갔다. 창안포를 지나 노를 저어 성으로 들어갔다. 성에는 홍예문이 있었는데 물이 들어가는 입구에 해당한다. 모두 네 겹으로 쇠 빗장을 설치해 놓았다. 광상교 등 큰 다리 다섯 개와 경괴문·연계문·우성관·회수칙비를 지나 10여 리쯤 되는 곳에 관가가 있었다.

적용이 우리를 이끌고 강 언덕에 내렸다. 그 시가지와 인물의 번성함은 영파부의 세 곱절이었다. 총독비왜서도지휘첨사總督備倭署都指揮僉事 황종黃宗, 순시해도부사巡視海道副使 오문원吳文元, 포정사분수우참의布政司分守右參議 진담陳潭이 징청당 북쪽 벽에 나란히 앉고 병갑兵甲과 태笞, 장杖이 삼엄하게 줄지어 있었다. 앞에 탁자 하나를 두고 나를 탁자가로 끌고 가 서쪽을 향해 서게 했다. 나의 성명과 사는 곳, 했던 벼슬, 표류해 온 까닭, 상륙해서 위협하지 않았던 상황, 가지고 온 기계의 유무를 물었다. 나는 파총관에게 대답했던 말 그대로 대답하고, 하산에서 도적을 만난 일과 선암리에서 몽둥이 맞은 일을 보탰으며, 가지고 온 짐에 또 말안장 하나를 보탰다. 세 사상使相이 파총관의 보고서를 꺼내 내게 보였다.

"이것은 무엇을 공초한 말이기에 전후의 상세함과 간략함이 같지 않은가?"

"파총관의 처음 질문에 단지 표류해 정박한 사정만을 대답했습니다. 오늘 포정사布政司 세 분께서 다시 물으시니 상세하게 도적을 만난 일 등을 언급했을 뿐입니다."

세 사상이 부드럽게 내게 말했다.

"공초한 말에 다른 것이 있으면 그대에게 실로 죄가 있는 것이다. 그대는 마땅히 전에 했던 말을 베껴 한 글자도 보태거나 빼지 마라."

내가 그대로 쓰자 세 사상이 또 내게 말했다.

"뒷날 그대가 항주에 도착하면 진수·태감·수의繡衣 삼사의 대인이, 북경에 도착하면 병부와 예부에서 다시 그대 사정에 대해 물을 것이니 역시 이대로 대답하라. 조금이라도 서로 어긋나면 크게 좋지 않다."

사상들이 또 물었다.

"처음에 그대들을 왜구의 배라고 생각해 잡아다 죽이려고 했다. 그대가 만약 조선인이라면 너희 나라 역대 연혁과 도읍·산천·인물·풍속·제사·상제喪制·호구戶口·병제·전부田賦·의관제도를 자세히 적어 오라. 역사서와 대조해 시비를 살피겠다."

"연혁과 도읍은 처음 단군이 당唐의 요堯 임금과 나란히 즉위해[37] 국호를 조선이라 하고, 평양에 도읍해 1000여 년을 지냈습니다. 주나라 무왕 때 기자[38]를 조선에 봉해 평양에 도읍하고 팔조목八條目을 백성에게 가르쳤으니[39] 백성들이 예의로 풍속을 이룬 것이 여기에서 비롯됐습니다. 그 후 연나라 사람 위만이 망명해 조선에 들어와 기자의 후손 기준을 쫓아냈습니다. 기준은 도망쳐 마한에 도읍했습니다. 그 사이 구한九韓[40]이 됐다가 2부[41]가 됐다가 4군[42]이 됐다가 삼한三韓이 됐으나, 연대가 오래돼 다 진술할 수 없습니다. 서한西漢 선제宣帝 때 이르러 신라의 박씨가 처음 나라를 세웠고,[43] 고구려의 고씨와 백제의 부여씨가 계속해 일어나 옛 조선의 땅을 셋

---

37 (단군은) 요임금이 즉위한 지 50년이 되던 경인년에 평양성에 도읍하고, 비로소 조선이라고 했다《삼국유사》〈고조선〉).

38 중국 은나라 때의 삼인三仁 가운데 한 사람인 현자다. 이름은 서여胥餘인데, 자子의 작을 받아 기箕 땅에 봉해졌으므로 기자라고 부른다. 무왕이 봉했다는 조선이 지금의 한반도 안쪽인지는 확실치 않다. 그러나 조선시대 선비들은 이 당시부터 조선이 중국의 문물을 받아들였다는 자부심에서 기자동래설을 믿었다.

39 현재는 3조만 남아 있다. "살인자는 사형에 처하고, 상해자는 곡식으로 보상하며, 남의 물건을 훔친 자는 그 주인의 노예가 된다"라는 내용이다. 도둑질한 자는 50만 전을 내고 속죄할 수도 있었다.

40 해동 안홍의 기록에는 이렇게 적었다. "구한은 1. 일본, 2. 중화, 3. 오월, 4. 타라, 5. 응유, 6. 말갈, 7. 단군, 8. 여진, 9. 예맥이다"《삼국유사》〈마한〉). 그러나 바로 이 구절 위에 구이九夷를 소개했는데, 구이가 구한의 개념에 더 가깝다.

41 《전한서》에는 이렇게 기록했다. "(한나라) 소제昭帝 시원 5년 기해(기원전 82)에 두 외부外府를 두었으니, 조선의 옛 땅인 평나와 현도군 등은 평주도독부로 삼고, 임둔과 낙랑 두 군 땅에는 동부도위부를 두었다"《삼국유사》〈이부〉).

42 기원전 108년에 한나라 무제가 조선을 멸망시키고, 그 땅에 진번·임둔·낙랑·현도의 네 군을 두었다. 그 위치는 확실치 않다.

43 선제는 기원전 74년부터 기원전 49년까지 다스리면서 연호를 여러 차례 바꿨는데, 박혁거세는 지절 원년(기원전 69)에 태어나 오봉 원년(기원전 57)에 즉위해 신라를 건국했다.

으로 나뉘었습니다. 신라는 동남쪽을 차지해 경주에 도읍했습니다. 고구려는 서북쪽을 차지해 요동에 도읍했다가 평양에 도읍했고, 또 여러 차례 도읍을 옮겼는데 그 땅은 잊었습니다. 백제는 가운데와 서남쪽을 차지해 직산·광주·한양·공주·부여에 도읍했습니다. 당나라 고종 때에 신라 문무왕과 당나라 군대가 고구려를 멸망시키고 또 백제를 멸망시켜, 삼국이 합쳐져 하나가 됐습니다. 나중에 견훤이 모반해 전주를 차지하고, 궁예가 모반해 철원을 차지했습니다. 고려 왕씨가 공이 높고 덕이 많아 백성들이 추대하자, 궁예는 스스로 도망치고 견훤은 스스로 투항했습니다. 신라왕은 국고를 봉인하고 군현을 적몰해 항복하러 왔습니다. 다시 삼국이 합쳐지고 개성에 도읍해 거의 500년 동안 대를 이었습니다. 지금 바뀌어 우리 조선이 됐고 한양에 도읍한 지 대략 이제까지 100년이 됩니다. 산천은 장백산이 동북쪽에 있으니 일명 백두산입니다. 1000여 리에 걸쳐 있고 높이는 200여 리입니다. 그 꼭대기에는 못이 있는데 둘레가 80여 리입니다. 동쪽으로 흘러 두만강이 되고 남쪽으로 흘러 압록강이 되며, 동북쪽으로 흘러 속평강速平江이 되고 서북으로 흘러 송화강松花江이 되니, 송화강 하류가 바로 혼동강混同江입니다. 묘향산이 북쪽에 있고 금강산이 동쪽에 있는데 만이천 봉우리가 있습니다. 지리산이 남쪽에, 구월산은 서쪽에 있습니다. 이상 네 산이 가장 높고 험준하며 기이한 고적이 많습니다. 삼각산은 수도의 진산입니다. 대동강·살수·임진강·한강·낙동강·웅진(금강)·두치진·영산강, 이상이 강 가운데 큰 것입니다. 인물은 신라의 김유신·김양·최치원·설총, 백제의 계백, 고구려의 을지문덕, 고려의 최충·강감찬·조충·김취려·우탁·정몽주가 있고, 우리 조선은 일일이 셀 수 없습니다. 풍속은 예의를 숭상하고 오륜에 밝으며 유학을 중시합니다. 매년 봄가을에 양로연養

老宴[44]·향사례鄕射禮[45]·향음주례鄕飮酒禮[46]를 행합니다. 제사 의식은 사직·종묘·석전과 여러 산천제가 있습니다. 형벌 제도는 대명률大明律을 따르고 상제는 《주자가례》를 따릅니다. 관리의 예복은 중국 제도를 따릅니다. 호구·병제·전부田賦는 제가 문신이라 상세히 알지 못합니다."

또 물었다.

"이른바 '인정人丁을 추쇄한다'는 것은 무슨 일인가?"

"제주가 큰 바다 가운데 있어 바닷길이 매우 험하고 멉니다. 죄를 지은 자들이 모두 도망해 들어가 피하다 보니, 오랫동안 도망친 자들이 숨는 곳이 돼 왔습니다. 그래서 (관원이) 가서 조사하는 것입니다."

"제주는 우리 나라에서 몇 리나 떨어져 있는가?"

내가 바닷길이 먼 것을 과장해서 말했다.

"상세한 것은 모르지만 대략 배가 큰 바다에서 순풍을 만나면 하루에 1000리를 갑니다. 지금 우리가 제주에서 바다를 떠돈 밤낮을 세어 보면 모두 29일입니다. 큰바람에 밀려나는 듯 빨리 달려 중국 해안에 도착했으니 중국에서 제주까지 거리가 대략 몇만여 리는 될 것입니다."

"너희 나라와 우리 조정의 거리가 얼마인가?"

"우리나라 수도에서 압록강을 지나 요동성을 거쳐 황제의 도성까지 3900여 리라고 전해 들었습니다."

총병관과 세 사상이 내게 다과를 대접하고 단자單子를 써서 내렸다. 단자 안에는 관리 최부에게 보내는 예물인 돼지고기 한 쟁반, 거위 두 마리,

---

44 나라에서 노인을 공경하고 풍습을 바로잡기 위하여 베풀던 잔치.
45 삼진날과 단오절에 시골 한량들이 편을 갈라 활쏘기를 겨루던 일. 보통 술판을 함께 벌였다.
46 온 고을의 유생이 모여 향약을 읽고 술을 마시며 잔치하던 일.

닭 네 마리, 생선 두 마리, 술 한 동이, 쌀 한 쟁반, 호두 한 쟁반, 채소 한 쟁반, 죽순 한 쟁반, 국수 한 쟁반, 대추 한 쟁반, 두부 한 쟁반이 있었다. 또 아전과 군인 들에게 차등을 두어 양식 등을 내렸다. 내가 즉시 감사하는 시를 지어 두 번 절했다. 세 사상도 일어나 공손하게 답례했다. 그리고 내게 말했다.

"그대가 감사하는 시를 보니 이 지방의 산천을 어찌 이리 자세히 알고 있소? 이곳 사람들이 말해 준 것이 분명하오."

"사방을 둘러보아도 가까운 사람이 없고 말이 통하지 않는데 누가 말해 주겠습니까? 제가 중국 지도를 본 적이 있어 지금까지 기억하고 있을 뿐입니다."

대답이 끝나자, 나와 서너 명의 관인은 두 손을 맞잡은 채 탁자가에 섰다. 적용의 군리 한 사람이 밖에서 내 종자 김도종을 구타해 다쳤다. 내가 이 일을 써서 관인들에게 보여 주자 한 관인이 총병관에게 달려가 알렸다. 총병관이 그 구타한 사람을 잡아다가 치죄해 곤장을 쳤다. 또 아랫사람을 부리지 못한 죄로 적용에게 곤장을 쳤다. 우리는 물러나 다시 호수를 따라 노를 저어 성 밖으로 나갔다. 영은교를 지나 봉래역 앞에 이르러 정박했다. 저녁에 성이 주周인 소흥부 지부知府와 회계·산음 두 현의 지현이 모두 넉넉하게 양식을 보내왔다.

표해록

2권

2월 5일, 서흥역西興驛에 도착했다

이날 맑았다. 총병관 등 세 사상이 나란히 가마를 타고 새벽에 봉래역에 도착했다. 나와 종자들에게 다시 행장을 가지고 앞에 나오게 해 이리저리 점검했다. 내가 싸 온 것은 인신 하나, 마패 하나, 말안장 하나, 여러 문서와 책이 들어 있는 크고 작은 상자 두 개, 옷과 이불, 갓과 갓끈, 놋그릇이 들어간 작은 가죽 주머니 하나, 관모를 함께 싼 상자였다. 정보·김중·손효자·이정·안의·이효지·최게산과 종 두 명은 싸 온 것이 없었다. 군인들과 함께 싸 놓았기 때문이었다. 군인들은 가져온 것을 싸 놓기도 하고, 자루에 넣어 두기도 하고, 없기도 했다. 점검이 끝나자 내게 말했다.

"그대는 먼저 항주로 가도 좋소. 진수·태감·수의 삼사 대인이 다시 물을 것이니, 하나하나 분변해 대답하되 어긋나거나 잘못 대답하는 것이 없어야 하오."

그러고 나서 우리에게 다과를 대접했다. 나는 물러나겠다고 말했다. 총병관은 지휘첨사를 가리키는 말이다.

소흥부는 월나라 왕의 옛 도읍으로, 진秦나라와 한漢나라 때 회계군이 됐는데 절강 동쪽 하류에 있다. 소흥부 관아와 회계·산음 두 현 및 소흥위의 관아, 와룡산이 모두 성안에 있었다.

회계산會稽山은 성 동쪽 10여 리 되는 곳에 있었고 그 밖에 진망산秦望山 같은 높은 산이 겹겹이 험준하게 솟아 있었다. 수천수만의 바위와 골짜기가 빼어남을 뽐내며 동쪽, 서쪽, 남쪽 세 방향으로 다투어 뻗어 나갔다. 북쪽은 대해에 닿은 물가로 툭 트여 구릉이 없었다. 난정蘭亭은 누공부婁公埠 위의 천장사 앞에 있었다. 왕희지王羲之가 수계修禊하던 곳이다. 하가호賀家湖는 성의 서남쪽 10여 리 되는 곳에 있는데, 하지장의 천추관 옛 터가 있다. 섬계剡溪는 진망산의 남쪽 잉현剩縣 땅에 있으며 소흥부에서 100여 리 떨어져 있다. 바로 자유子猷[1]가 대규戴逵를 방문했던 시내였다.

강물은 네 줄기로 흐른다. 하나는 태주의 천태산에서 나와 서쪽으로 신창현에 닿았다가 서쪽으로 잉현 북쪽으로 흘러 회계·상우를 거쳐 바다로 들어간다. 이것이 동소강이다. 하나는 산음에서 나와 서북쪽으로 소산현을 거쳐 동쪽으로 다시 산음현으로 흐르다가 회계에 이르러 바다로 들어간다. 이것이 서소강이다. 하나는 상우현에서 나와 동쪽으로 여요현을 거치고 동쪽으로 자계현을 지나 정해에 이르러 바다로 들어간다. 이것이 여요강이다. 내가 지나왔던 강이다. 하나는 금화의 동쪽에서 나와 양포강과 의오강이 합류해 저기현에 이르렀다가 산음을 지나 소산에 닿아 절강으로 들어간다. 이것이 저기강이다. 그 사이 물의 근원과 지류가 둑과 언

I   왕희지의 아들 왕휘지王徽之의 자. 왕휘지가 산음에 살 때 한밤중에 눈이 내리자, 흥이 나서 섬계에 살던 친구 대안도를 찾아 나섰다. 배를 저어 그의 집까지 찾아갔지만 문 앞에 이르러 흥이 다하자, 그를 만나 보지도 않고 되돌아왔다.

산음현 회계산 아래 있는 옛 정자인 난정을 묘사한 〈난정수계도〉
수계는 음력 3월 상사일上巳日 물가에서 모임을 가져 상서롭지 못한 일을 떨쳐 내던 풍습이다. 난정은 명필 왕
희지王羲之가 동진東晉 영화 9년(353) 3월 3일에 41명의 문인 명사들과 이 정자에서 모임을 갖고 쓴 서문이 유
명하다. 고궁박물원 소장

왕희지가 쓴 서문 고궁박물원 소장

덕을 감돌아 모여들어 따라 들어가는 것이 끊이지 않고 이어지는 넝쿨 같았다.

우리는 또 감수를 거슬러 서쪽으로 갔다. 운전포韻田鋪·엄씨 정절문·고교포高橋鋪를 거쳐 매진교梅津橋에 도착했다. 강 언덕에서 5리쯤 떨어진 곳에 산이 불쑥 솟아 있었는데 동쪽에 석벽이 깎은 듯이 있었고 앞에는 두 개의 커다란 돌사람이 서 있었다. 그중 하나는 천연으로 사람 모습이 만들어진 것인데 진짜에 가까웠다. 또 융광교를 지나 가교포에 이르렀다. 그 남쪽에 작은 산이 있고 산등성이에 옛 정자의 터가 있었다. 사람들이 채옹蔡邕이 대나무 서까래를 보고 가져다 피리를 만들었다는 가정柯亭의 옛터라고 했다. 또 원사교·백탑포·청강교를 지나 전청역에 도착했다. 강 이름은 일전강一錢江이었다. 밤에 염창관·백학포·전청포·신림포·소산현 지방을 지나 서흥역에 도착하자 날이 새려고 했다. 강 이름은 서흥하西興河다.

2월 6일, 항주에 도착했다

이날 흐렸다. 서흥역의 서북쪽은 평평하고 넓게 트여 있었다. 전당강의 조수가 많아지면 호수가 되고 조수가 빠지면 언덕이 뭍이 되는 곳이다. 항주 사람들이 매년 8월 18일 조수가 크게 밀려들면 구경하는 곳이었다.

우리는 역 앞에서 배를 버리고 강 언덕에 올랐다. 수레를 타고 10여 리쯤 가서 절강에 이르러 다시 배를 타고 건넜다. 강이 굽이쳐 산 옆으로 꺾어져 흐르는 데다 또 거슬러 오는 파도의 기세 때문에 절강이라고 한다. 절折을 제淛라고 하기도 한다. 강의 너비는 8~9리 정도 되고 길이는 서남

육화탑

쪽으로 곧바로 복건 지방에 닿고 동북쪽으로 바다에 통한다. 화신華信이 쌓아 조수를 막은 못이 단어취에서 범촌까지 약 30리였고, 또 부양현까지 모두 60리였다. 석축이 여전히 완전하고 튼튼해 새것 같았다. 그래서 또 이 강을 전당강錢塘江이라고 한다.

우리는 그 못에 이르러 다시 언덕에 올라 걸어갔다. 서쪽으로 강 언덕에 있는 육화탑六和塔이 보였다. 연성사·절강역을 거쳐 항주성 남문에 도착했다. 겹성과 첩문이 있었고 문에는 삼층루가 있었다. 그 성으로 들어가 문괴문文魁門·영순궁·숙헌문·징청문·남찰원·우성전·토지묘·지송방포를 지나 무림역에 도착했다. 성문에서 이 역까지 약 10여 리였다. 적용이 우리를 따라 비 때문에 하루 머문 것 외에는 머물거나 지체하지 않았다. 어떤 날은 밤길을 떠나 멀리 1000여 리 되는 곳으로 건너가기도 했지만, 진수태감 장경은 오히려 지체했다는 죄로 적용을 꾸짖어 곤장을 쳤다. 저녁에 역승 양수록이 음식을 가지고 와 대접했다.

2월 7일, 항주에 머물렀다

이날 흐렸다. 새벽에 태감이 관인을 보내어 물었다.

"정인지·신숙주·성삼문·김완지·조혜·이사철·이변·이견, 이상은 모두 조선 인물인데 무슨 관직이었는가? 하나하나 들어서 보고해 알리라."

내가 대답했다.

"정인지·신숙주·이사철은 모두 1품까지 올랐소. 성삼문은 3품까지 올랐소. 이변·김완지·조혜·이견은 나보다 나중에 벼슬한 사람이라 그 직품을 모르겠소."

역의 일을 관장하는 고벽顧璧이라는 사람이 있었는데, 우리에게 와서 말했다.

"그대가 먹는 것은 조정에서 주는 것에 달려 있소. 정해진 수대로 지출하려면 1년 후에야 문서와 장부가 부서에 도착하오. 본 역의 역승은 귀주 오랑캐 사람이라 인사를 전혀 이해하지 못해, 어린아이같이 상부 기관에 아뢰지 않기 때문에 그대들이 먹는 것이 넉넉하지 못한 것이오."

그는 또 말했다.

"여기 와 사람들을 살펴보니 모두 할일없는 사람들이라 그들과 얘기를 못 하겠으니, 마음만 상하게 될 것이오."

저녁에 안찰제조학교부사 정대인이 한 대인과 함께 역에 와서 나를 앞

홍패
국립중앙박물관 소장

어사화
국립민속박물관 소장

으로 불러 물었다.

"너희 나라 과거제도가 어떠한가?"

"진사시·생원시·문무과시가 있고 또 문무과 중시가 있소."

"선비를 시험하는 것은 어떠한가?"

"간지에 인寅·신申·사巳·해亥가 들어간 해마다 가을에 유생 가운데 학업에 정진한 사람을 모아 삼장三場으로 시험하오. 초장은 의疑·의義·논論 가운데 두 편을, 중장은 부賦·표表·기記 가운데 두 편을, 종장은 대책對策 하나를 쓰게 해 약간 명을 뽑소. 이듬해 봄에 또 합격한 사람을 모아 삼장으로 시험하오. 초장은 사서삼경을 배강背講해 사서삼경에 능통한 사람을 뽑고, 중장은 부賦·표表·기記 가운데 두 편을, 종장은 책문策文 하나를 쓰게 해 33인을 뽑지요. 또 33인을 모아 책문 하나로 시험해 순위를 정하니 이를 문과에 급제했다고 하고, 방을 내며 홍패紅牌를 내리고 어

〈삼일유가도〉

유가는 과거 급제자가 관대를 하고 풍악을 잡혀 거리를 돌던 일이다. 삼척시립박물관 소장

사화御賜花를 지급하오. 사흘 동안 유가遊街 후 또 은영연恩榮宴[2]·영친연

[3]·영분연[4]을 베풀어 주고 벼슬길에 나갈 수 있게 허락하오.”

　“문장의 체와 격식은 어떠한가?”

　“표表는 송나라나 원나라 때의《파방기播芳記》를 본뜨고 논論은 당나라

나 송나라 때를 본뜨며, 의義는 오경의 글 가운데 뽑고, 의疑는 사서의 글

2　임금이 하사하는 잔치.
3　급제자의 부모에게 베풀어 주는 잔치.
4　급제자의 선조 묘에 가서 베풀어 주는 잔치.

가운데 뽑아 글을 지으니, 다 중화의 격식을 따르오. 대책은 《문선文選》의 대책을 본뜨오."

"그대는 어느 경서를 공부했는가?"

"사서오경을 비록 정밀하게 연구한 것은 아니지만 거칠게나마 섭렵한 적이 있소."

"경서에 대해 그대가 그 이름을 일일이 다 헤아릴 수 있겠는가?"

"《중용》,《대학》,《논어》,《맹자》가 사경이 되고 《역경》,《시경》,《서경》, 《춘추》,《예기》가 오경이 되오."

"역易이란 글자는 무슨 뜻인가?"

"역이라는 글자의 형태로 말하면 일日 자와 월月 자가 모인 글자고, 역이라는 글자의 뜻으로 말하면 교역交易과 변역變易의 뜻이 있소."

"역의 위位와 수數는 어느 물건에 유래했는가?"

"황하에서 용마가 짊어진 그림이 나오고,[5] 낙수에서 거북이 등에 그려진 무늬가 나와 성인께서 본받으신 것이오."

"하도河圖와 낙서洛書가 아니었다면 역을 만들 수 없었겠는가?"

"천하 만물에 모두 수가 있으니 비록 토끼를 잡아 파는 자를 보더라도 역 가운데 있는 위와 수를 추측할 수 있소."

두 대인이 서로 돌아보고 눈빛을 마주치며 내게 말했다.

"그대는 정말 글을 읽는 선비다. 이곳 사람들이 원래 알지 못한다."

정대인은 이름은 잊었지만 호가 동원자고 집 이름은 복재復齋다.

5　복희씨(또는 요임금) 때에 황하 동쪽 언덕(영하현)에 용마가 등에 팔괘八卦를 지고 나타났다고 한다.

2월 8일, 항주에 머물렀다

이날 흐렸다. 고벽이 와서 내게 말했다.

"지금 그대들의 일을 가지고 사람을 보내 밤낮으로 말을 달려 북경에 아뢰게 하고 곧바로 회답을 기다렸다가 '놓아 돌려보낸다'고 들었다. 이 성에서 북경까지 수로가 거의 5000여 리다. 그대가 여기에 머물 날이 분명 많을 것이다."

내가 말했다.

"내가 여기에 도착해서 말이 다르니 실로 장님이나 귀머거리 같소. 그대께서 이처럼 보고 듣는 것을 그때그때 즉시 말해 주어 먼 지방에서 온 사람을 불쌍히 여겨 주길 바라오."

"국법이 매우 엄격하고 법률이 매우 엄중하다. 평소 사정을 누설하면 새 조례에 따라 충군하게 된다. 내가 말한 모든 것은 다른 사람에게 알리지 말고 오직 혼자만 알아야 한다."

내가 고개를 끄덕이자 갔다.

두 관인이 와서 말했다.

"도총태감이 총병관이 점검한 그대의 활 하나와 칼 하나를 살펴보겠다고 한다."

그러고는 곧 가져갔다. 어떤 사람이 와서 물었다.

"경태[6] 연간 우리나라에서 급사중관 장녕이 그대 나라에 사신으로 가서 《각금정시*刼金亭詩*》와 《황화집》을 지었는데 그대는 아는가?"

---

6   명나라 경제景帝의 연호(1450~1456).

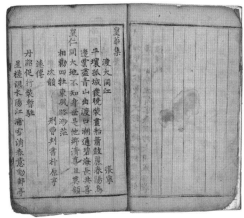

《황화집》

조선에 왔던 명나라 사신과 조선 측의 접반사 일행이 주고받은 한시를 모은 시선집이다. 《시경》〈황황자화皇皇者華〉의 '아름다운 꽃들이/ 저 들에 진펄에 피었네/ 급히 달려가는 사신의 신세/ 행여나 못 미칠까 날마다 걱정이네'라는 구절에서 제목을 따왔다. 1450년(세종 32)부터 1633년(인조 11)까지 180여 년간 24회에 걸쳐서 양측이 주고받은 시를 모아 편집했는데, 개별적으로 전해 오던 것을 1773년(영조 49)에 50권 목판본으로 간행했다. 표지와 본문 첫 줄에 '장녕'이라는 이름이 보인다. 국립중앙박물관 소장

내가 대답했다.

"장 급사가 우리나라에 도착해서 《황화집》을 저술했소. 그 가운데 한강루에 쓴 시, '파랑새 아로새긴 배에 빛이 흔들리니(光搖靑雀舫)/ 그림자가 흰 갈매기 노는 모래섬에 떨어지누나(影落白鷗洲)/ 멀리 바라보니 하늘이 다한 것 같고(望遠天疑盡)/ 허공에 올라서니 땅이 뜰 것 같구나(凌虛地欲浮)'라는 구절을 더욱 자자하게 칭찬하오."

그가 기쁨을 얼굴에 드러내고 또 말했다.

"장 급사가 벼슬을 그만두고 집에 계신다. 그의 집이 가흥부의 해염현에 있는데 여기에서 100리 떨어져 있다. 장공이 여기 항주성에 도착하시어 조선의 문사가 바다에 표류해 왔다는 말을 듣고 조선의 일을 듣고 싶으

셔서 며칠째 머물며 기다리시다가 하루 전에 돌아가셨다."

그의 성명을 물으니 왕개王玠라고 하는데 장 급사의 조카였다. 진량陳梁이라고 하는 사람이 와서 말했다.

"변변찮은 내가 장녕 대인과 그대 나라에 갔다 왔다."

내가 말했다.

"장공은 지위가 어느 벼슬까지 이르렀소? 무슨 까닭으로 벼슬하지 않고 집에 계시오?"

진량이 말했다.

"장공의 관직은 도급사까지 이르렀다가 나중에 도어사를 맡게 됐는데, 자식이 없어서 벼슬을 그만두고 42세에 집으로 돌아와 병을 치료하고 있다."

2월 9일, 항주에 머물렀다

이날 맑았다. 어제 와서 활과 칼을 가져갔던 관인이 또 와서 말했다.

"그대의 활과 칼은 진수 나리께서 남겨 두고 살피신다."

내가 말했다.

"명대로 하겠소."

고벽이 또 와서 말했다.

"바닷가의 군관에게서 문서가 왔는데 그대에게 아직도 열네 척의 배가 있고, 바다에서 제멋대로 위협하고 있다고 했다. 이제 순안어사가 '이미 배 열네 척이 있다면 무엇 때문에 잡아오지 않았는가?'라고 하며 이 일로 그에게 죄를 주려고 하자, 진수와 삼사의 의논이 일치하지 않았다. 그대가 공초한 대로 분명하게 밝혀져 왜적이 아니라는 점을 자세히 알게 됐다. 이제 이미 의논이 정해져서 지휘관 양왕楊旺을 차출해 그대를 북경까지 호송하고 다시 돌려보내기로 하면서, 다른 말이 없었다. 아직 사나흘 여기에서 지내야 하지만 그대는 마음을 놓아도 된다."

또 포정사 대인 서규徐圭와 안찰사 부사 위복魏福이 함께 역의 객관에 앉아 우리를 불러 말했다.

"그대들을 본국으로 돌려보낼 것이니, 그대는 마음을 놓고 잘 돌아가라."

나는 즉시 시를 지어 감사하고 다시 객사로 물러났다. 북경 사람 이절李節이 와서 내 의복이 남루하고 얼굴에 때가 낀 것을 보고 말했다.

"여기 사람들은 용모 꾸미는 것을 좋아하기 때문에, 모두 그대들을 보고 놀리고 비웃으며 조선인 부류가 다 이렇다고 말한다. 볕이 드는 곳에서 몸을 씻는 것이 좋겠다."

나는 즉시 종자에게 각자 옷을 빨고 몸을 씻으라고 명령했다. 곧바로 정보 등과 양지 바른 곳에 둘러앉아 먼지와 때를 씻어 냈다. 이절이 또 와서 내 피부가 완전히 바뀌고 발톱이 떨어져 나간 것을 가리키며 말했다.

"이게 환난에 고통스러워 몸을 돌보지 못한 증거다."

내가 말했다.

"내가 바다에 있을 때 목구멍으로 피 몇 홉을 토해 내고 입에 사흘 동안 침이 말랐었소. 이제 피부가 짠물에 절어서 바뀌고, 발은 맨발로 험한 곳을 걸어 상한 것을 알게 됐소. 신체와 머리카락과 피부는 감히 망가뜨리거나 상하게 하지 않는 것이 효의 시작이라고 들었는데, 내 신체와 피부가 이렇게 상했으니 정말 불효자일 뿐이오."

이절이 말했다.

"해될 것이 없다. 그대가 상하게 하려고 한 것이 아니라 하늘이 실로 그대를 상하게 한 것이다. 비록 상했지만 무슨 해가 되겠는가? 상심할 필요가 없다."

이절의 친구 이름은 생각이 나지 않지만, 그가 소매 속에《소학》한 부를 넣어와 이절을 통해 내게 주면서 시를 써 달라고 했다. 내가 말했다.

"공도 없이 남이 주는 것을 받으면 염치를 해치게 되니 감히 사양하겠소."

이절이 말했다.

"이 사람은 시 하나를 얻어 그대를 기억하려고 하는 것이다."

내가 말했다.

"시 짓는 것을 잘하지 못하고, 붓을 들어 쓰는 것도 잘하지 못하오. 잘하지 못하는 것을 가지고 남의 좋은 것과 바꾸고 싶지는 않소."

그가 소매에 책을 다시 넣고 떠났다. 이절이 내게 말했다.

"도道로 사귀고 예禮로 접대하는 것이니 공자도 이것을 받았을 텐데, 어찌 그리 심하게 물리치는가?"

내가 말했다.

"그 사람은 기꺼이 책을 버리려는 것이 아니라 의도가 시를 얻는 것에 있었으니, 도로 사귀고 예로 접대한 것이 아니오. 내가 만약 한 번 받으면 시를 팔아 값을 받는 것이 되오. 그래서 물리쳤소."

이절이 '그렇군 그래' 하며 물러갔다. 저녁에 이절과 친구 김태金太 등 세 사람이 와서 나와 종자들을 대접했다.

2월 10일, 항주에 머물렀다

이날 맑았다. 고벽이 와서 말했다.

"그대들이 서울로 떠나니 앞길을 알지 않으면 안 된다. 우리 나라 소주·항주와 복건·광동 등지의 해상 무역선이 점성국과 아라비아 땅에 가서 홍목·후추·번향을 사들인다. 배가 끊이지 않으나 열 척 가운데 다섯 척만 돌아오니, 그 길이 아주 좋지 않다. 오직 북경으로 가는 수하로水河路 (남쪽 운하) 하나만이 매우 좋다. 그래서 유구·일본·섬라·만라가 등의 나라에서 오는 공물이 모두 복건의 포정사를 따라 배를 이 항주부에 정박하고, 가흥을 지나 소주에 이른다. 천하의 명주와 비단과 온갖 보화가 모두 소주에서 나온다. 소주에서 상주를 지나 진강부에 이르러 양자강을 지난다. 양자강은 이 항주부에서 1000여 리 떨어져 있다. 양자강은 물살이 세고 좋지 않으니 풍랑이 없어야 건널 수 있다. 이 강을 건너면 곧바로 경하로京河路 (북쪽 운하)에 이르니 모두 40일 여정이다. 너희가 봄날을 만나 기쁘지만 만약 여름이었다면 무덥고 찌는 날씨에 병을 앓았을 테니 어찌 떠날 수 있었겠는가? 그리고 산동·산서·섬서의 세 포정사는 몇 해를 잇달아 가뭄이 들어 사람이 인육을 먹고, 백성들은 각기 있을 곳을 잃었다. 양자강을 지나 1000여 리 가면 산동지방에 도착하니 그대들은 깊이 스스로 헤아리는 것이 좋을 것이다."

이어서 죽순을 주며 말했다.

"이것은 소식素食이니 그대가 먹을 수 있다. 그대 나라에도 이런 죽순이 있는가?"

내가 말했다.

"우리나라 남쪽 지방에 죽순이 있으나 5월이 돼야 나오."

고벽이 말했다.

"이 지방에는 겨울과 봄에 번갈아 나는데, 큰 것은 열댓 근이나 된다. 귀국과 이 지방 풍토가 이렇게 다르다."

2월 11일, 항주에 머물렀다

이날 흐렸다. 양수록과 고벽이 함께 나를 만나러 왔다. 고벽이 말했다.

"우리 항주성 서산 팔반령에 오래된 절이 있는데 이름이 고려사다. 절 앞에 비석 두 개가 있어 옛 자취가 기록돼 있다. 여기에서 15리 떨어져 있는데, 바로 남송 때 고려의 사신이 조공하러 와서 세운 것이다. 그대 나라 사람이 국경을 넘어와서까지 또 절을 세웠으니 불교 숭상하는 뜻을 알 만하다."

내가 말했다.

"이것은 고려 사람이 세운 것이오. 지금 우리 조선은 이단을 물리치고 유도를 존숭해 사람들이 모두 입효출공入孝出恭[7]과 충군신우忠君信友[8]를 직분으로 삼고 있을 뿐이오. 만약 머리 깎은 자가 있으면 모두 군역軍役에 충당시킨다오."

고벽이 말했다.

"사람이 부처를 섬기지 않으면 반드시 귀신에게 제사를 지낸다. 그렇다

---

7   집에 들어가면 부모님께 효도하고 밖에 나와서는 어른께 공손히 한다.
8   임금에게 충성하고 벗에게 믿음직스럽게 한다.

고려사

면 그대 나라는 귀신을 섬기는가?"

"나라 사람들이 모두 사당을 세워 조상에게 제사를 지내니, 마땅히 섬겨야 할 귀신을 섬기고 부정한 제사는 숭상하지 않소."

잠시 있다가 양수록이 인사하고 나갔다. 고벽이 공문 하나를 내게 보여주었다. 항주부에서 앞길에 있는 각 부·현·역에 우리를 보낸다고 알리는 공문이었다. 그 글은 다음과 같았다.

"항주부는 해양에서 소식을 보낸 일 때문에 절강 등처의 승선포정사의 차자를 받들어 베껴 쓴 것을 덧붙인다. 진수절강사설감태감 장경과 순안절강감찰어사 창형暢亨이 삼가 차출되어 앞의 일에 대해 안건을 작성하고 총독절강비왜서도지휘첨사 황종과 순시해도절강안찰사부사 오문원의 보고에 근거해 정해위와 창국위 및 태주부 등의 아문에서 보낸 각 문서를 아울러서 상부에 보고한다. 홍치 원년 윤정월 17일에 해문위 도저 천호소 우두외양에 어떤 배가 사자채 등으로 들어오는 것을 멀리서 보고 이어서 살펴보니 해양 선척의 중대한 일에 관련된 것이라, 곧 총독, 순해巡海, 분수 分守, 분순分巡의 관원과 독령督令, 파총把摠이 소속 연해의 군위軍衛, 순사 巡司, 출해出海 등 관부와 아울러 군선을 이끌고 망을 보고 살피는 일과 지켜서 대비하는 일을 병행했다. 이어 서도지휘첨사 황종 등이 비도저備桃渚 천호에게 보낸 글에 근거하니 해당 천호와 백호 유춘 등이 기군旗軍[9]을 이끌고 앞서 임해현 12도에 가서 해당 지역의 대오와 함께 사람과 배를 사로잡았다. 심문하는 곳에 압송하니 말을 분변하기 어려워 글로 쓴 성명과 내력·연유에 근거해 베껴 쓴 보고서가 앞서 왔기에 순안절강감찰어사 창형과 회동해 얻은 서류를 의논해 보았다. 인용하면 다음과 같다.

외이外夷의 사람 최부를 심문하니 "조선국 사람으로 제주 등에 있는 섬에 가다가 폭풍을 만나 천자의 대국 경계에 왔다"라는 등의 사정을 써서 바친 글에 근거하더라도, 외이의 사람은 거짓이 많은 점이 걱정돼 진위를 헤아리기 어려웠다. 게다가 정박한 선박 안에 어떤 무기가 있는지를 점검했는지 않았는지 보고가 없어, 별도 항목의 여행 짐 등에 있는 물건을 조사하니 모두 심문한 것과 맞았다. 또 총독비왜서도지휘첨사 황종·순시해도부사 오문원·분수우참의 진담·분순부사 양준楊峻의 보고서, 해당 파총관 송문 등과 위소비왜지휘동지 유택의 보고서에 근거해 외이의 사람 43명을 보내어 모여서 함께 심문했다. 한

---

9   명나라의 군사체제인데, 백호는 총기摠旗 두 명을 거느리고, 총기는 소기小旗 다섯 명을 거느리며, 소기
    는 군軍 열 명을 거느린다. 이를 합하면 100명이 된다.

사람이 쓴 이름에 근거하면… 운운.

두세 번 모여서 살폈으나 다름이 없었다. 가지고 온 인신·마패·방록榜錄·문적文籍·관모冠帽·의복 등의 물건을 분명하게 점검하고 최부 등에게 주어 수령하게 했다. 획득한 오랑캐 배를 각상오閣上塢 밖에 끌어다 놓고, 연루된 사람과 칼 하나, 활 하나를 갖추어 풀어서 본 관서에 보내왔다. 절강도浙江都·포布·안按 삼사三司인 장인도지휘첨사 최윤崔胤·좌포정사 서규·부사 위복과 함께 모여 다시 심문하니 내용이 같았다. 풍랑을 만난 외이의 사람과 배에 관련된 사연이므로 응당 그대로 실행해야 하니, 인원 인수의 건을 초록한 다음에 포정사사로 보내라.

공동 의안의 사리에 따라 본사本司에서 비문批文으로 지휘첨사 양왕을 차출해 최부 등을 북경으로 호송하도록 했다. 지나는 각지의 역체驛遞에 이첩해, 파견 관원의 늠급廩給·참선站船과 아울러 호송 군여軍餘와 최부 등의 구량口糧·홍선紅船·각력脚力을 지급하게 하라. 앞길의 관사에도 이첩해, 모든 것을 제공하게 하라. 보내는 칼 한 자루와 활 한 장은 전송해 관고官庫에 보관토록 하고, 창고에서 꺼낼 때는 증서를 받도록 하라. 직접 아뢰어 시행토록 하고, 먼저 근거로 삼을 수 있는 초안을 갖추니 각기 따로 보고하라."

2월 12일, 항주에 머물렀다

이날 맑았다. 내가 정보 등에게 말했다.

"고벽이 성심껏 나를 대하며 보고 들은 모든 것을 사실대로 숨김없이 알려 주어 내가 미혹되지 않게 했으니 그 은정이 매우 중하다. 신물로 표시하고 싶지만 내 여행 짐을 보아도 사소한 물건 하나 든 것이 없고, 가진 것이라고는 이 옷뿐이다. 나는 이 옷이라도 벗어서 주고 싶다."

정보가 말했다.

"전날 옷을 벗어 허 천호에게 주었는데 오늘 또 벗어 고공께 드리면 입는 옷이 하나뿐이니 아득한 만 리 길에 단벌옷이 해지면 누가 고치겠습니까?"

"고인 가운데 옷 하나로 30년을 지낸 사람이 있다. 나는 타향의 나그네가 돼 단지 1년 있었을 뿐이다. 지금은 날이 점점 더워지니 베옷 하나로도 충분히 견딜 만하다. 그리고 뱀이나 물고기도 은혜에 감동하면 보답하는데 하물며 인간인데 못 하랴?"

즉시 옷을 벗어 고벽에게 주자, 고벽이 손을 흔들며 마다했다. 내가 말했다.

"친구가 주는 것은 비록 수레나 말이라도 거절하지 않는 법인데, 하물며 이 사소한 옷이겠습니까? 옛날 한퇴지가 옷을 주어 대진과 이별했다고 하니, 이별할 때 옷을 남겨 주는 것은 옛사람의 뜻입니다."

고벽이 말했다.

"본래 사양하려고 했으나 훌륭하신 뜻을 막을까 걱정입니다."

그러고는 받아 가지고 갔다.

절강포정사는 동남쪽으로 바다에 이르고 남쪽으로 복건의 경계에 닿는다. 열한 개의 부와 주를 관리하며 모두 76개의 현이 있다. 그 안에 항주가 제일이니 오대五代 때에는 오나라와 월나라였고, 송나라 고종이 남쪽으로 내려와 천도했던 곳이니 이른바 임안부臨安府다. 부청府廳·인화현청仁和縣

廳 · 전당현청錢塘縣廳 · 진수부鎭守府 · 도사都司 · 포정사 · 염운사鹽運司 · 안찰원按察院 · 염법찰원鹽法察院 · 중찰원中察院 · 부학府學 · 인화학仁和學 · 전당학錢塘學 · 무림역이 모두 성안에 있다.

성안에 또 오산吳山이 있는데 경치가 가장 훌륭하다. 위에 열 개의 사당이 있는데 오자서묘伍子胥廟 · 삼모관三茅觀 · 사성묘四星廟 등이다. 또 아홉 개의 우물과 세 개의 못이 있는데 오산 대정大井이 으뜸이고 곽파정郭婆井 · 상팔안정上八眼井 · 하팔안정下八眼井 · 중팔안정中八眼井 · 서사정西寺井 등의 우물이 그다음이다. 또 작은 도랑을 파서 서호西湖의 우물을 성안으로 끌어들였다.

항주부의 진산은 바로 무림산武林山이다. 서호는 성 서쪽 2리에 있는데, 남북의 길이와 동서의 직경이 10리다. 산천이 빼어나고 노래와 음악 소리가 나란히 성대하게 들리는 곳이다. 죽각竹閣이 광화원에 있는데 백낙천白樂天(백거이)이 세운 것이다. 백낙천의 시 가운에 '밤에 죽각 사이에 잠든다宵眠竹閣間'라는 구절이 바로 여기를 가리킨다. 악악왕岳鄂王[10]의 무덤이 서하령 입구에 있다. 냉천정冷泉井은 영은사靈隱寺 앞 비래봉飛來峰[11] 아래 있다. 옛글에 '허유許由가 영은 개울에서 물을 마신 적이 있다'고 하는 것이 이곳을 가리킨다. 표충관表忠觀은 용산 남쪽에 있는데 소동파蘇東坡(소식)가 지은 비문이 있다. 풍황령風簧嶺은 말을 놓아 기르는 목장 서쪽에 있으니, 바로 소동파가 방문해서 재주 있는 말을 고르던 곳이다. 남병산南屛山이 홍교사

---

10 금나라의 침입에 목숨을 걸고 싸웠던 송나라 장군 악비岳飛. 효종 때에 무목武穆이라는 시호를 받고, 영종 때에 악왕鄂王에 추봉됐다.

11 영은사 문 앞에 있는 바위산인데, 절을 세운 혜리가 이 바위를 보고 "천축에 있는 영취산의 작은 봉우리가 날아온 듯하다"라고 말했기 때문에 비래봉이 됐다고 한다.

뒤에 있는데, 벼랑과 절벽이 깎아지른 끝에 사마온공司馬溫公이 예서로 쓴 '가인괘家人卦'와 미원장米元章[12]이 쓴 '금대琴臺'라는 두 글자가 남아 있다. 소동파의 시 가운데 '나는 남병산 금붕어를 안다(我識南屏金鯽魚)'는 구절의 남병산이 바로 이곳이다.

소공제蘇公堤와 흥교사興敎寺는 서로 마주보고 있다. (소공제는) 동파가 항주의 태수로 왔을 때에 쌓은 방죽인데, 길이가 10여 리고 중간에 여섯 개의 다리가 있다. 정덕관旌德觀은 소공제

영은사 석탑

서호의 서쪽 북고봉 기슭에 있는 절인데, 동진 함화 원년(326)에 혜리慧理라는 중이 세웠다.

제1교 아래에 있다. 원소袁詔가 사당을 세우기를 주청해 전당의 이름난 사람인 허유부터 장구성張九成과 절부節婦 다섯 명에 이르기까지 39명을 뽑아 전을 짓고 사당을 세웠다. 풍악루豊樂樓는 성 서쪽 용금문 밖 서호 언덕에 있고 그 북쪽에 환벽원環碧園이 있다. 옥련당玉蓮堂은 용금문 성 북쪽에 있고 문 안에 또 용금지가 있다. 옥호원玉壺園은 전당문 밖에 있는데 소동파가 읊은 '남의당의 두견화(南漪堂杜鵑花)'가 바로 여기다. 문 서쪽에 선득루先得樓가 있다. 운동원雲洞園은 소경사 북쪽에 있는데 꽃과 버들이 들쭉

---

12 송나라 서화가 미불米芾의 자가 원장이다.

소공제

날쭉 있고 그 가운데 부인묘가 있다. 석함교石函橋 는 수마두水磨頭에 있다. 백낙천의《호석기湖石記》에 '전당을 일명 상호上湖 라고도 하는데 북쪽에 석함이 있다'고 한 것이 이곳이다. 총의원摠宜園 은 덕생당 서쪽에 있다. 소 동파 시의 '엷게 화장해도 진하게 화장해도 다 어울린다(淡粧濃抹摠相宜)'는 구절에서 두 글자를 딴 것이다. 당에 어필로 쓰인 편액이 있다. 단교斷橋 는 총의원 서쪽에 있으니 이른바 '단교에 해질 녘 오사모 벗겨 쓰네(斷橋斜日岸 烏紗)'라는 것이 이곳이다. 서석두西石頭는 석함교 서쪽에 있는데 진시황이 동쪽으로 순수하러 배를 띄울 때 닻줄을 내리던 곳이다. 고산孤山은 서호 고산로 서쪽에 있다. 산 동쪽에 임화정林和靖이 은거해 살던 옛터와 무덤 이 있다. 삼현사三賢祠 는 소공제 제3교 아래 있으니 바로 백문공·임화정·

소문충공의 사당이다. 이상 고적들은 모두 고벽이 내게 말해 준 것들이다.

항주는 동남의 제일 도회지여서 지붕이 회랑처럼 이어져 있고 사람들의 소매는 휘장처럼 연달아 있었다. 시장에는 금은이 쌓여 있고 사람들은 수놓은 비단옷을 입고 다닌다. 남방에서 온 무역선이 거리에 즐비하게 서 있었으며 주막과 가루歌樓가 지척에서 마주하고 있었다. 사시사철 지지 않는 꽃이 있고 항상 봄인 풍경이 있었으니 정말로 이른바 별천지였다.

2월 13일, 항주에서 길을 나섰다

이날 흐렸다. 지휘관 양왕이 우리를 호송해 무림역에서 출발했다. 20리 가서 성의 북문에 도착했다. 문은 3층이었고 겹성 밖에 2층 문이 또 있었다. '무림지문武林之門'이라는 방이 붙어 있었다. 성안에서 층문 열네 개, 큰 다리 여남은 개, 사당 세 개, 역참 하나를 지났다. 나는 나귀를 타고 빨리 몰았으므로 이름이 기억나지 않는 것도 있었다. 기억하는 것은 오직 수정궁관·해원문·진수사·등영주문·운봉문·관광문·진사방·공원·형구문·천승묘·안공묘뿐이다.

겹성 밖에 오산역이 있고, 역 앞에 오산포가 있었으며, 또 큰 다리 세 개와 문 네 개가 있었으나 이름을 모두 잊었다. 문 밖 10여 리 되는 사이에 성안과 마찬가지로 상점이 잇달아 있었다.

천비궁天妃宮에 도착하니 궁 앞이 바로 덕승파하德勝壩河였다. 강가에는 동아줄로 끄는 화려한 배들이 이루 셀 수 없었다. 양왕과 그의 아우 양승楊升, 송문위 천호 부영傅榮, 전당 사람 진훤陳萱과 종자 이관·하반·당경·두옥 등 일고여덟 명이 함께 배를 탔다. 나와 배리들, 북경 사람 이절·김태가 한 배를 탔다. 내가 데리고 가는 허상리 등이 한 배를 탔다.

다리에 홍문虹門 세 개가 있고 위에는 화광사華光寺가 있는 부제교溥濟橋, 홍문 네 개와 위에 강창포江漲鋪가 있는 강창교를 지나, 향적사香積寺 앞에 도착해 잠시 머물렀다. 절에는 병방리兵房吏와 전부리典簿吏가 있었는데, 이 절이 바로 소동파가 노닐던 곳이다. 덕승파에서 여기까지 온주·처주·태주·엄주·소흥·영파 등의 절강 이남 상선들이 다 모여 돛대가 떨기처럼 펼쳐졌다.

밤에 통시교通示橋 등 세 개의 다리를 지났다. 물이 넓어 다리에 모두 다섯 개의 홍문을 설치했는데 매우 높고 컸다.

2월 14일, 숭덕현崇德縣을 지났다

이날 흐렸다. 사촌하謝村河를 거슬러 동쪽으로 가니 그 남쪽 강 언덕이 돌로 쌓은 새 제방이었다. 길이가 30여 리였다. 물어보니 도·포·안 삼사가 새로 쌓은 것이라 했다. 십이리양十二里洋·견제교堅濟橋·보안교普安橋·대윤묘大尹廟를 지났다. 이 강은 홍려하鴻麗河고, 강가 관아가 바로 당서진塘西鎮이다. 관인 가운데 한신이 내게 말했다.

"그대 어머니는 그대가 여기에 온 것을 아시오?"

내가 말했다.

"바다가 망망해 기러기는 아득히 멀고 물고기도 숨어 편지가 끊겼으니, 어머니께서는 분명 나를 물고기 뱃속에 장사 지낸 줄 아실 것이오. 어머니 마음을 상하게 해 부모님께 불효하는 것이 나만 한 사람도 없을 것이오. 이제 대국의 두터운 은혜로 고향에 돌아가니, 모자가 만나는 것이 황천에서 만난 듯 즐거울 것이오."

이어서 과당교_{跨塘橋} · 만수교_{萬壽橋} · 복록수교_{福祿壽橋} · 복덕교_{福德橋} · 보제교_{普濟橋} · 팽화교_{彭和橋}를 지났다. 그 강의 이름을 물으니 승침하_{丞沉河}라고 했다. 또 은영문_{恩榮門} · 대덕신교_{大德新橋} · 삼리교_{三里橋} · 산천단_{山川壇} · 오계교_{浯溪橋}를 지나 숭덕현에 도착했다. 지현 조희현_{趙希賢}은 자가 요경_{堯卿}인데 양식을 매우 넉넉하게 대접했다. 뱃사공이 내게 말했다.

"지나온 곳에 장안역_{長安驛}이 있었는데 대인께서는 아셨습니까?"

"나는 몰랐소."

"이는 양_楊지휘관의 종자 진환이 사적으로 접대할 양식을 토색하느라고 대인께서 알지 못하게 한 것입니다."

또 숭덕하에서 배를 버리고 뭍에 올라 종교_{終橋} · 세과국_{稅課局} · 영안교_{永安橋} · 양제원_{養濟院} · 삭의문_{朔義門}을 지났다. 지나온 곳에 커다란 홍교가 예닐곱이나 있었다. 밤 3경에 조림역_{皂林驛}을 지나 밤을 새워 갔다.

2월 15일, 가흥부를 지났다

이날 맑았다. 삼탑만_{三塔灣}을 거슬러 삼탑포를 지나 용연_{龍淵}에 도착했다. 아름다운 경치 앞에 큰 탑 세 개가 강 언덕 가까이 있었는데, 지명이 여기에서 유래됐다고 한다. 또 용왕묘_{龍王廟} · 가화체운소_{嘉禾遞運所}[13] · 조씨정절문 · 사직단 · 향주교_{香珠橋}를 지나 서수역에 도착했다. 역 앞 강 가운데 100여 보 되는 곳에 돌기둥을 세우고 지붕과 회랑을 만들어 놓았으며, 회

---

13 명나라 때 군수물자와 각지의 공물을 옮겨 싣던 곳을 체운소라고 했는데, 수륙_{水陸} 두 종류가 있었다.

랑 아래 배를 매어 놓았다. 역승 하영이 절구 3수를 지어 주었다. 나 역시 화답시를 지었다. 하영이 따로 채소·말린 닭고기·팔대어(문어) 등의 물건을 주면서 말했다.

"우리 조정의 낭중 기순과 행인 장근이 조선에 사신으로 갔다가《황화집》을 저술했는데 조선 사람이 창수한 것 가운데 서거정이 으뜸이었소. 그 시 가운데 '명나라 황제께서 삼한의 일을 묻는다면, 문물과 의관이 상국과 같다 하리라(明皇若問三韓事 文物衣冠上國同)'는 구절이 있소. 지금 그대를 만난 것은 참으로 천재일우의 기회인데, 버림받지 않아 다시 화답시를 받게 됐소. 삼가 보잘것없는 예로 받들어 배 안에다 음식을 조금 도왔으니 눈에 들면 매우 다행이겠소."

내가 말했다.

"기 낭중의 문장은 맑고 덕이 넘쳐 사람들이 흠모하오. 지금 무슨 관직에 있소? 장 행인 역시 무슨 일을 맡고 있소?"

하영이 말했다.

"기 낭중은 좌천돼 귀주貴州 석천부石阡府 지부知府가 됐는데, 지금은 이미 돌아가셨소. 장 행인은 죄를 입어 지금 금의위錦衣衛[14]의 군대에 충군됐소."

이어서 물었다.

"서거정은 지금 어떤 관직에 있소?"

"의정부 좌찬성이 되셨소."

"서거정의 문장 역시 해동의 인물이오."

---

14 명나라 경위京衛의 친군親軍. 시위侍衛·집포緝捕·형옥刑獄의 일을 맡았다.

서거정과 기순의 필적

명나라 사신 기순과 사신 일행을 맞이했던 원접사 서거정의 글씨가 함께 실려 있으며 표지에는 '천사사한진적
天使詞翰眞蹟'이라 쓰여 있다. 경기도박물관 소장

　서수역에서 큰 다리 하나를 지나 가흥부에 도착했다. 가흥부는 옛 휴리
성檇李城이니 월나라가 오나라를 패배시킨 땅이다. 성안에 부청 및 계수
현·가흥현의 현청이 있었다. 강이 성을 안고 돌아 동남쪽에서 남쪽으로
흐르다가 서쪽으로 흘러 북쪽으로 갔다. 그 집들이 넓고 크며 경물이 번화
한 것이 역시 영파부와 같았다.

　우리는 성 남쪽에서 삼청갑杉青閘을 지나 당나라 승상 육지陸贄의 옛 마
을에 도착했다. 마을은 성 서쪽에 있는데 물가 언덕에 정문이 있었다. 또
안양문安洋門·운정문雲程門·단병교丹兵橋·영복교永福橋·송청순검사松青巡
檢司를 거쳤다. 밤에 또 비를 무릅쓰고 순풍을 따라 (배를 띄워) 동이 틀 때
평망역平望驛에 도착해 정박했다.

2월 16일, 오강현吳江縣을 지나 소주부에 도착했다

이날 흐렸다. 배를 끌고 평망하를 거슬러 올라가 영은문·안덕교·대석교大石橋·장로포長老鋪·야호野湖·원앙호를 지났다. 호수 언덕에 돌로 쌓은 방죽이 10여 리 됐다. 또 오강호吳江湖·석당石塘·대포교大浦橋·철포교徹浦橋를 지나 구리석당九里石塘에 도착했는데 구리석당의 경계는 태호太湖까지였다. 태호는 (〈우공禹貢〉의) '진택이 안정됐다震澤底定)',[15] '주직방 양주수를 구구라고 한다周職方揚州藪曰具區)'[16]는 구절에 나오는 큰 호수다. 혹은 오호五湖라고도 하는데 그 길이가 500여 리나 되기 때문에 그렇게 이름 지었다. 범려范蠡가 노닐었던 곳이다.[17]

호수 가운데 동정산洞庭山과 동서산東西山이 있는데 포산苞山이라고도 한다. 한눈에 1000리가 보이며 높은 바위가 겹겹이 있는 언덕이 아득하게 점처럼 늘어서 있었다. 호수의 동북쪽에 영암산靈岩山이 아래를 내려다보고 있는데, 일명 연석산硯石山이라고도 한다. 오나라가 연석산에 관왜궁館娃宮을 쌓았다고 하는 것이 여기다. 연석산은 고소산姑蘇山에서 10리 떨어져 있으나 산세가 이어져 있고 태호를 감싸 안았다. 호수 북쪽에 아득히 바라보이는 산 하나가 또 있는데 바로 횡산橫山이다.

---

15 회수와 바다 사이가 양주다. 팽려호의 물을 잘 막아 놓자, 철새들이 사는 곳이 됐다. 세 줄기의 강물을 바다로 끌어내자 진택震澤(큰 호수)의 물이 일정해져, 크고 작은 대나무들이 퍼지게 됐다(《서경》〈우공〉).

16 〈우공〉의 주에서 나온 말인데, 구구具區는 큰 호수(太湖)다.

17 범려가 20여 년 동안 월왕 구천句踐을 도와, 회계산에서 항복했던 부끄러움을 씻고 오나라를 멸망시켰다. 상장군이 된 범려는 구천의 사람됨을 잘 알았기에, '어려움은 함께할 수 있지만, 즐거움은 함께할 수 없는 사람'이라고 생각했다. 그래서 1000종의 녹과 만호의 식읍을 헌신짝같이 내버리고, 바다에 배를 띄워 제나라로 갔다. 전설에는 오왕의 애첩이었다가 결국은 오나라를 망하게 했던 월나라 미인 서시西施와 함께 배를 탔다고도 한다.

태호

　태호파太湖壩에 이르렀는데, 이 방죽은 돌로 쌓은 것으로 호수의 남북에 걸쳐 있다. 50여 리 되는 곳에 수홍교垂虹橋가 있었는데 무려 400여 개의 홍문이 좁게 서로 이어졌다. 그 가운데 목장교木莊橋·만경교萬頃橋 등의 다리가 크다. 태호파를 따라 북으로 가서 용왕묘·태호묘·사성문祀星門을 지나자, 문 앞에 큰 탑이 있었다. 탑은 14층이었고 층마다 지붕을 설치해 멀리서 보면 하늘로 오르는 사다리 같았다. 또 주절문駐節門을 지나 송릉역松陵驛에 도착해 잠시 배를 멈추었다가 지나갔다. 은영문·회원문會元門·도실조사문都室造士門·진사문進士門·예모문譽髦門·유학대명교儒學大明橋·등과문을 지났다.

　태호파가 또 역 앞 마을 문 가운데를 타고 넘어 곧바로 오강현까지 이르렀다. 그 사이에 또 돌로 만든 큰 다리가 있는데 홍문이 모두 70여 개였다.

역과 현이 모두 태호 가운데 있었다. 집들이 크고 아름다웠으며, 아래에는 주춧돌과 계단을 깔고 위에 돌기둥을 세워 호수의 물이 감돌아들도록 만들었고, 마을 가운데 배를 매어 놓았다. 이른바 '사면의 고기잡이 집들이 현의 성을 둘러쌓다(四面漁家繞縣城)'는 표현이 이것이다.

노를 저어 삼리교·영은암을 지나 윤산호尹山湖를 거슬러 올라갔다. 서쪽으로 멀리 보이는 산 하나를 물어보니 사자산絲子山이라고 했다. 그 북쪽에 산이 있는데 바로 고소산이다. 송강松江은 윤산호 동쪽에 있었다. 또 노를 저어 윤산포·윤산교를 지났다. 왼쪽에 배로 만든 부교浮橋가 있었는데 3리쯤 됐다. 보대교寶帶橋에 이르렀다. 보대교에도 홍문 55개가 있어 배와 수레가 왕래하는 큰 길이 되었으며 담대호儋臺湖에 걸쳐 있어, 호수와 산의 넉넉한 풍경이 가로놓인 띠처럼 바라다보였다. 추응박鄒應博이 중건한 것이었다.

밤 3경에 소주성 동쪽 부근에서 남쪽으로 갔다가 서쪽으로 가서 고소역 앞에 도착했다. 보대교에서 이 역까지 양쪽 언덕에 상점들이 연달아 있고 상선이 모여들어 정말 이른바 동남의 제일 도회지였다.

2월 17일, 고소역 앞에서 머물러 정박했다

이날 맑았다. 소주는 옛날 오왕 합려闔閭가 오자서를 시켜 성을 쌓게 하고 도읍한 성이다.[18] 주나라가 또 항주와 같은 부로 만들어 다스렸다. 오

---

18   합려 원년인 기원전 514년에 소주에 성을 쌓았는데, 오자서가 지휘했다. 고소산에는 커다란 궁전을 지었는데, 자재를 모으는 데만 3년, 완성하는 데 5년이 걸렸다. 합려의 아들인 부차는 월나라를 물리치고 강대국이 되자, 고소대에서 밤새도록 잔치를 벌이고, 월나라가 보낸 미녀 서시에게 미혹돼 정치에 관심

현·장주현의 현청이 모두 성안에 있었다. 성의 서문脅門에는 옛날 고소대姑蘇臺가 있었는데 지금은 없어서 역을 만들고, 물 가운데 나무를 심어 말뚝으로 삼아 돌 제방을 삼면에 만들었다. 황화루皇華樓가 그 앞을 차지하고, 소양루昭陽樓가 뒤에 세워져 있었다. 내가 부영에게 물었다.

"이 역은 고소대의 터 같으니, 옛날 오왕이 쌓은 대가 있던 곳이오?"

부영이 말했다.

"아니오. 옛날 고소라는 것은 고소산에 있었소. 오왕 합려가 산을 의지해 대를 만들고, 부차가 증축했소. 옛터가 아직도 소흥 즈음에 남아 있소. 여기에 또 대를 쌓아 고소라고 이름 붙여 얘기가 남은 것인데, 지금은 없어지고 역이 됐소. 또 성안에 대를 쌓아 고소라는 이름으로 편액을 달았소."

동쪽에 체운소遞運所가 있고, 또 산해진山海鎭이 있었다. 태호의 물이 석당에서 운하로 이어지고, 성 동쪽에서 서쪽으로 역까지 도달한다. 오자서가 살았기 때문에 서호胥湖라고 이름이 붙었다. 호수의 너비는 100여 보정도 됐다. 북쪽으로 시가지를 감돌며 빛을 반사하고, 누각과 다리들 사이에서는 빛이 떠돌아 움직였다.

성 서쪽 여러 산 가운데 천평天平 한 봉우리가 군진郡鎭이라 불린다. 그 군산들 가운데 뛰어난 것은 영암산·오오산五塢山·앙천산仰天山·진대산秦臺山의 순서다. 역이 위치한 곳은 경치가 아름다웠다. 정오가 되자 성이 왕王과 송宋인 안찰어사 두 대인이 역에 와서 나를 예빈관으로 초대하고 물

이 없었다. 왕에게 충간하던 오자서마저 죽였는데, 오자서가 죽으면서 오나라가 망할 것을 예언하고 유언을 남겼다. "내 무덤에 가래나무를 심고, 그것으로 오왕(부차)의 관을 만들어라. 그리고 내 눈을 도려내어 오나라 궁문 위에 걸어라. 월나라 군사가 쳐들어와서 오나라를 멸망시키는 모습을 지켜봐야겠다."

었다.

"그대의 관직은 몇 품이오?"

"5품관이오."

"그대는 시를 지을 줄 아시오?"

"우리나라 선비는 모두 경학과 이치를 궁구하는 것을 업으로 삼고 있어 음풍농월하는 것은 천하게 여기오. 그래서 나 역시 시사를 배우지 않았소."

"기자가 조선에 봉해졌는데 지금 후손이 있소? 그리고 사당과 무덤과 제사는 버려지지 않았소?"

"기자의 후손인 기준이 위만에게 쫓겨나 마한으로 도망가 도읍을 세웠으나, 나중에 백제에게 멸망돼 지금은 후사가 없소. 기자의 사당은 평양에 있소. 나라에서 해마다 봄가을로 분향하고, 희생과 폐백을 드려 제사를 지내오."

"그대 나라에 어떤 좋은 기술이 있기에 수隋와 당唐의 병사를 물리칠 수 있었소?"

"계략에 뛰어난 신하와 용맹한 장수가 병사를 쓰는 데 도가 있으니, 병졸이 된 자는 모두 윗사람을 친하게 여겨 죽소. 그래서 고구려가 한쪽에 치우친 작은 나라면서도 두 번이나 천하의 백만 대군을 물리치기에 충분했소. 지금은 신라·백제·고구려가 통합돼 한 나라가 됐소. 물자가 많고 땅이 크며 재물이 풍부하고 군대가 강하오. 충성스럽고 지혜로운 선비가 아주 많아서 다 셀 수가 없소."

두 대인이 묻기를 마치자 외랑外郞에게 명해 쌀 한 쟁반, 두부 한 쟁반, 면 한 쟁반을 받들어 대접하게 했다. 나는 시를 지어 사례했다. 또 관인 가운데 성이 정鄭인 사람이 헌軒 자를 시운으로 해 화답시를 구했으므로 내가 즉시 차운시를 지었다. 그 관인이 또 쌀 여섯 말, 거위 한 마리, 채소 한 쟁반, 호두 한 쟁반을 가지고 와 주었다. 또 나태감羅太監의 가동家僮 가운데 성이 유柳인 사람이 있었는데, 나이가 겨우 15~16세였으나 말이 훌륭하고 우아했다. 성안에서 왔는데 종자 이절·김태에게까지 음식을 사 가지고 와 대접해 주었다.

밤 3경에 또 달빛 아래 노를 저어 북쪽으로 가 창문을 지났다. 창문 밖으로 통파정通波亭이 호숫가에 있었는데 옛 이름이 고려정高麗亭이었다. 송나라 원풍元豊[19] 연간에 지은 것으로 고려에서 조공하러 온 사신을 접대한 곳이다. 통파정 앞에는 지붕과 벽이 줄지어 있고 배들이 즐비하게 늘어서 있었다.

노를 저어 접관정接官亭에 가서 정박했다. 접관정 서쪽에 큰 탑이 바라다 보였는데, 바로 한산선사寒山禪寺였다. 이른바 '고소성 밖 한산사(姑蘇城外寒山寺)[20]'라는 구절에 나오는 곳이다. 지명을 물으니 풍교楓橋라 했고, 강이름을 물으니 사독하射瀆河라 했다.

소주는 옛날 오회吳會[21]라고 불렸다. 동쪽으로 바다에 접해 있고 삼강三江[22]을 끌어당기며 오호에 둘러싸여 비옥한 들이 1000리고 선비들이 많이 모여 있다. 바다와 육지의 비단과 명주, 금은과 주옥같은 진귀한 보물과 온갖 기술자와 예술가, 부유한 대상이 모두 여기에 모여 있다. 예부터 천하에서는 강남을 아름답고 고운 곳으로 여겼고, 강남 가운데에서 소주

---

19 북송 신종의 두 번째 연호(1078~1085).
20 달은 지고 까마귀는 우는데 천지 가득 서리가 내리네/ 풍교에는 고깃배 등불 마주해 시름 속에 조네/ 고소성 밖 한산사에/ 한밤중 종소리 울릴 때 객선이 닿았네(장계,《풍교야박楓橋夜泊》).
21 '오나라 도읍이 동남에 으뜸가는 도회지'라는 뜻이다.
22 오강, 전당강, 포양강.

한산사

와 항주를 제일로 쳤는데, 이 성이 더욱 최고가 된다.

낙교樂橋가 성안에 있고 계오현界吳縣과 장주현長洲縣의 현청 사이로 시장과 동네가 별처럼 펼쳐져 있었으며, 강과 호수의 많은 물줄기가 그 가운데를 뚫고 지나며 흘러나오고 들어갔다. 인물이 사치스럽고 누대가 이어져 있었다.

창문閶門이나 마두碼頭 같은 곳에는 남방 지역의 상선들이 구름같이 모여들었다. 또 호수와 산이 밝고 고와 경치가 수만 가지 형상이었다. 그러나 우리는 밤을 타 고소역에 도착했고 다음 날도 구경하기에 적당치 않았다. 밤을 타 성 옆을 지났기 때문에 백낙천이 말한 일곱 제방·여덟 개의 문·60개의 방·390개의 다리와 지금은 없어지고 새로 생긴 승경과 기이한 자취를 더 상세하게 기록할 수가 없다.

2월 18일, 석산역錫山驛에 도착했다

이날 맑았다. 동틀 무렵에 오막吳邈이라는 사람이 양왕과 배를 탔는데 내게 편지를 보내 말했다.

"공이 훌륭한 선비라는 말을 들었기에 알고 싶었소. 한형양韓荊楊 동료 역시 이 배에 타고 있는데 옥 같은 발걸음을 옮겨 한 번 만나기를 바라니, 사양하지 않으시겠지요?"

진훤이라는 사람이 나를 안내했다. 나는 정보와 그 배로 갔다. 오와 양이 탁자를 함께해 의자를 둘러 배치해 놓았다. 나에게 읍을 하고 함께 앉자 차와 밥을 대접했는데, 예를 행하는 것이 매우 공경스러웠다. 우리는 풍교에서 순풍을 만나 돛을 떨치고 북으로 갔다.

동쪽에 호구사虎丘寺와 탑이 있었다. 서쪽에는 방산方山과 또 탑이 있었다. 모두 멀리서 보니 하늘을 떠받든 기둥 같았다. 사독포와 조왕경교를 지나 호서진滸墅鎭에 도착했다. 호서진 앞에 초관鈔關[23]이 있어 남북으로 왕래하는 선박이 이 만에 정박해 검사를 받은 후 지나갔다. 성이 나羅인 태감이 원래 절강에서 직물 염색 등의 일을 관리했는데, 지금 역시 소주를 지나 북경을 향해 가다가 먼저 여기에 와 정박하고 있었다. 어사와 세 대인이 배 위에 와서 전별하며 나를 앞으로 맞아들였다. 예로 대우하고 내게 말했다.

"그대는 예의지국의 좋은 사람이라 우리 여러 대인이 그대를 존경하오."

그리고 물었다.

---

23 명나라나 청나라 때에 세금을 거두던 세관.

"천순天順[24] · 성화 연간에 태감 가운데 칙서를 받들고 그대 나라에 사신으로 갔던 사람이 있는데 그대는 그들의 이름을 일일이 다 꼽을 수 있소?"

내가 대답했다.

"천순 연간은 내가 아직 강보를 벗어나지 못한 때이니, 국가에서 하는 일을 모두 알 수는 없소. 성화 연간에는 태감 정동鄭同 · 태감 강옥姜玉 · 태감 김홍金興이 연이어 사신으로 왔소."

그들이 또 글을 써 보여 말했다.

"정 태감 · 강 태감 · 김 태감[25]이 모두 이미 작고하고, 김 태감만이 북경에 있소."

"작고作古 두 글자의 뜻을 모르겠소."

"중국 사람들은 죽은 것을 작고했다고 하오. 이미 고인이 됐다는 말이오."

그리고 물었다.

"그대 나라에서는 어떻게 말하오?"

"물고物故라고 하오."

"물고는 무슨 뜻이오?"

"물物은 사물이고 고故는 없다는 뜻이니, 죽은 사람은 다시 사물에 대해 작용할 수 없다는 뜻이오."

"그대 나라는 어느 경전을 숭상하오?"

---

24 명나라 영종의 두 번째 연호(1457~1464).
25 '김金' 한 글자가 잘못 들어간 듯하다.

"선비가 모두 사서오경을 공부하고 다른 기술은 배우지 않소."

"그대 나라에도 학교가 있소?"

"수도에 성균관이 있고, 또 종학宗學·중학·동학·서학·남학이 있소. 주·부·군·현에 모두 향교가 있고, 향학당도 있소. 또 집집마다 모두 서당이 있소."

"옛날의 어떤 성현을 존숭하오?"

"대성지성문선왕大成至聖文宣王[26]을 존숭하오."

"그대 나라에서 상례는 몇 년을 행하오?"

"한결같이 주 문공의 《가례》를 따라 참최斬衰·자최齊衰가 모두 3년이오. 대공大功 이하는 모두 등급이 있소."

"그대 나라의 예는 몇 조고, 형벌은 몇 조이오?"

"예에는 길례·흉례·군례·빈례·가례가 있고, 형벌에는 참형斬刑·교형絞刑·유형流刑·도형徒刑·장형杖刑·태형笞刑이 있소. 한결같이 대명률의 제도를 따르오."

"그대 나라에서는 어떤 역법을 쓰고, 어떤 연호를 사용하오?"

"한결같이 대명의 역법과 연호를 따르오."

"올해 연호가 무엇이오?"

"홍치 원년이오."

"시간이 오래 지나지 않았는데 어떻게 아오?"

"큰 밝음이 바다 위로 나와 만방에 비추었는데, 우리나라와 대국은 한 집안이라 조공 바치는 일이 끊이지 않았으니 어찌 모르겠소?"

---

26 원나라 무종 때 공자에게 추존한 봉호. 대성大成은 학문을 집대성했다는 뜻이다.

"그대 나라 관복은 중국과 같소?"

"조복朝服·공복公服·심의深衣·단령은 한결같이 중화의 제복을 따르오. 오직 안에 붙이는 법과 주름 잡는 법이 약간 다르오."

이어서 나에게 배리 이하를 부르게 해 상하로 주례酒禮를 행했다. 나는 정보 이하에게 명해 읍양揖讓하고 예를 행하게 했다. 태감과 세 대인이 눈을 마주치며 담소했다. 이어

채용신이 그린 최익현 초상화
심의를 착용한 모습이다. 심의는 제후와 대부가 사가에서 입는 옷이다. 국립중앙박물관 소장

서 쌀 스무 말·돼지고기 한 쟁반·채소 한 쟁반·약과 한 쟁반·술 다섯 그릇을 주었다. 우리는 사례하고 물러났다.

곧바로 배를 타고 보원교普圓橋·보은교普恩橋·호서포·오가점吳家店·장공포張公鋪·불평득승교不平得勝橋·통병교通兵橋·망고순검사望高巡檢司·마묘포馬墓鋪·순안교純安橋를 지나 밤을 타서 떠났다. 4경에 석산에 도착해 정박했다.

2월 19일, 상주부常州府에 도착했다

이날 맑았다. 새벽녘에 무석현無錫縣의 지현이 와서 음식을 주었는데, 이

름은 잊었다. 역에서 건도교建渡橋를 지나 무석현 안으로 들어갔다. 현은 옛날 구오句吳 태백太伯이 도읍한 곳이다. 건홍교建虹橋 · 도헌교都憲橋 · 소사구제少司寇第[27] · 억풍교億豊橋 · 진사방을 지나 석산의 하산에 도착했는데 현의 서북쪽에 있다. 또 석산에서 십리포 · 고교순검사 · 번봉포藩葑鋪 · 낙사포洛社鋪 · 석독교石瀆橋 · 횡림진포橫林鎮鋪 · 횡림교 · 척서포戚墅鋪 · 흥명교興明橋를 지나 검정劍井에 도착했다. 검정은 동쪽 언덕에 있었는데 지붕을 만들어 덮어 놓았다. 상서로운 기운이 올라가는 곳이었다.

날이 저물 무렵에 개안포个鴈鋪 · 대교를 지나 채릉교采菱橋에 이르렀다. 채릉교의 동서에 모두 2층 누각을 만들어 길가에 세웠는데 진사패루進士牌樓였다.

또 큰 홍교 셋을 지나 상주부에 도착했다. 동수관東水關을 통해 성으로 들어갔다. 부청과 무진현武晉縣의 현청이 성안에 있었다. 지나온 홍교가 역시 일고여덟 개였다.

10여 리 가서 비릉역毗陵驛에 도착해 잠시 정박했다. 또 서수

태백 동상

태백은 주나라 태왕(고공단보)의 맏아들인데, 태왕이 막내아들 계력季歷에게 왕위를 전하려 하자 형만荊蠻으로 달아나 건국하고 구오라고 했다.

---

27 주나라에서 형옥刑獄과 규찰糾察을 맡은 법관을 사구司寇라고 했는데, 후대에 와서 형부상서를 대사구, 형부시랑을 소사구라고 했다.

관으로 나왔다. 상주부는 연릉군延陵郡 오계자吳季子[28]의 봉읍이었는데, 호수와 산이 아름답고 정자와 누대가 빼어나 예부터 이름났다. 또 체운소와 패하교沛河橋를 지나 우분대파牛奔大壩에 도착했다. 배를 언덕으로 끌어 올리고 우분대파의 경계를 넘고 나니 날이 샜다.

2월 20일, 여성역呂城驛을 지나 진강부鎭江府에 도착했다

이날 맑았다가 오후에 구름이 끼고 어두워졌다. 아침에 장점포長店鋪·여성진 순검사·태정교泰定橋를 지나 여성역에 도착했다. 여성파·여성갑呂城閘·여성포·청휘관淸徽觀·청룡교·당가구唐家溝·책구포柵口鋪·육조포陸朝鋪·자운사慈雲寺·성서포聖墅鋪·칠성교·장락포·정선원定善院·혜정교를 지나 운양역雲陽驛에 도착했다. 강 이름은 윤하潤河였다.

또 운양교·승은문·귀신단鬼神壇·영진관寧眞觀·신교新橋·신하교新河橋를 지나 단양현丹陽縣에 도착했다. 단양현은 강가에 있었다. 단양현을 지나서 신묘新廟·광복교廣福橋·칠성묘·백강묘栢岡廟를 거쳤다. 밤에 감수갑減水閘·만경호萬景湖·신풍진新豐鎭을 지났다. 큰비가 왔으나 밤새 가서 진강부 신문新門에 도착했다.

2월 21일, 양자강에 도착했다

---

28 춘추시대 오나라 왕 수몽壽夢의 막내아들 오계찰吳季札. 수몽이 왕위를 전하려 하자 사양하고 받지 않았다. 연릉군에 봉했으므로 연릉계자라고 불렸다.

이날 흐렸다. 우리는 남수관南水關에서 전성하磚城河를 거슬러 부성을 옆으로 하고 남쪽으로 갔다가 서쪽으로 갔다. 신파新壩를 지나 경구역京口驛에 도착해 정박했다. 저녁에 걸어서 경구갑을 지나 통진通津 체운소에 도착했다. 통진의 물이 얕아 조수가 밀려들기를 기다려야만 큰 강과 통할 수 있었다. 그래서 배를 바꾸어 타고 조수가 오기를 기다리며 강 건널 준비를 했다. 이절·김태 등이 나와 작별하며 말했다.

"노정을 따라오며 거듭 돌보아 주심을 입었습니다. 오늘 서로 헤어지면 그대는 양주를 향하고 우리는 의진儀眞을 향해 갑니다. 나는 3월에 또 북경으로 향할 것이니, 회동관會同館을 찾아 나를 만나러 오십시오."

진강부는 윤주성潤州城인데, 손권孫權이 단도丹徒로 옮겨 가 철옹성을 쌓고 경성京城이라고 불렀다. 부청과 단도현의 현청이 성안에 있다. 성 동쪽에 또 철옹鐵甕 땅이 있으나 그 성은 없다. 향오정向吳亭은 성 서남쪽에 있다. 북고산北固山은 서북쪽에 있는데, 양나라 무제武帝가 이름을 지어준 곳이다. 대공산戴公山은 서남쪽에 있는데, 송나라 무제가 노닐던 곳이다. 감로사甘露寺와 다경루多景樓가 모두 성의 동북쪽에 있다.

초산焦山과 은산銀山에 커다란 사찰이 있는데 성의 북쪽에 있다. 금산金山은 대강 가운데 있어 은산과 마주보고 있다. 위에는 용연사龍延寺가 있는데 송나라 진종眞宗이 꿈에 노닐던 곳이다.

부성의 동북 귀퉁이가 강 언덕에 닿아 있다. 그 강이 바로 양자강이다. 민간에서 양자강洋子江이라고도 부르는데, 강 너비가 20여 리다. 근원은 민산岷山에서 나오는데, 한수漢水와 만나 남경을 지나서 이 부에 이르고, 모두 모여 바다로 흘러간다. 〈우공禹貢〉의 '민산에서 양자강으로 이끈다'고 한 것이 이것이다. 동쪽으로 오회吳會와 통하고 서쪽으로 한수와 닿았

손권

삼국시대 사람으로 18세 때에 형 손책孫策의 뒤를
이어 강동江東 6군을 다스렸으며, 황룡 원년(229)에
무창에서 황제를 칭하고 오나라를 세웠다. 곧이어
건업建業으로 도읍을 옮겼는데, 지금의 강소성 남
경이다.

양나라 무제

이름은 소연蕭衍. 남조시대 제나라 중흥 2년(502)에
황권을 빼앗고 스스로 황제에 즉위해 양나라를 세
웠다.

으며, 북쪽으로 회수淮水와 사수泗水에 도달하고 남쪽으로 복건과 절강과
닿아 있어 정말 사방이 도회지인 땅이다.

2월 22일, 광릉역廣陵驛에 도착했다

이날 맑았다. 수부신사水府神祠에서 배를 출발해 양자강에 이르렀다. 강
가 5, 6리에 육지에서 배를 끄는 사람이 앞뒤로 이어졌다. 우리는 돛을 펴
고 강 가운데로 갔다. 금산 아래 돌고래가 장난을 치며 물결을 일으켰는데
마치 전쟁터의 말이 무리 지어 달리는 것 같았다.

서진西津에 이르러 마두석제를 건넜다. 물 가운데 장대를 세워 긴 다리

를 만들어 놓아 왕래하는 자들이 모두 배를 다리 아래에 매어 놓고 다리를 타고 제방 언덕으로 올라갔다. 양자강과 회수의 경치를 볼 수 있는 누각이 길에 우뚝 서 있어 우리는 누각 아래로 걸어갔다. 과주진瓜洲鎭을 지나 시례하是禮河에 도착했다. 일명 진상하鎭上河라고도 한다. 다시 배를 타고 갔다. 양왕이 부영을 시켜 내게 말했다.

"그대 나라의 한씨 노인이 우리나라에 들어와 있는데 아시오?"

"한씨 성을 가진 사람이 대국에 들어갔다는 소문을 들었을 뿐이오."

"바로 그 한씨라오. 그대 나라 부인인데, 우리나라에 들어와 대행 황제의 유모가 됐소. 지금은 이미 돌아가셔서 천수사天壽寺에 묘를 썼소."

부영이 말했다.

"이 지휘관이 바로 한씨의 장사를 감독했소. 그래서 물었을 뿐이오."

반계문攀桂門·남경·전창甎廠·기구우택사祈求雨澤祠·칠전포七錢鋪·화가원포花家園鋪·어정포魚井鋪·금성택衿城澤·양자포를 지나 양자교에 도착했다. 다리는 없어지고 다만 누각에 편액만 달려 있었으며, 교창橋倉이 있었다. 저물녘 청량포淸凉鋪를 지나 밤에 광릉역에 도착했다. 광릉역 북쪽 1리 되는 곳이 바로 양주부성이었다. 성안에 부의 관청과 양주위揚州衛·강도현江都縣의 관청, 양회운염사兩淮運鹽司가 있다.

2월 23일, 양주부를 지났다

이날 비가 왔다. 아침에 광릉역을 출발해 양주부성을 지났다. 양주부는 옛날 수나라 때 강도 땅으로 양자강 동쪽의 큰 진이다. 10리에 늘어져 있는 주렴과 24개의 다리, 36개의 언덕이 있는 풍경은 여러 군들 사이에 최고다. 이른바 '봄바람이 성곽에 불어오니 귀 가득히 생황과 노래 소리 퍼진다(春風蕩城郭 滿耳沸笙歌)'는 곳이다. 우리는 배를 타고 지나가 구경할 수가 없었다. 볼 수 있었던 것은 진회루뿐이다. 진회루는 성의 남문으로 3층이었다.

강을 따라 동쪽으로 갔다가 북진했다. 하국공신도묘·관음당·회원장군난공의 무덤·안공묘·황건파·북래사·죽서정포·수정청·양자만순검사·만두관황묘·봉황교곽·회자하포·하백팔탑포·제오천포·세과국·사리포·소백보공사·영은문을 지났다. 지나온 곳에 두 개의 수문이 있었고 소백역에 도착했다. 소백역 북쪽에 소백대호가 있었다. 노를 저어 호숫가를 끼고 2~3리쯤 가서 소백체운소에 도착했다. 물이 불어나고 바람이 어지러워 밤에 호수를 지날 수 없었기 때문에 이곳에서 밤을 보냈다. 항주성에서부터 지나온 위소에서도 번갈아 차출된 백호가 호송했다. 양주위 백호 조감이 내게 말했다.

"지난 6년간 그대 나라 사람 이섬 역시 표류해 이곳에 닿았다가 돌아갔는데, 그대는 아시오?"

"아오."

이어서 이섬이 표류했다가 돌아간 전말을 물으니 조감이 말했다.

"이섬이 처음 바람을 맞아 양주 굴항채에 도착하자, 수채관 장승이 백호 상개를 차출해 군사를 이끌고 잡아 와서 감옥에 가두었소. 한 순검이 말해 서방사에서 편히 쉬게 하고, 배를 타고 갈 곳을 추천해 몇 개월을 머물렀소. 연해비어도지휘 곽 대인이 이섬이 쓴 '돛 열 폭이 바람을 막지 못했구나(布帆十幅不遮風)'라는 구절을 보고 그가 좋은 사람임을 알아 손님으로 온 벗으로 대접했소."

또 내게 물었다.

"그대가 표박한 바닷가가 여기에서 모두 몇 리나 되오?"

"우두외양에서 도저소까지 갔다가 항주까지 왔고 또 양주에 이르렀으니, 지나온 길이 무려 2500여 리오."

"이섬이 여기에 와서 오히려 고향에서 멀리 떨어졌다고 근심했으니, 지금 그대의 걱정은 이섬의 갑절이나 되겠소."

"이섬은 한갓 먼 길 때문에 근심했지만, 나는 부친께서 돌아가셨는데도 염습을 못했고 늙으신 어머니가 집에 계신데 자식으로서 할 일이 이미 어그러져 나그넷길이 더욱 멀어졌으니, 비통한 마음이 천지에 아득하오."

2월 24일, 우성역에 도착했다

이날 맑았다. 소백체운소에서 소백호 신당을 따라 소백순검사·소백진·마가도포·삼구포·요포·노근열녀사·노근포·옥금포·팔리포를 지났다. 신당의 석축은 길이가 30여 리 됐다. 또 신개호를 따라 밤 2경에 우성역에 도착했다. 우성역은 고우주성 남쪽 3리에 있다.

2월 25일, 고우주를 지났다

이날 흐렸다. 닭이 울 때 우성역을 출발해 고우주를 지났다. 고우주는 옛날의 한주邗州다. 한구는 일명 한강이라고 하는데 남북을 둘러싸고 있는 수로의 요충지였다. 고우주성은 큰 호숫가에 있는데 호수가 바로 고우호다. 강과 호수가 빼어나고 인물이 번성하니 역시 강북에서 으뜸가는 물의 도시였다. 하나라 우임금 때 양자강과 회수가 통하지 않았기 때문에 〈우공〉에 '양자강과 바다를 따라 회수와 사수에 이른다'고 한 것이다. 오왕 부차 때 이르러 비로소 한구를 열었고 수나라 사람들이 넓혀 배들이 다니기 시작했다.

또 서하당에 도착했다. 서하당은 호숫가에 있었는데, 목책의 길이가 70여 리 됐다. 호수 가운데 섬이 있고 섬에는 칠공묘가 있어 선관처럼 아득하게 바라다보였다. 또 번장군묘·전총포·당두포·순검사·장가포·정정포·당만포를 지나 계수역에 도착했다. 계수역과 체운소는 동서로 마주하고 있었다.

진훤이 군리로서 양왕을 따라왔다. 문자를 조금 알았기 때문에 양왕이 글 쓰는 일을 맡겼다. 진훤은 탐욕스럽기 짝이 없었고 간사하기가 더 심할 수 없었다. 여기에 도착해 우리 군인 김속에게 성이 나 양왕에게 호소하자, 양왕이 김속을 데려다가 장 10여 대를 쳤다. 내가 정보를 시켜 양왕에게 말했다.

"지휘관은 우리의 호송을 담당했을 뿐이오. 마음대로 우리 외국 사람에게 장을 치는 것도 법률에 있는 것이오? 우리 군인들은 장님이나 벙어리와 마찬가지여서 비록 사실과 다른 점이 있어도 말을 할 수가 없소. 불쌍히 여길 점이 있는데도 도리어 해치고 때리니 상국이 먼 지방에서 온 사람을 호송하는 도리가 아니오."

양왕이 대답하지 못하자, 부영이 몰래 내게 알려 주었다.

"양공은 원래 북경 사람인데 항주위로 임명돼 왔소. 그는 글을 읽지 않아, 일 처리에 밝지 않소. 내가 여러 차례 그에게 간언했으나 그가 우리의 말을 듣지 않아 감히 사리에 어긋나는 일을 저질렀으니, 그는 꾸짖을 만한 사람도 못되오."

또 비를 무릅쓰고 자영천을 지나 계수대호를 따라 갔다. 호숫가에 역시 긴 제방이 있었다. 순검사·괴각루를 지나 밤에 범수포 앞에 정박했다.

2월 26일, 회음역에 도착했다

이날 흐렸다. 범광대호 및 보응대호를 지나 안평역에 도착했다. 또 보응현 현청을 거쳐 백마대호 및 백마포·황포포·평하교·이경하·진점·십리정포를 지나 밤에 회양역에 정박했다. 범수포에서 여기까지 100여 리 사이에 동쪽 강 언덕에는 긴 제방을 쌓았는데 어떤 곳은 석축이고 어떤 곳은 목책으로 끊임없이 이어졌다.

2월 27일, 회안부淮安府를 지났다

이날 비가 왔다. 회음역 맞은편 언덕 마두성문 밖에 표모사漂母祠가 있었고 그 북쪽에 또 과하교가 있었다. 바로 한신이 얻어먹으며 모욕을 당했던 곳이다. 역은 체운소와 붙어 있고, 체부창과는 마주하고 있었다.

역에서 노를 저어 회안부 곁으로 갔다. 회안부는 옛 동초주이니 동남지방의 중요한 진이었다. 그 옛 성안에 부의 관청·산음현 관청·회안위와 도당부·총병부·어사부 등의 여러 관사가 있다. 옛 성 동쪽에 또 새 성을 쌓았다. 새 성안에 대하위가 있었으나 나머지 관사는 아직 설치되지 않았다. 새 성과 옛 성 사이가 1리쯤 떨어져 있으며, 호수가 양쪽 성 안팎으로 둘러져 있고, 성과 사람이 사는 곳은 모두 평평한 섬 안에 있었다.

남도문을 지나 북쪽으로 회하에 도착했다. 그 사이 금룡사대왕묘·부교정·용흥탑·종루전·뇌신점·서호하취·노화상탑·초청·판갑·이풍갑·봉자문·공부창·청강갑·등교기봉문·청강복주문·청강갑·상영창문·천비묘·동악인성궁·영자궁·평강공양후묘·조운부·총창동가·총창서가·복흥갑·현제사·우성사·신장갑이 있었다. 또 그 사이에 봉양중도·

표모사

봉양좌위·용호우위·용강좌위·표도위·표도전위·회안위·대하위·진강위·고우위·양주위·의진위·수군좌위·수군우위·부군전위·사주위·비주위·수주위·장회위·여주위 등이 있었다.

회남·강북·강남의 여러 위가 여기에 모여 있고, 배를 만드느라 다 선창이 있었다. 대체로 대강과 회하 400~500리 사이 땅에 거대한 호수에 잠긴 곳이 많은데, 소백호·고우호·계수호·백마호 등과 같은 것들이다. 호수 가운데 큰 것은 사방에 끝이 없다. 이날 큰비를 무릅쓰고 회하를 지났다. 일명 황하라고도 한다. 내가 부영에게 물었다.

"〈우공〉을 보면 황하는 적석·용문·화양·저주·대비 등의 여러 산을 지나고 또 홍수·대륙택을 지나 구하가 되고 소하가 돼 동북쪽으로 바다에 들어가고, 회수는 동백산·회사·기수를 지나 동쪽으로 바다에 들어간다고 했소. 임지기는 황하는 아래로 흘러가 연주에서 받아들이고, 회수는 아래로 흘러가 서주에서 받아들인다고 했소. 그렇다면 회수와 황하는 나오는 근원이 다르고 유파가 다르고 바다에 들어가는 땅도 다르오. 지금 합해서 회하라고 부르는 것은 어째서 그렇소?"

부영이 말했다.

"우리 대명 조정에서 황하에 길을 뚫어 회하로 주입시켜 합해 바다로 흘러가오. 황하가 옛길을 잃었기 때문에 〈우공〉과 다른 점이 있소."

회하는 실로 모든 물이 모여드는 곳이다. 황하와 회수가 합류해 서하가 된다. 제수·탑수·문수와 수수·사수가 합류하고 또 변수에 모인다. 또 동쪽으로 기수에 모여 동하가 된다. 서하의 물빛은 누렇기 때문에 황하라 하고, 동하의 물빛은 푸르기 때문에 청하라고 한다. 두 강이 여기에서 합류해 한꺼번에 회하라고 한다. 회하의 너비는 10여 리 되고 깊이는 끝이 없으며 물결이 거세고 세차다. 회하 강변에 경칠공신사가 있고 또 귀산이 회하에 닿아 있다. 조감이 내게 말했다.

"이 산의 기슭에 신물이 있는데, 모양이 미후獼猴[29] 같소. 코는 오그라들고 이마는 튀어 나왔으며, 몸은 청색이고 머리는 허옇고 눈빛이 번갯불 같소. 세상 사람들이 말하기를 '우임금이 치수할 때 커다란 새끼줄로 이 물건을 묶어 여기에 살라고 명해 회수가 편안히 흐르게 했다'고 하오. 지금 사람들이 이 신물의 그림을 가지면 회수의 파도와 풍랑의 어려움을 면

---

29 회갈색의 털이 나고 얼굴이 붉은 원숭이의 한 종류.

하오."

"이것은 참으로 거짓되고 불경한 말이니 믿지 못하겠소."

조감이 묵묵히 있었다. 우리는 황하를 건너 동하를 거슬러 올라가 청구역에 도착했다. 밤에 청하현을 거쳐 인가가 없는 언덕에 도착해 정박했다. 청하현 관청에서 한신성·감라성이 보인다는 말을 들었으나 밤이라 보이지 않았다.

2월 28일, 흐리고 큰바람이 불었다

배를 저어 맞바람에 청하구를 거슬러 가 삼한천포를 지났다. 또 백양하를 거슬러 올라가 야밤에 강 언덕에 도착해 정박했다. 지명은 모르겠다.

2월 29일, 맑았다

새벽에 출발해 장사충천·백묘천을 지나 도원역桃源驛에 도착했다. 역 서쪽에 삼결의묘三結義廟가 있었다. 바로 유비·관우·장비의 사당이었다. 역 안에 또 거사비去思碑[30]가 있었다. 용구하를 거슬러 도원현을 지나 북으로 갔다. 또 최진을 지나 저물녘 고성역에 도착했다.

2월 30일, 숙천현을 지났다

---

30 선정을 베푼 지방관이 떠날 때에 주민들이 그 공적을 기리기 위해 세운 비석. 선정비善政碑 라고도 한다.

이날 흐렸다. 아침에 고성역에서 무가구를 지나 백양하·육가곽·소하구를 거슬러 올라가 종오역에 도착했다. 역 앞에 황호문·비영문·쌍계문 등이 있었다. 역 북쪽이 숙천현이었다. 또 체운소를 지나 순풍에 돛을 펼치고 나는 듯 빨리 갔다. 조하천·청곽천·사방천 등을 지나 밤 3경에 직하역에 닿았다. 5경에 크게 번개가 치고 우박이 내렸다.

3월 1일, 비주邳州를 지났다

이날 흐렸다. 직하역에서 용강천·시두만천·합기천 등을 지났다. 기수가 동북쪽에서 흘러와 이 강에서 합류한다. 하비역까지 갔다. 역은 비주성의 남쪽에 있다. 비주는 옛날 담자국이다. 성 동쪽에 담자묘가 있으니 바로 공자께서 송사를 다루시던 곳이다. 서쪽에 애산이 있으니 바로 노공과 제후齊侯가 만났던 곳이다. 또 반하산이 있는데 산 위에 양산사가 있다.

석경산이 있는데 강 언덕에서 6~7리 떨어져 있다. 〈우공〉에 '사수 물가에 경쇠가 떠 있다(泗濱浮磬)'는 구절이 있는데, 주석에 '하비에 석경산이 있는데 어떤 이는 고대에 경쇠를 얻었던 땅으로 여긴다'고 했으나 옳은지 모르겠다.

항주 이북은 땅이 다 평야고, 어쩌다 멀리 산이 있다. 양자강 이북은 언덕이 하나도 없는데, 이곳에 이르면 비로소 이런 산이 보이지만 역시 높거나 크지 않아 우리나라 남산 같다.

비주의 지주는 성이 이李고 비주위지휘는 성이 한韓인데, 나를 만나러 와서 예로 대우하고 국수 한 쟁반·두부 한 쟁반·채소 두 쟁반을 보내 주었다. 역 앞에서 서쪽으로 돌아 비주성을 지났다. 또 나루 하나를 지나 백

랑구·간구아를 건넜다.

닭이 울 때 신안체운소를 지나 해가 밝을 무렵 신안역에 도착했다. 우리가 동하를 거슬러 오른 뒤부터 강이 광활한 데다 양쪽 언덕이 높고 험준해 때때로 구경할 수가 없었다.

3월 2일, 방촌역을 지났다

이날 잠시 비가 오고 큰바람이 불었다. 신안역에서 마가천·쌍구·풍패·소탕 네 현의 부창夫廠[31]과 방촌집房村集[32]을 지났다. 또 금룡현성영묘를 지나 여량 소홍에 도착했다. 대나무 밧줄로 배를 끌어 올리고 니타사를 지났다. 서쪽 강 언덕에 관우·울지공·조앙의 사당이 있었다.

방촌역을 지나 여량 대홍에 도착했다. 홍洪[33]은 여량산 사이에 있고, 홍의 양쪽으로 물 밑에 들쭉날쭉하고 가파른 암석들이 깎은 듯 서 있었다. 어떤 것은 일어나 높게 솟쳐 있고 어떤 것은 엎드려 무성하게 줄지어 있기도 했다. 강줄기가 구부러지고 꺾이다가 여기에 이르러 언덕이 확 트여 강물이 쏟아지니, 성난 기운이 바람을 뿜어내고 소리가 우레 같았다. 지나가는 사람은 마음이 두근거리고 겁을 먹었으며 이따금 배가 뒤집어지는 환난도 있었다. 동쪽 강 언덕에 돌 제방을 쌓고 들쭉날쭉 뚫어서 수세를 터놓았다. 거룻배도 반드시 대나무 밧줄을 사용하니, 소 열 마리의 힘을 써야 끌어 올릴 수 있다.

---

31 발부창撥夫廠 이라고도 한다. 노역, 인부를 발부하는 곳이다.
32 집集은 집시集市, 즉 상인들이 모여드는 시장이다. 방촌시장이라는 뜻이다.
33 물이 세차게 흐르는 여울을 뜻한다.

우리는 청산 용신사 앞에서부터 홍수를 거슬러 올라가 형승루를 지났다. 밤에 공부 분사·왕가교·이가교·노담묘를 지나 수수묘 앞에 도착했다. 홍의 여울 세찬 곳이 8~9리나 됐다. 진훤이 내게 말했다.

"이곳이 여량홍이오. 우임금이 뚫은 이후 진숙보가 이 홍을 수리했소."

내가 말했다.

"〈우공〉의 '양梁과 기岐를 다스렸다治梁及岐'는 구절 주석에 '양은 여량산이다'라고 돼 있고, 역도원은 '여량의 바위는 높고 가파르고 물살이 세차게 흘러 천지를 진동시킨다呂梁之石崇竦 河流激蕩 震動天地'고 했소. 이 홍이 바로 그곳이 아니오?"

진훤이 말했다.

"과연 그런 것 같소."

그러나 〈우공〉의 여량은 익주 편에 실려 있고 이 홍은 서주에서 관할하니 의심스럽다.

3월 3일, 서주를 지났다

이날 비가 오고 큰바람이 불었다. 새벽에 구녀총·자방산을 지나 운룡산에 도착했다. 산 위에 석불사가 있었는데 매우 화려했다. 그 서쪽에 희마대·발검천이 있다. 또 황충집·부창·광운창·국저문·화성묘를 지나 팽성역에 도착했다. 등용문·진사주헌이 역 앞에 있었다.

서주 부성은 역의 서쪽 2~3리 되는 곳에 있다. 서주는 옛날 대팽씨의 나라다. 항우가 자칭 서초패왕西楚覇王이라 하며 이곳에 도읍을 정했다. 성의 동쪽에 호성제가 있고, 또 황루의 옛터가 있는데, 소동파가 서주 태수로 있을 때 세운 것이다. 소철蘇轍이 지은 〈황루부黃樓賦〉가 있어 지금까지 일컬어진다.

우리는 역에서부터 부창을 지났는데, 부창은 두 강이 만나 흐르는 가운데 있다. 그곳을 지나 백보홍에 도착했다. 사수·수수·문수·패수가 동북쪽에서 합류하고 변수·수수濉水가 서북쪽에서 합류해 서주성의 북쪽에 이르고, 사수·청하·변수·탁수가 모여 흘러 남쪽으로 이 홍에 흘러든다.

홍의 여울이 세찬 곳이 비록 여량처럼 길지는 않지만 그 험준함은 더 심하다. 바위들이 어지럽게 뒤섞여 있어 복잡한 데다 돌무더기가 호랑이 머리와 사슴뿔처럼 쌓여 있어 사람들이 '배를 뒤집는 바위(翻船石)'라고 한다. 물은 기세 좋게 쏟아져 흐르다가 막힌 곳에서 꺾여져 세찬 급류 같이 솟구친다. 천둥소리가 나고 싸라기눈과 우박을 뿜어내며 물이 휩쓸려 터져 나와 거꾸로 쏟아지니, 배로 지나기가 매우 힘들었다. 우리는 공부 분사와 청풍당 앞에서부터 일꾼 100여 명을 써서 양쪽 언덕의 이어진 길을 따라 대나무 밧줄로 배를 동여매고 거꾸로 끌고 올라갔다. 나와 부영 등은 언덕에 올라 이어진 길로 걸어갔다. 포석이 견고하고 정제된 것을 보고 부영에게 물었다.

"이 길을 닦은 자는 후세에 공이 있겠소!"

부영이 말했다.

"옛날에 이 길은 낮고 좁아 조금만 물이 불어나도 길을 찾을 수 없었고, 물이 빠지면 흙이 없어져 돌이 드러나 걸어가기 어려웠소. 근래 곽승과 윤정용이 이어서 보수했는데 돌판으로 계단을 쌓아 쇠목을 박고 석회를 부었소. 그래서 이렇게 견고한 것이오."

밤에 변수와 사수가 만나는 곳에 이르러 정박했다.

3월 4일, 맑았다

배를 저어 체운소에 도착했다. 앞에 기봉문·목욕당이 있었다. 또 배로 물길을 가로질러 다리를 만들고 대부교라고 불렀다. 다리 아래위로 돛대가 빼곡했는데 다리 가운데 배 두 척을 뽑아 배가 지나다닐 수 있게 하고, 배가 지나가면 다시 뽑아냈던 배로 다리를 만들었다.

우리 배는 이 다리와 탑응부창을 지나 소현의 수차창 앞 강 두둑에 도착해 정박했다.

3월 5일, 유성진을 지났다

이날 맑았다. 새벽에 배를 출발시켜 구리산을 지나 동산에 이르렀다. 동산에는 시왕전이 있었다. 또 진량홍포·다성점·양산사를 지나 경산시진에 도착했다. 경산에는 상사와 하사가 있었는데 모두 큰 절이었다.

또 집전·백묘아포·협구천을 지나 협구역에 도착했다. 이름은 잊었는데 역승이 진훤의 말을 따르지 않고 우리에게 매우 넉넉하게 대접했다. 두옥에게 쌀 한 말을 주어 진훤과 두옥이 뺏으려고 다투다가 두옥이 진훤의 이마를 때렸다.

역에서 황가갑까지 갔다. 황가갑 위에는 미산만익비眉山萬翼碑[34]가 있었다. 나는 정보를 시켜 양왕에게 구경하게 해 달라고 청했다. 양왕이 달갑

---

34 이 비석은 최부가 이곳을 지나기 39년 전에 세워졌는데, 이들이 지나간 이듬해에 황하의 대범람으로 강
물에 휩쓸려 나갔다. 최부의 기록에만 확실하게 남아 있다.

게 여기지 않았으나, 억지로 청하자 허락했다. 그 비에 쓰인 것은 대략 다음과 같다.

　우리 나라의 태조 고황제께서는 회하 지방에서 황위에 오르시고 천하를 통일하셨다. 이어 남경에 도읍해 천하에 임하셨다. 우리 태종 문황제께서 왕업을 이으셔 북경에 천도하셨다. 이때 사방 산악의 모든 진鎭과 사방 오랑캐가 빙문聘問해 조공했고, 해마다 기내畿內(북경 부근의 땅)로 다 모였다. 전촉·형초·구월·민절 지방이 모두 양자강을 통해 동해로 배를 띄워 물결 따라 북쪽 천진으로 들어와 노하를 건너 서울에 이르렀다. 그 강과 바다가 광활하고 풍파가 위험해, 서울로 물건을 수송하는 것이 어려웠다. 그래서 우리 태종 문황제께서 동남방 해운의 어려움을 염려하시어 팔다리처럼 가까이하는 대신을 불러 서주·양주·회남·제남에 가서 지세를 살피고 물길을 따라 동쪽은 과주, 서쪽은 의진에서부터 모두 제방을 쌓고 물을 막아 장강으로 새어 들어가지 않게 하셨다. 이어서 근세에 옛 규칙[35]을 따라 뱃길을 뚫고 물을 끌어 강을 만들고 모두 양주에 모이게 했으므로, 양주를 거쳐 회안에 이르고, 회안을 거쳐 서주에 이르고, 서주를 거쳐 제남에 이르게 했다. 제남에서 남쪽은 수세가 남으로 흘러 황하와 만나고 회수와 모여 바다로 들어가게 했다. 제남에서 북쪽은 수세가 북으로 흘러 위하와 만나고 백하와 만나 역시 바다로 들어가게 했다. 황제께서는 다시 지형의 남북이 높낮이가 같지 않아 수세가 나뉘어 흘러 물을 모아 놓을 수 없는 것

35　원나라 지정 11년(1351) 도조운사都漕運使 가로賈魯 를 총치하방사總治河防使로 삼아 백성 15만 명, 군사 2만여 명을 동원해 황하의 수리작업을 수행케 했다. 그 뒤에 한림학사승지翰林學士承旨 구양현歐陽玄 이 순제順帝 의 명을 받고 이 치수治水 공정의 방략을 후세에 전하기 위해 '지정하방기至正河防記'라는 비문을 지어 남겼다.《원사元史》권66 〈하거지河渠志 3〉 '황하黃河'에 이 이야기가 실려 있다.

은 장기적인 계책이 못 된다고 생각하시어 유사에게 갑문을 설치하라 명하셨다. 5~6리에 한 개를 설치하기도 하고, 십몇 리에 한 개를 설치하기도 해 모여든 물을 배로 건너게 했는데, 지금까지 물의 근원이 다하지 않는다. 이로부터 사방 산악의 번진과 사방 오랑캐가 조빙하고 회동할 때와 군민軍民의 조공과 부세를 수송하고 상인들이 무역할 때 모두 이곳을 지나게 됐고, 배의 편리함이 비로소 천하에 통하게 돼 만민을 구제하고 다시는 강과 바다의 풍파에 곤란함을 당하는 일이 없게 됐다. 우리 태종께서는 실로 우임금의 공업을 이으시어 천하의 부족함을 보충하시고 만세 태평의 성대한 사업을 여셨다. 서주는 옛날의 팽성으로 동쪽 지방의 큰 도시고, 회수와 제수를 두르고 있어 남경과 북경의 길목이다. 서주의 북쪽 황가촌의 동쪽에 있는 산의 물줄기 하나가 남쪽으로 흘러 갑문으로 들어오는데, 수세가 세차고 용솟음치며 땅속으로 흘러 모래를 나르는 것이 많아 얕은 곳을 진흙으로 막았다. 배들이 이곳을 지날 때 항상 막혀서 백성들이 매우 괴로워했다. 천순 무인년(1458) 봄에 유사가 조정에 상소해 알리니, 우리 영종 예황제께서 넓고 아름다움을 이으시어 전에 있던 공업을 더욱 두터이 하시니 유사를 불러 갑문을 세워 통하게 하고 관을 설치해 다스리게 하셨다. 이로부터 배가 왕래하는 데 전에 있던 걱정이 없어지게 됐다.

갑관閘官이 갑문을 열어 인부들에게 우리 배를 끌고 지나가게 했다. 또 의정·황가포·이가중포·신흥갑·신흥사·유성진을 지나서 밤 3경에 사구갑에 도착했다.

3월 6일, 패현沛縣을 지났다

장량

진나라 때 장량이 이교에서 황석공黃石公이 다리 밑에 떨어뜨린 신을 주워 주고 태공병서를 얻었다고 한다.

이날 맑았다. 새벽에 고두하갑·고두중갑·두학·고두상갑·도양호·상중하 세 곳이 있는 금구아천을 지나 패현에 도착했다. 패현은 한나라 고조의 고향이다. 현 동북쪽에 있는 강이 포하다. 포하 너머 언덕에 고곽이 있고 그 앞에 건정문이 있어 '가풍대'라는 이름을 표시해 놓았다. 고조가 '대풍大風'을 지어 불렀던 곳이다. 현의 동남쪽에 사정역이 있다. 고조가 젊었을 때 사상정장으로 있었던 곳이다. 포하의 서쪽 언덕에 이교가 있으니 장량張良이 신을 신겨 주었던 곳이다. 비운갑은 하구에 있다. 우리는 포하를 거슬러 올라가 비운갑을 지나 가풍대를 구경하고 이교를 들렀다가 역 앞에 도착했다. 역은 포하에서 30보다. 부영이 내게 말했다.

"그대가 우리 대국의 제도를 구경했는데 무슨 생각이 드시오? 강남에서 북경까지 옛날에는 물길이 없었으나 지정 연간부터 비로소 길을 통하게 할 계획을 세웠고, 우리 태종조에 평강후를 두어 다스렸소. 청하의 근원을 통하게 하고 제수와 패수를 준설했으며 회음을 뚫어 양자강에 이르게 했소. 일대가 이어져 만 리에 나루가 통하니, 배로 건너는 공이 만세에 보존돼 백성들이 은혜를 받아 길이 혜택을 입을 것이오."

내가 말했다.

"지금까지 오는 길에 이 물길이 아니었다면 우리는 기구한 만 리 길을 오느라고 몸을 가누지 못하고 절룩거리며 괴로워했을 것이오. 지금 편안하게 배 안에 누워 먼 길을 오면서 배가 뒤집힐 걱정도 하지 않으니 그 받은 은혜가 역시 크오."

이날 역에서 수모신묘를 지나 밤을 새워 갔다.

3월 7일, 흐렸다가 비가 왔다가 했다

새벽에 묘도구호·능성갑을 지나 연주부 땅에 도착했다. 연주는 옛 노나라다. 사하역을 지나 잠깐 정박했다. 또 맹양박갑을 지나 팔리만갑에 도착했다. 팔리만갑 서쪽은 어대현 땅이다. 현 앞에 관어대가 있으니 노나라 은공이 물고기를 보던 곳이고, 현이 이 때문에 이 지명을 갖게 됐다. 또 상천포와 하천포·하서집장을 지나 곡정갑에 이르렀다. 강 언덕에 올라 바라보니 동북쪽 아득한 사이에 산이 있었으나 아주 높고 험준하지는 않았다. 부영이 그 산을 가리키며 말했다.

"저것이 니구산尼丘山이니 공자께서 태어나신 곳이오."

산 아래에 공리·수수·사수·기수가 있다. 또 동북쪽으로 바라보니 높은 산이 있는데 수백 리에 이어져 구름이 낀 듯했다. 부영이 그 산을 가리키며 말했다.

"저것이 바로 태산이니 옛날의 대종산이오. 우임금·순임금과 주나라 천자가 동쪽으로 순수하시던 곳이오."

이번 길을 육로로 가서 연주·곡부현을 지난다면 니구산을 지나고 사수를 건너고 공리를 구경하고 태산을 가까이에서 볼 수 있었을 것이다. 옥황묘를 지나 남양갑에 도착해 정박했다.

3월 8일, 노교역을 지났다

이날 흐렸다. 남양갑에서 조림갑을 지나 노교역에 도착했다. 역 앞에 노교갑이 있다. 동쪽은 제나라·노나라 땅으로 길이 나있고 서쪽으로 큰 들에 이어져 있으며 남쪽으로 회수와 초나라 땅에 연결되고 북쪽으로 서울에 닿으니 사방이 뚫려 있었다. 노교갑 서쪽에 흑연지黑硯池가 있는데 못물이 검다. 유劉라는 태감이 왕으로 봉해져 서울에 가는데 깃발과 갑주, 종고와 관현 소리가 성대하여 강하를 진동했다. 이 갑에 이르자 유가 탄환을 뱃사람들에게 난사했다. 그의 행패가 이 같았다. 진환이 말했다.

"이 배 안에 있는 환관이 이처럼 못됐소."

부영이 내게 물었다.

"귀국에도 이런 태감이 있소?"

내가 말했다.

"우리나라 환관은 궁중에서 청소하고 명을 전하는 일을 맡을 뿐이지, 관官의 일을 맡지는 않소."

"태상황제께서 환관을 신임하셨소. 그래서 이같이 궁형宮刑을 받은 자가 막중한 권력을 쥐고 황제를 가까이 모시는지라, 문무관이 모두 그에게 따라붙게 됐소."

진훤이 말했다.

"의술醫術·도교·불교 세 가지 가운데 귀국에서는 어느 것을 중하게 여기오?"

내가 말했다.

"우리나라는 유술儒術을 중시하고, 의술이 그다음이오. 불법은 있으나 좋아하지 않고, 도법은 없소."

진훤이 말했다.

"성화 황제께서 도법과 불법을 가장 중요시하셨으나, 지금 새 황제께서는 일절 금지하오."

내가 물었다.

"귀국은 지금 대명이 다스리는 때인데도 모두 대당大唐이라고 말하는 것은 어찌해 그러오?"

부영이 말했다.

"이는 다름이 아니라 대당 때 오래된 습관이 전해져서 그렇게 말하는 것이오. 세속의 습관이 그러하오."

내가 또 물었다.

"내가 여기에 도착한 뒤부터 사람들이 우리를 가리켜 '따따더 오야지(大大的烏也機)'라고 부르는데 이는 무슨 말이오?"

부영이 말했다.

"이는 일본인이 우리나라의 대인大人을 그렇게 부르는 훈訓이오. 이 지방 사람들은 그대들이 일본에서 왔을까 해 그렇게 말하는 것이오."

우리는 노교갑에서 통리왕묘·노진교를 지나 옥루교에 이르렀다. 동로東魯 지방의 여러 갈래의 물이 서로 만나 이곳으로 흐른다. 또 사가장의 상하포·중가포·중가천갑을 지나 신갑新閘에 이르렀다. 부영이 내게 말했다.

"이 갑은 도수감승 야선불화也先不花가 세운 것이오. 회통하가 여기에 이르면 모래흙이 떠밀려 움직이고 수세가 흩어져 흘러 배를 띄울 수 없어 앞뒤로 갑문을 설치했지만 신점에서 사씨장까지 오히려 얕고 걸리적거려 어려운 점이 있소. 배로 여기를 지나갈 때마다 상하로 힘을 다해 하루 종일 소리를 질러도 한 마디를 나아가면 한 자를 물러나니 반드시 육지에서 수레를 타고 옮겨야 했소. 이 새 갑문이 세워진 뒤부터 배가 편안하고 순조롭게 갈 수 있게 됐소."

갑의 동쪽에 하신사河神祠가 있고 서쪽에 공서가 있다. 공서 남쪽에 하관대遐觀臺가 있고 하관대 위에 정자를 세워 놓았다. 동쪽으로 추역산이 마주하고 있기 때문에 편액에 '추역산을 바라본다(瞻鄒)'고 했다. 우리는 그 갑문을 지났다. 밤에 신점갑을 지나서 갔다.

3월 9일, 제령주濟寧州에 이르다

이날 맑았다. 동이 트려 할 때 갑문을 지나니 바로 석복갑이었다. 또 조촌갑을 지나 남성역에 이르러 잠시 배를 멈추었다가 떠났다. 진무묘를 지나 하신갑下新閘에 이르렀다. 갑은 월하의 하구에 비스듬히 서쪽으로 있는데 길이가 800여 척이 됐다.

월하는 동쪽으로 천정갑에 매우 가까이 있고 북쪽으로 회통하와 마주했는데, 두 강이 가로세로로 있어 십자十字 모양 같았다. 천정갑과 회통하를 경유해 서쪽으로 가다가 혹 물결에 전복되기도 했고, 월하를 거슬러 올라가려면 거꾸로 끌어당기느라 곤란을 겪었다. 그래서 이 갑문을 양쪽 하구 아래에 설치해 물이 차고 줄 때마다 닫거나 열었다. 갑의 서북쪽 20리쯤 획린퇴獲麟堆가 있었으니, '서쪽으로 사냥 가서 기린을 잡았다'[36]는 곳으로, 지금은 가상현의 땅이다.

우리는 그 갑을 지나 제령주 성에 도착했다. 동북쪽에 사수가 곡부로부터 흐르고 황하는 조래로부터 흐르다가 노성의 동쪽에서 합쳐져, 조하漕河로 들어가서 회수에 도달해 바다로 들어간다. 회수를 건너면 남경이 된다. 서북쪽에 커다란 호수가 있어 동쪽으로 나뉜 물이 조하로 들어가고 북쪽으로 나뉜 물이 임청臨淸에서 위하衛河를 나와 바다에 도달한다. 바다를 넘으면 북경이 되니, 북경과 남경은 3000여 리 밖에서 마주보고 있다.

강물은 모두 제령의 성안에서 갈라지니, 성의 동쪽 둔덕이 황하고 서쪽 둔덕이 제하인데, 두 강이 감돌아 흘러 제령성 남쪽 아래에서 합류한다. 두 강의 복판에 토산土山이 있으니, 토산은 동북쪽에서 시작돼 구불구불 이어진 것이 거의 1000여 리나 됐다. 토산 위에 관란정觀瀾亭이 있으니 바로 손번이 세운 것이다. 정자 아래를 지나 통진교에 이르니, 통진교는 성 남문의 길이다. 통진교 남쪽에 영원홍제왕묘가 있다. 영원홍제왕묘 서북쪽 강 언덕에 도착해 묵었다.

3월 10일, 개하역開河驛에 도착하다

---

36 기린은 어진 짐승이어서, 성왕聖王의 상징이다. 공자가 《춘추春秋》를 집필하다가 애공哀公 14년조에 이 기사를 쓰고 절필絶筆했다.

이날 맑고 큰바람이 불었다. 새벽에 제령성을 출발해 서쪽으로 분수갑을 지나 남왕호에 이르렀다. 호수는 가득 차 끝이 없었고 서쪽으로 멀리 산이 바라다보일 뿐이었다. 동쪽에는 푸른 풀이 무성한 평지가 있었다. 〈우공〉의 '큰 들에 이미 물이 멈추었다(大野旣瀦)'는 구절에 나오는 저수지인데 지금은 메꿔졌다. 호수 가운데 돌로 긴 제방을 쌓아 관언(官堰)이라고 했다.

우리는 제방 언덕을 따라 순풍에 북으로 갔다. 마장파·안민포·뇌정포·조정포 등을 지나 거야현 지방에 도착했다. 화두만·백취아·황사만·소장구 등의 포와 대장구집을 지나 또 가상현 지방에 이르렀다. 대장구·십자하·사전·손촌 등의 포를 지나 또 문상현 지방에 도착했다. 계수포·노파갑을 지나 분수용왕묘에 도착했다.

큰 강이 동쪽에서 북쪽으로 흘러 와 용왕묘 앞에서 남북으로 나뉘어 흘렀다. 남쪽 지류는 우리가 이미 지나온 곳으로 흐름을 따라 남하한다. 북쪽 지류는 우리가 가야 할 곳으로 역류해 북상한다. 용왕묘는 두 물이 나뉘는 곳에 있다. 그래서 분수라고 이름을 지었다. 동북쪽에서 오는 큰 강의 이름을 물으니 어떤 사람이 제하의 근원이라고 말해 주었으나 실제인지는 확실하지 않다. 양왕과 그의 무리가 용왕묘 안으로 들어가 향을 사르며 신에게 예를 드려 제사를 지내고 우리에게도 절을 하게 했다. 내가 말했다.

"산천에 제사를 지내는 것은 제후의 일이오. 사서인이 된 자는 조상들에게만 제사를 지낼 뿐이오. 자기 분수를 조금이라도 넘는 것은 예가 아니오. 예가 아닌 제사는 사람이 귀신에게 아첨하는 것이라 해 흠향하지 않소. 그래서 나는 본국에 있을 때 감히 산천의 신에게 절하지 않았는데, 하물며 다른 나라의 사당에서 하겠소?"

진환이 말했다.

"이 사당은 용왕의 사당이오. 영험한 자취가 있기 때문에 여기를 지나는 자가 모두 공경스럽게 절하고 제사를 지낸 뒤에 떠나오. 그렇지 않으면 반드시 바람과 파도의 위험이 있게 되오."

"바다를 살피는 자는 물을 어렵게 여기오. 내가 이미 수만 리 대해에서 거센 파도의 위험을 겪었으니, 이런 땅 가운데 있는 강물은 두려울 것이 없소."

말을 마치기 전에 진환이 양왕에게 아뢰었다.

"이 사람이 절을 하지 않으려는데, 그의 뜻을 꺾을 수 없습니다."

또 감성포를 지나 개하역에 도착하자 밤이 이미 3경이었다. 관언官堰은 감성포에 이르자 끊겼다. 관언 가운데 갑문이 있는데 간격이 8~9리 되는 곳도 있고 10여 리 되는 곳도 있어 모두 열네 개였다. 관언의 길이 역시 100여 리가 넘었다.

3월 11일, 맑았다

개하진·유가구·원가구·개거·두산진·장팔구·보가구 등의 포를 지나 동평주東平州 지방에 도착했다. 동평주는 〈우공〉에 '동원이 평평해졌다(東原底平)'고 한 곳으로 모래흙이 흘러들어 물기운으로 아래가 축축한 땅이다. 또 근가구·율가장·이가구·유가장·왕충구·풍가장·장장구 등의 포를 지나 안산갑에 도착했다.

언덕에 올라 사방을 바라보니 산이 서북 사이에 이어져 있었다. 물으니 양산이라고도 하고, 토산이라고도 하고, 효당산이라고도 했다. 어떤 이가 효당산孝堂山은 곧 곽거郭巨가 아들을 묻으려다 금을 얻었다는 산이라고 했다. 밤에 안산역에 도착했다.

3월 12일, 동부에 도착했다

이날 맑았다. 보량창·안산보·담가화·적수호구·소가장·형가장·사고 퇴 등의 포와 대가묘를 지나 금선갑체운소에 도착했다. 체운소 앞에 경괴 문經魁門이 있었다. 경괴문 오른쪽 인가에 조각한 새장을 걸어 놓고 새를 기르는데, 그 모습이 비둘기 같고 부리가 붉고 길었으며 주둥이는 옅은 황 색으로 구부러졌고 꼬리는 길이가 여덟아홉 마디였다. 눈은 누렇고 등은 푸르며 머리와 가슴은 수묵색이었다. 사람의 생각을 이해하고 말소리가 맑고 부드러우며 곡절이 분명해 사람이 혹 말하면 대답했다. 내가 부영과 구경하러 갔다가, 부영에게 말했다.

"이 새가 말을 할 줄 아니 앵무새가 아니오?"

부영이 대답했다.

"그렇소."

"이 새는 농서隴西 땅의 새고, 나는 해동의 사람이오. 농서와 해동은 수 만 리 떨어져 있는데 오늘 여기에서 만나니 행운이 아니오? 다만 나와 이 새는 타향을 떠도는 것이 같고, 고향을 그리워하는 것이 같고, 모습이 초 췌한 것 역시 같소. 이 새를 보니 비탄한 마음이 한층 더하오."

부영이 말했다.

"이 새는 새장에서 자라서 끝내 타국에서 죽소. 지금 그대는 귀국에 잘 돌아가 임금과 부모를 다 섬길 것이니 어찌 같다고 할 수 있겠소?"

앵무새 역시 말을 해 마치 아는 듯했다.

또 수장현 지방에 도착했다. 대가묘·유가구·대양·장가장·사만 등의 포와 감응사를 지나 동하현 지방에 도착했다. 사만천포·대하신사·안가구포·북부교·괘검포·통변량·통제갑·차하·사만순검사·양하구·종루각·고루각·운진문을 지나 형문역에 도착했다. 역승이 나와 부영을 황화당 앞으로 인도해 차를 대접했다. 또 평하수포·신첨포·형문 상하갑을 지나 양곡현 지방에 도착했다.

밤에 만동포·장가구포·칠급 상하갑·주가점갑·아성 상하갑·이해무갑을 지나 숭무역에 도착하자 밤 5경이었다. 동창부는 옛날 제나라 요섭 땅이다. 성은 역의 북쪽 3~4리 강 언덕에 있다. 성안에 부의 관청과 요성현의 관청 및 안찰사·포정사·남사·평산위·예비창·선성묘·현학이 있다.

3월 13일, 청양역을 지나다

이날 맑았다. 통제교갑·동악묘·진사문·동창체운소·태량창을 지났다. 또 제구·초장갑·유행구·방가장·백묘·쌍도아·여가만·교제 등의 포를 지났다. 강의 동쪽은 당읍현 지방이고 서쪽은 박평현 지방이다. 또 홍가구·양가구 등의 포와 양가갑·감응신사를 지났다. 또 원가만·마가만·노제두·중갑구 등의 포와 토교갑·신개구포·함곡동·감수갑을 지나 청평현 지방에 도착했다. 또 조가구포를 지나 청양역에 이르렀다. 또 주가만·정가구·십리정·이가구 등의 포와 대가만갑을 지나 달빛 아래 동틀 때까지 달렸다.

3월 14일, 맑았다

임청현의 관음사 앞에 도착했다. 절은 두 강이 교차해 흐르는 입구에 있었다. 동서로 네 개의 갑문이 설치돼 물을 저장한다. 절 동쪽은 배로 부교를 만들어 현으로 통한다. 현성은 강의 동쪽 언덕 반 리쯤 되는 곳에 있다. 현의 관청과 임청위의 관청이 모두 성안에 있다.

임청현은 남경과 북경의 요충지이자 상인과 여행객이 모여드는 땅이다. 그 성의 안팎 수십 리 사이에 누대가 빽빽하고 상점이 번성하며 재화가 풍부하고 선박이 몰려들어, 소주와 항주에는 미치지 못할지라도 산동에서 으뜸이며 천하에 유명하다. 우리는 청천하를 따라 북으로 향해 누부관·약국·신개상갑·위하창·판하갑·대부교를 지나 청원역 앞에 도착해 유숙했다.

3월 15일, 아침에 벼락이 크게 치고 비가 왔다가 오후에 흐렸다

요동 사람 진기·왕찬·장경·장승·왕용·하옥·유걸 등이 물건 파는 일 때문에 먼저 여기에 도착해 있었다. 우리가 왔다는 말을 듣고 청주 세 병·엿강정 한 쟁반·두부 한 쟁반·큰 떡 한 쟁반을 가지고 와서 나와 종자들을 대접했다. 그리고 말했다.

"우리 요동성은 귀국의 땅과 이웃하니 의리상 한 가족이나 마찬가지요. 오늘 다행히 여행길에 만날 수 있었기에 변변찮은 물건을 가지고 와 예물로 삼았소."

내가 말했다.

"그대의 땅은 옛날 고구려의 옛 도읍이오. 고구려가 지금은 우리 조선의 땅이 됐으니, 지리적인 연혁이 비록 시대에 따라 차이가 있으나 사실한 나라나 마찬가지요. 지금 내가 구사일생으로 살아남아 만 리 밖에 표류해 와서 사방을 돌아보아도 아는 사람이 없었는데, 여러분을 만나고 후한은혜까지 받으니 한 가족 골육지친을 만난 것 같소."

진기가 말했다.

"나는 정월에 출발해 2월 초하루에 여기에 도착했소. 4월 초순 즈음 돌아갈 텐데 아마 다시 만나지 못할 것 같소. 만약 나보다 먼저 우리 지방의안정문을 지나거든 유학자 진영이라는 사람이 있는지 물어보시오. 내 아들이니, 내 소식을 잘 전해 주시오."

서로 이별하고 떠났다. 우리는 배를 저어 하진창에 도착해 정박했다.

3월 16일, 무성현武城县을 지났다

이날 맑았다. 위하를 따라 북쪽으로 배가권포에 도착했다. 동쪽은 하진현 지방이고, 서쪽은 청하현 지방이다. 순검사·손가·신개구·초묘·황가구·평하구 등의 포를 지나 도하역에 이르렀다. 또 상가도포를 지나 무성현에 도착했다. 강이 성을 안고 흐르고, 서쪽으로 강 건너에 진사2문이 있었으며, 기우당도 있었다. 밤새 길을 가서 갑마영역에 도착했다.

3월 17일, 맑았다

아침에 정가구·하구포·진가구포를 지나 은현 지방에 도착했다. 백마하포를 지나고 또 하방천·무곡사·하구포를 지나 양가장역에 도착했다. 노를 저어 종각을 지나 저녁에 고성현 앞에 도착해 정박했다. 내가 부영에게 말했다.

"오늘밤 달이 밝고 순풍인데 어째서 떠나지 않소?"

부영이 말했다.

"그대는 이 강 가운데 떠다니는 시체 세 구를 보았소?"

"보았소."

"이 모두 도적이 죽인 것이오. 이 지방은 연이어 흉년을 만나 서로 이끌어 도둑이 된 자가 많소. 또 그대들이 표류해 짐이 깨끗이 쓸려 버린 것을 모르고, 도리어 이방인에게 반드시 귀한 물건이 많다고 여겨 모두 이익을 채우려는 마음이 있을 것이오. 또 앞길에 인가가 드무니 도둑이 더 제멋대로 굴 것이오. 그래서 떠나지 않소."

"내 이번 길에 이미 영파부에서 도적을 만났으니, 평생에 다시는 만나고 싶지 않은 것이 도적이오."

"대체로 중국 사람의 마음은 북방이 강하고 사나우며, 남방이 부드럽고 순하오. 영파의 도적은 강남 사람이었소. 그래서 어쩌다 도적의 무리가 됐으나 모두 겁만 주고 사람은 죽이지 않기 때문에 그대가 몸을 보전한 것이오. 이곳 북방 사람은 겁을 주면 반드시 사람을 죽이오. 도랑이나 골짜기에 버리기도 하고, 혹은 강이나 바다에 던져 버리기도 하니, 오늘 떠다니는 시체를 보면 알 만하오."

3월 18일, 덕주德州를 지났다

이날 맑고 큰바람이 불어 모래를 일으켰다. 날이 밝자 우가구·병하구·마가 등의 포와 사녀수·문영문·유피구포·득의문·대부교를 지나 안덕역에 도착했다. 진훤이 내게 물었다.

"귀국 사람들은 손님과 주거니 받거니 할 때 차를 쓰시오?"

내가 말했다.

"술을 쓰고, 차는 쓰지 않소."

"우리 지역 사람들은 손님을 대접할 때 모두 차를 쓰지요. 만약 정이 돈독한 사람이 먼 데서 오면 어쩌다 술을 쓰는 경우도 있소."

내가 부영에게 중국의 일산·가리개·관대·명패 지니는 제도에 대해 물었더니, 부영이 말했다.

"일산과 사모에는 등급이 없소. 가리개는 1품과 2품은 다갈색 비단 껍데기에 붉은 명주 속을 쓰고, 세 개의 차양과 은 부도를 쓰오. 3품과 4품은 이와 같으나, 부도는 붉은색이오. 5품은 푸른 비단 껍데기에 붉은 명주 속과 두 개의 차양과 붉은색 부도를 쓰고, 7·8·9품은 푸른색의 기름 먹인 명주 껍데기와 붉은 명주 속과 차양 하나와 붉은색 부도를 쓰오. 띠는 1품은 옥, 2품은 무소뿔, 3품은 화금花金, 4품은 광금光金, 5품은 화은花銀, 6품은 광은光銀, 7·8·9품은 뿔을 쓰오. 명패는 문관직 1품부터 9품은 모두 석패를 써서, 한쪽 면에는 해서로 맡은 위문衛門을 쓰고 한쪽에는 전서로 '항상 휴대하고 다니라(常川懸帶)'고 써서 시종이 등에 지고 다니오. 무관직은 시종과 아문衙門이 있는 자는 모두 차고 다니오."

내가 또 물었다.

"달단韃靼[39]이 혹 침입해 온 적이 있소?"

"예전에는 있었지만, 지금 각 변방에 지방을 나누어 진수가 군대와 말을 총괄해 항상 지키고 있기 때문에 침범해 올 수 없소."

밤에 덕주성을 지났다. 강이 성을 안고 돌아 서쪽으로 갔다가 북으로 흘렀다. 성은 옛 평원군이다. 땅이 넓고 인구가 조밀했으므로 상인들이 모여드는 곳이었다. 이름을 모르는 강 언덕에 이르러 정박했다. 부영이 내게 말했다.

"태상황제의 배가 같은 아우가 현명하고 덕이 있어 노나라 땅에 봉하고 노왕이라 부르오. 여기 덕주 경계의 300여 리 땅에 있었으므로, 사람들이 덕왕德王이라 불렀소."

"덕왕은 왜 서울에 있지 않고 지방에 있소?"

"친왕이 서울에 있으면 다른 뜻이 있을까 걱정하기 때문에, 60세 이상 된 자를 모두 왕으로 봉해 지방으로 내보내오."

"덕왕이 산동의 뱃속 같은 땅을 차지하고 있으면 역시 마음대로 정사를 호령하지 않겠소?"

"왕부 각 사의 관원이 모든 정치를 관장해 교수의 직임을 가진 관원이 있고 호위의 직임을 가진 관원이 있어, 왕이 그들과 함께 시서를 공부하고 활쏘기와 말타기를 살필 뿐이오. 정사를 호령하는 일은 왕이 할 수 없고, 한결같이 조정에서 나오지요."

3월 19일, 양점역을 지났다

이날 맑았다. 일찍 출발해 피구포·고가봉포를 지나 오교현 지방에 도

37　명나라 때에는 몽골의 칭기즈칸 후예의 각부各部를 아울러 달단이라고 불렀다.

착했다. 또 나가구·고관창 등의 포와 관왕묘를 지나 제남부 지방 양점역에 이르렀다. 또 상원아·박피구포·낭가구포·곽가구포·구연와포를 지나 연와역에 도착했다. 또 연와체운소에 가서 정박했다.

3월 20일, 맑았다

새벽에 왕가구포를 지나 경주 지방의 임가구포에 도착했다. 또 동광현을 지났다. 동광현의 관청은 강 동쪽 언덕에 있었다. 또 유방구포·북하구포를 지나 남피현 지방에 도착했다. 북하천포를 지나 또 교하현 지방에 이르렀다. 조도만·박두진을 지나 신교에 도착했다. 또 진무묘·약왕묘·척가언·군둔을 지나 밤 2경에 설가와리 앞에 도착해 정박했다.

3월 21일, 창주를 지났다

이날 맑았다. 아침 일찍 삼진도·풍가구·양교구·전하남·전하남구 등의 포를 지나 전하역에 이르렀다. 또 왕가권구·나가권구·호피구·남관 등의 포와 장로순검사·염운사·체운소·종무과문을 지나 창주 발부창에 도착했다. 주성은 강의 동쪽 언덕에 가까이 있었다. 바로 한나라 때 발해군이다. 강가에 장대를 세워 놓았는데 꼭대기에 사람의 머리를 매달아 군중에게 보였다. 부영이 내게 말했다.

"저것이 바로 강도의 머리라오. 한나라 때 공수가 수레 한 대로 이 땅에 들어와 도적 무리를 평정하고 칼을 팔아 소를 샀다는 얘기가 있소. 이 지방 도적은 사람을 위협하고 죽이는 일이 많으니 옛날부터 그랬소."

또 연방·웅규·사간 등의 문을 지나 장로체운소 앞에 도착해 정박했다. 내가 부영에게 물었다.

"회하를 지난 후부터 병부·형부·이부 등의 각사 관선이 이어져 끊이지 않으니 왜 그렇소?"

"지금 천자께서 성스럽고 현명하셔서, 조정의 신하가 옛날처럼 했다가 혹 조금이라도 과실을 저지르면 모두 강등시키오. 물길 가운데 주석 패를 띠고 돌아가는 자들은 모두 폄직貶職돼 고향으로 돌아가는 조정의 신하들이오. 전날 소흥부에서 그대가 따라왔던 총병관 황종 역시 파직돼 돌아갔소."

"조정 신하 가운데 폄직이 된 사람이 많은데, 왜 환관 내시의 무리는 배척당하지 않고 득의양양하게 다니오?"

"환관 가운데 죽임을 당하거나 폄직된 자도 이루 셀 수가 없소. 지금 강에서 서울로 가는 자는 모두 선제께서 임명한 사람들이니, 돌아가면 역시 보전하기 어렵소. 전날 보았던 태감 나공·섭공이 모두 돌아가는 일이 늦었다고 폄직돼 봉어직奉御職[38]이 됐소."

"지금 천하가 다시 요순 같은 임금을 얻게 돼 팔원팔개八元八愷[39] 같은 신하를 들어 쓰고 사흉[40]을 축출하니, 조정이 엄숙하여 맑아지고 사해가 순조롭소. 그러니 경하해야 하지 않겠소?"

"그렇고말고요. 우리 황제께서 멀리하는 자는 소인과 환관이오. 날마다 경연經筵을 가까이 해 각로학사와 시서를 공부하고 정사를 논하는 데 힘

---

38 궁궐 안에서 여러 실무를 담당하는 직책.
39 옛날 고신씨의 여덟 명의 훌륭한 재자와 고양씨의 여덟 명의 훌륭한 재자를 가리킨다.
40 옛날 순임금에게 복종하지 않던 네 부족의 우두머리.

쓰기를 그치지 않으신다오. 올 3월 9일에 몸소 국자감에 납시어 공자께 석전제를 올리셨으니, 유도儒道를 높이고 중시하는 뜻 역시 지극하시오."

내가 놀리며 말했다.

"천자 역시 열국의 신하에게 절을 하시오?"

"공자는 만세의 스승이시니 어찌 신하의 예로 대하겠소? 다만 천자께서 석전釋奠을 올리실 때 찬례관이 '국궁배鞠躬拜[41]'라고 하면 천자께서 절하시려 하오. 그러면 옆에 있던 다른 찬례관이 '공자는 노나라 사구였습니다'라고 하면, 찬례관이 다시 '평신平身[42]'이라고 소리치오. 예로는 절을 해야 하나, 실제로 절을 한 것은 아니오. 이는 선대의 스승을 존숭하는 것과 천자를 존숭하는 예 두 가지가 어긋나지 않은 것이오."

"공자의 도는 천지보다 크고 일월보다 밝으며 사계절보다 믿음직스러우니, 천하 만대에 이르러도 끝이 없을 것이오. 경대부와 사서인이 그 도를 배워 자기 몸을 수양하고, 제후가 그 도를 배워 자기 나라를 다스리며, 천자가 그 도를 배워 천하를 평안히 다스리니, 천자부터 서인에 이르기까지 모두 선대의 성인과 스승의 예로 섬겨야 하오. 어찌 노나라 사구의 칭호를 들어, 절을 해야 하는데도 절을 하지 않소? 만약 사구라는 벼슬을 들어 공자를 일컫는다면 공자는 한 작은 나라의 배신陪臣인데, 어찌 천자의 존엄함을 굽혀 제사를 지내오?"

부영이 잠자코 있었다. 밤에 부영이 또 와서 내게 말했다.

"방금 서울에서 온 사람이 말하는데, '상서 한 명과 학사 한 명이 마주

---

41 "몸 굽혀 절하시오"라는 뜻이다.
42 "몸을 펴시오"라는 뜻이다.

서서 얘기하는데, 교위校尉가 천자께 아뢰니 천자께서 금의위에 내려 무슨 말을 했는지 심문하게 하셨다'고 하오. 학사는 내각에 있는 몸으로 지존께서 대소사를 모두 함께 의논하시는데, 이제 상서와 마주서서 얘기했으니 사사로운 청탁이 있었는가 걱정해 심문하게 한 것이오."

3월 22일, 흥제현을 지났다

이날 흐렸다. 새벽에 안도새구포·청수왕가구포를 지나 건령역에 도착했다. 흥제현의 관아가 역 뒤에 있다. 역 앞에 큰 집이 있는데, 진훤이 말했다.

"이것은 새 황후 장씨張氏의 개인 집이오. 새 황제께서 예전에 황태자였을 때 흠천감欽天監에서 '후성이 황하의 동남쪽을 비춘다'고 아뢰었소. 그러자 선제께서 황하 동남쪽의 양가 여자들을 가려 뽑아라 명하시어, 300여 명이 모두 서울에 모였소. 선제와 황태후께서 다시 뽑으니, 장씨가 선택돼 정후로 봉해졌소. 황후의 조부가 봉양부의 지부知府였고, 부친은 직임이 없어 예전에 국자감 유생이었으나 지금은 특별히 도독都督에 배수됐소."

좌위포·유항구포·삼성사·반고묘·고사강을 지나 노대구성에 도착했다. 성 북쪽은 청현의 관청과 접해 있으니, 모두 황하 서북쪽 언덕에 있다. 청현의 앞은 통진하·보정하·표타하 세 강이 만나는 곳이므로 삼차三叉라고 한다.

또 종루각·사직단·초범정·중주집을 지나 하간부 지방에 도착했다. 부성은 강 북쪽 7~8리쯤에 있었다. 유하역에 이르자 날이 이미 어둑어둑 저물었다. 유하포를 지나 밤 2경에 하관둔에 이르러 정박했다.

3월 23일, 정해현靜海縣을 지났다

이날 맑았다. 축시에 배를 출발해 조대포·남가구포·쌍당포를 지나 봉신역에 이르렀다. 역은 정해현의 관청 앞에 있다. 내가 부영에 말했다.

"수차의 제도를 배우고 싶소."

"그대는 어느 지방에서 수차를 보았소?"

"예전에 소흥부를 지나는데 어떤 사람이 호숫가에서 수차를 움직여 밭에 물을 대었소. 힘을 적게 들이고도 물을 많이 퍼 올려, 가뭄에 모내기할때 도움이 될 만했소."

"그 제도는 목공이 알지 나는 자세히 모르오."

"옛날 가우嘉祐[43] 연간에 고려의 신하 가운데 탁라도千羅島 (제주도) 사람이돛대가 꺾이고 부러져 표류하다 해안에 도착해서 소주의 곤산현에 이르렀소. 지현 한정언이 술과 음식을 대접하고 그의 낡은 돛대를 배 위에 세웠으나 움직이지 않는 것을 보고, 목공을 시켜 돛대를 고치고 도르래를 만들어 넘어진 것을 일으켜 세우는 법을 가르쳐 주었소. 그 사람이 기뻐 손을 맞잡고 굽신거렸다고 하오. 탁라는 지금의 제주도요. 내가 제주에 가다가 표류를 당해 여기에 왔으니, 역시 그와 일반이오. 그대 역시 한공의 마음을 삼아 내게 수차의 제도를 가르쳐 준다면, 나 역시 손을 맞잡고 기뻐할 것이오."

"수차는 오직 물을 긷는 데 쓸 뿐이라, 배울 만한 게 아니오."

"우리나라에 논이 많고 자주 가뭄이 드니, 이 제도를 배워 우리나라 백

---

43 송나라 인종仁宗의 연호(1056~1063).

《천공개물》에 실린 수차 그림

성들에게 가르쳐서 농사일에 보탬이 된다면 그대의 입술 한 번 움직인 수고가 우리나라 천만세 무궁한 이익이 될 것이오. 그 제도를 깊이 연구해 미진하면 수부에게 물어 내게 분명하게 가르쳐 주길 바라오."

"여기 북쪽 지방은 모래흙이 많아 논이 없소. 그래서 수차가 소용없소. 이 수부가 어찌 그 제도를 알겠소? 내가 우선 생각해 보겠소."

한 식경 사이 부영이 기계의 제도와 운용하는 방법을 대략 말해 주었기에, 내가 말했다.

"내가 본 것은 발로 움직이는 것인데, 이것은 손으로 움직이오. 그리고 그 형태와 제도가 약간 다르니, 어째서 그렇소?"

"그대가 본 것은 분명 도차蹈車였을 것이오. 그러나 이 제도만큼 편리하지는 못하니, 이것은 혼자서도 움직일 수가 있소."

"소나무로 만들 수 있소?"

"소나무는 가벼워 만들 수 없소. 그 틀의 위아래를 통하게 하는 것은 삼나무를 쓰고, 내부와 골격은 느릅나무를 쓰며, 판은 녹나무를 쓰오. 수레 내부는 죽편을 묶어 쓰시오. 앞뒤 네 기둥은 커야 하고, 가운데 기둥은 조금 작소. 수레바퀴의 복판 길이와 너비는 이와 같소. 만약 삼나무, 느릅나무, 녹나무 등의 목재를 구할 수 없다면 반드시 나뭇결이 단단하고 질긴 것을 쓰면 그런대로 될 것이오."

또 탁류순검사·사령포를 지나 무청현 지방에 도착했다. 양청체운소를 지나 인정을 칠 때 양청역에 도착했다. 지명이 모두 양류청이었다. 머물러 정박했다. 잠시 후 3경에 다시 배를 출발했다.

3월 24일, 천진위天津衛를 지났다

이날 흐렸다. 새벽에 직고성을 지났는데, 강 이름은 고수다. 천진위 성에 도착했다. 위하는 남쪽에서 북으로 흐르니, 내가 따라 내려온 강이다. 백하는 북쪽에서 남으로 흐르니, 내가 거슬러 올라온 강이다. 두 강이 성의 동쪽에서 합류해 바다로 들어간다. 성은 두 강이 만나는 곳에 있다. 바다는 성의 동쪽 10여 리 되는 곳에 있다.

옛날 양자강과 회수 이남 지방의 조운漕運이 모두 큰 바다를 건너 여기에서 다시 만나 서울(북경)에 이르렀다. 지금은 물길을 뚫어 갑문을 설치해 열고 닫아 배가 편리하게 천하로 통한다. 성안에 위사衛司와 좌위사·우위

천후궁

사가 있어 해운 등의 일을 나누어 다스린다.

성 동쪽에 커다란 사당이 강가에 있다. 편액에 글씨가 크게 쓰여 있어 내가 멀리서 바라보니 제일 위는 '천天' 자고 제일 아래는 '묘廟' 자였으나 가운데 한 글자는 무슨 글자인지 알 수 없었다.[44] 강을 거슬러 정자고·해구리·하동순경소·도화구·윤아만·포구아·하로미점을 지나 양촌역에 도착했다. 역의 서쪽에 또 순검사가 있었다.

3월 25일, 흐렸다

---

44 바닷길의 안녕을 비는 천비묘天妃廟일 것이다. 바닷길로 북경에 가던 시기의 수로조천록水路朝天錄에 이따금 천비묘가 보인다. 천후궁天后宮이라고도 한다.

아침 일찍 상로미점·백하리·남채촌·북채촌·왕가무·두구쌍천·몽촌·백묘아·하서순검사를 지나 하서역에 도착했다. 역과 체운소의 거리가 일고여덟 보였다. 부영이 내게 말했다.

"절강 삼사에서 그대들이 표류한 일을 아뢰었는데, 표문表文은 본래 4월 1일이 기한이었소. 내가 표문을 받들고 왔는데 기한에 미치지 못할까 걱정되니, 이 역에서 역마驛馬를 타고 먼저 서울에 가겠소. 나중에 병부 앞에서 마주칠 때에 읍례를 해 서로 아는 내색을 하면 안 되니, 새 천자의 법도가 엄숙하기 때문이오."

표해록

8권

3월 26일, 맑았다

큰바람이 불어 모래 먼지가 하늘에 가득 차서 눈을 뜰 수 없었다. 순풍
에 떠나 요아도구·하마두·납초청·천비묘·중마두·거영아·상마두·하
서무·사문루·섭청점·왕가파도구·노가오·반증구를 지나 소가림리 앞
강의 건너편 언덕에 도착했다. 우리 배 맞은편에 10여 명이 탄 지붕 달린
뗏목이 있었는데, 그 뗏목도 와서 정박했다. 도적들이 와서 위협하며 뗏목
을 빼앗자, 뗏목에 타고 있던 사람들 역시 강건한 사람들이어서 함께 치고
받았다. 진환이 말했다.

"도적들이 함부로 돌아다니며 이처럼 때리고 노략질하니, 그대들도 각
자 경계하라고 분부해 조심조심 밤을 지내소."

천진위 이북은 흰 모래가 넓게 펼쳐져 있어 끝이 없었다. 빈 들에 풀이
없고 오곡이 나지 않으며, 인가의 연기도 드물었다. 조조가 오환烏丸[1]을 정

---

[1] 북방 유목민족으로 동호족東胡族의 하나.

벌할 때 자기의 장수를 호타하에서 노사滿沙로 파견했는데[2] 노사가 바로 이곳이다.

3월 27일, 맑고 큰 바람이 불었다

동이 틀 때 화합역에 도착했다. 또 곽현을 지났는데, 현의 관청은 강 동쪽 언덕에 있다. 마두순검사·최씨원정이 그 가운데 있다. 여기에 이르자 모래언덕이 구릉처럼 높고 커졌다. 또 화소둔·공계점·이이사·장점아·대통관·혼하구·토교순검사를 지나 장가만에 도착했다. 여러 지방에서 오는 공물과 세미·조공선·상선들이 모이는 곳이다.

3월 28일, 북경 옥하관玉河館에 도착했다

이날 맑았다. 배를 버리고 나귀를 탔다. 동악묘·동관포를 지나 노하의 수마역에 도착했다. 일명 통진역이라고도 한다. 중문에 크게 '천하로 통하는 길(實宇通衢)'이라고 쓰여 있었다. 역의 서쪽에 체운소가 있고 서북쪽에는 통주의 옛 성이 있었다. 통로정이 성의 동남쪽에 있으며 동으로 백하를 안고 있다. 백하는 일명 백수하라고도 하는데 어떤 이는 동로라고도 한다.

우리는 걸어서 성의 동문으로 들어가 정표전공·상의문·대운중창문·진사문을 지나 옛 성의 서문으로 나왔다. 또 새 성 제일포·대운서창문·현

---

2   원상袁尚이라는 장수를 보냈다.

허관을 지나 새 성의 서문으로 나왔다. 성과 옛 성이 서로 붙어 있다.

통주는 진나라 때의 상곡군인데 지금은 순천부 관할이다. 주의 관청 남쪽에 통주위·좌위·우위·정변위·신무중위가 있다. 우리는 새 성 서문 밖에서 나귀를 타고 영제시·광혜시를 지나 숭문교에 도착했다. 숭문교는 북경 성문 밖에 있다.

양왕과 이관·당경·하빈·두옥 등이 우리를 인도해 황성 동남쪽 숭문문으로 들어가 회동관까지 갔다. 서울은 사방 오랑캐가 조공하는 곳이라 회동본관 외에 또 별관을 짓고 회동관이라 이른다. 우리가 머문 관사는 옥하의 남쪽에 있기 때문에 역시 옥하관이라 부른다.

3월 29일, 병부에 나아갔다

이날 맑았다. 양왕이 우리를 인도해 옥하관 문을 나섰다. 돌아보니 동쪽 거리에 다리가 있고 다리 양쪽에 문을 세워 두었는데 편액에 옥하교라고 쓰여 있었다. 걸어서 서쪽 거리를 통해 상림원감上林苑監[3]·남훈방포南薰坊鋪·태의원太醫院[4]·흠천감·홍려시鴻臚寺[5]·공부工部를 지나 병부에 도착했다. 상서 여자준余子俊이 한 청사에 앉아 있었고 하 좌시랑과 완 우시랑이 한 청사에 마주 앉아 있었으며, 낭중 두 사람과 주사관 네 사람이 한 청사에 연이어 앉아 있었다.

우리는 먼저 시랑을 알현하고, 그 다음에 상서를 알현한 뒤에 낭중과 주

---

3 궁궐에 필요한 가축과 채소, 과일, 꽃을 키우고 얼음을 보관하는 일을 맡아 하는 관청.
4 의약을 관장하는 관청.
5 빈객을 접대하는 일을 맡아 하던 관청.

사의 관청에 나아갔다. 낭중들은 내게 표류해 온 일에 대해 다시 묻지 않고, 뜰 가운데 있는 홰나무 그늘을 가리키며 절구를 짓게 했다. 또 바다를 건넌 것을 주제로 율시를 짓게 했다. 그리고 직방청리사職方淸吏司[6] 낭중 대호가 나를 청사 위로 이끌었다. 청사 벽에는 천하의 지도가 걸려 있어 내가 지나온 곳을 한눈에 알 수 있었다. 낭중들이 가리키며 내게 말했다.

"그대는 어느 곳에서 출발해 어느 곳에 정박했소?"

나는 손으로 배가 표류한 땅과 지나온 바다, 정박했던 바닷가를 가리켰다. 해로가 바로 유구국의 북쪽을 지났다. 대 낭중이 말했다.

"그대는 유구 땅을 보았소?"

"나는 백해 가운데로 표류해 들어가 서북풍을 맞아 남쪽으로 내려왔소. 멀리 아무것도 없는 가운데 산의 모양과 인가의 연기가 있는 것을 보았소. 아마도 유구 지역이었던 것 같지만, 정확히 모르겠소."

"그대가 데려온 사람 중에 죽은 자가 있소?"

"우리 43명은 황제의 은혜를 입어 바다에서 모두 목숨을 보존해 왔소."

"그대 나라는 상을 치를 때 주 문공의 《가례》를 쓰오?"

"우리나라 사람은 자식을 낳으면 먼저 《소학》과 《가례》를 가르치고, 과거시험에서도 정통한 사람을 뽑으며, 상을 치를 때나 집에서 지낼 때나 한결같이 《가례》를 따르오."

"그대 나라 왕은 글을 좋아하오?"

"우리 왕께서는 하루에 네 번 유신儒臣을 만나시고, 배우기를 좋아하시어 싫증을 내지 않으시며, 남에게서 취하기를 좋아하시오."

6 　공훈과 상벌 및 관금關禁과 해금海禁에 관한 일을 맡아 하는 병부 내부의 기관.

사람들이 묻기를 마치자 내게 떡과 차를 대접했다. 당경이 우리를 인도해 옥하관으로 돌아왔다. 저녁에 우리말을 제법 알고 있는 하왕이라는 사람이 와서 내게 말했다.

"그대 나라의 하책봉사賀冊封使 재상 안처량安處良 등 24인이 이 관사에 와서 40여 일을 묵었다가 올 3월 22일 돌아갔습니다."

나는 만나지 못한 것을 한탄했다. 하왕이 말했다.

"그대 역시 돌아갈 텐데 무얼 그리 심하게 한탄하시오?"

"타향에서 초췌한 채 사방을 돌아보아도 가까운 사람이 없었으니, 본국 사람을 만나면 부형을 만난 것 같을 것입니다. 아버지께서 돌아가시어 어머니께서 상중이고 아우는 어려 경험이 없는 데다 집은 가난해 아침저녁을 잇지도 못하는 판인데, 나는 바다에서 표류당해 죽었는지 살았는지 집에서는 알지 못하고 하늘까지 치솟는 파도와 끝없는 창해에 휩쓸려 분명 배가 부서져 물고기 뱃속에 장사 지낸 줄로만 여길 것입니다. 가난한 집에 상이 중첩되니, 늙은 어미와 어린 아우의 고통이 어떠하겠습니까? 내가 만약 안 영공의 행렬을 만나 함께 고향으로 돌아갈 수 있었다면 길 가는 동안의 근심을 면할 수 있었을 것이고, 함께 돌아가지 못해도 그가 먼저 귀국해 내 소식을 잘 전한다면 어머니와 아우의 고통을 조금 덜 수 있었을 것이오. 하늘이 나를 불쌍히 여기지 않으시어 겨우 7일 간격으로 본국 사신을 만날 수 없었으니, 어찌 스스로 통한해 하지 않겠소?"

4월 1일, 맑았다

아침에 홍려시 주부 이상이 와서 내게 말했다.

"오늘 병부에서 그대 일을 가지고 들어가 아뢸 것이니, 그대는 마음을 편히 가지시오. 표류한 일은 예부에 보고해야 하는데 절강 삼사가 곧바로 병부에 보고하고 예부에는 보고하지 않았소. 그래서 예부에서 그들에게 죄를 주라고 아뢰고, 병부에서도 지휘 양왕에게 장 20대를 쳤소."

그리고 말했다.

"그대 나라 사은사謝恩使가 10일 뒤에 반드시 여기에 도착할 테니, 그대는 기다렸다가 함께 돌아가도 되오."

내가 말했다.

"나는 초상에 가야 하기 때문에 타향에서 하루 머무는 것이 3년 보내는 것 같소. 그대는 내가 빨리 돌아갈 수 있도록 도와주시오."

이상이 말없이 고개를 끄덕였다. 절강부터 일 처리 잘하는 사람을 만나지 못했는데 여기에서 이 사람을 만나게 된 것이다.

4월 2일, 흐렸다

회동관 부사 이서가 와서 우리에게 말했다.

"그대 43인은 본국에서 파견한 진공하는 사람에 속하지 않아 하루에 한 사람 당 묵은쌀 한 되가 지급될 뿐, 소금과 반찬은 없소."

나는 걸어서 관사 문 밖으로 나가다가 마침 부영을 만나 옥하교 옆에서 얘기했다. 내가 물었다.

"내가 지나온 곳 중에 절강에 통주通州[7]가 있었는데, 북경에도 통주가

---

7   절강성의 통주는 19세기 말에 남통南通, 즉 남쪽의 통주라는 이름으로 바꿨다.

있었소. 서주부에 청하현清河縣이 있는데 광평부에도 청하현이 있었소. 하나의 해내海內에 이름이 같은 주현州縣이 있는 것은 무슨 까닭이오?"

"이름이 우연히 같아도 주관하는 포정사布政司는 다르니 실제로 문제될 것이 없소."

4월 3일, 흐렸다

저녁에 천둥번개가 치고 우박이 내렸다. 이상이 와서 말했다.

"나는 사실 그대 나라 조선어 역관인데, 하루 이틀 전 병부와 궁내에 일이 있었소. 그래서 예부에 들어가 그대들의 일을 아뢰지 못했소. 오늘 만약 또 아뢰지 못하면 내일은 꼭 들어가 아뢰겠소."

내가 대답했다.

"천하에 불쌍한 사람 가운데 나만 한 사람이 없을 것이오. 아버지는 이미 돌아가시고 어머니도 늙으셨는데, 아우는 어리고 약하며 집은 가난하오. 상을 치르는 데 필요한 것이 모두 빠진 듯하오. 나까지 표류해 아직 살았는지 죽었는지 알리지 못했으니, 어머니와 아우가 내가 성천자聖天子의 넓은 은혜를 입어 살아서 대국에 왔는지 어떻게 알겠소? 분명 내 상도 함께 치르며 비통함이 하늘까지 닿았을 것이오. 족하께서는 예부에 알려 나를 여기에 오래 머물게 하지 말아 주시오."

"그대가 살아온 일은 그대 나라 재상 안처량이 이미 잘 알고 돌아갔소."

"안 재상께서 어떻게 알았소?"

"절강 진수가 파견한 지휘 양로가 그대 일을 가지고 육로를 통해 밤낮으로 보고하러 달려와 3월 12일에 도착했소. 양로가 아뢰는 글을 안공이 베껴 써서 떠났소. 그대 집에서는 4월과 5월 사이에 그대가 바다에서 죽지 않았음을 반드시 알게 될 것이니 근심할 필요 없소. 다만 그대 마음이 매우 간절하니 정말 불쌍하오. 내가 병부와 예부에 알려야 하겠소."

4월 4일, 맑았다

하왕이 나를 자기 집에 데리고 가서 음식을 대접했다. 내가 감사하자 하왕이 말했다.

"멀리 표류해 와서 사정이 안돼 보여 대접한 것이니, 감사할 필요 없소."

4월 5일, 흐렸다

양왕이 와서 내게 말했다.

"아뢰는 글이 3일 이미 예부에 내려졌소."

4월 6일, 맑았다

유구국 사람 진선陳善과 채새蔡賽 등이 떡과 음식을 담아 가지고 와서 나와 종자들을 대접했다. 내가 그 은혜에 감동했으나 보답할 길이 없어, 즉시 양식 다섯 되를 덜어 주었으나 손을 흔들며 거절했다.

이때 유구 사신 정의대부正義大夫 정붕程鵬 등 25명이 조공하러 와서 뒤 관사에 머물고 있었다. 진선과 채새는 모두 그의 종자들이었다. 예부에서 실무를 담당하는 서리 왕민王敏을 보내 양왕을 불렀다. 내가 무슨 일이냐고 묻자 왕민이 말했다.

"그대들에 관해 올린 주본奏本의 초본抄本이 나와서 부른 것이오."

4월 7일, 비가 내렸다

예부의 서리 정춘·이종주 등이 병부에서 예부로 보낸 자문咨文을 가지고 와 내게 보여 주었다. 그 글에 '절강 삼사의 보고에 의하면…'이라고 돼 있는데, 그 끝에 다음과 같이 쓰여 있었다.

최부에 관한 안건은 절강포정사가 파견한 위임관인 지휘첨사 양왕을 시켜 호송케 하고, 연도沿途의 위소衛所에도 공문을 보내어 적절히 차출한 관군이 서울까지 호송토록 한 일 외에 하나하나 적어 제본題本[8]을 갖추어 올렸습니다. 본부관本部官[9]이 공경히 성지聖旨를 받들었는데 '해당 부에서 알아서 하라'는 내용이었습니다. 삼가 이를 받들겠습니다. 초본을 직방청리사에 보내고 기다리는 동안 다시 본부의 명을 받고 절강포정사의 비문批文에 의해 파견된 지휘 양왕이 전항에 기술한 이인夷人을 호송해 왔습니다. 성화 6년(1470) 11월 중에 해당 절강진수浙江鎭守 등의 관원이 아뢰고, 송치해 온 풍랑을 만난 조선인 김배회金盃廻 등 일곱 명을 본부에서 상주해 허락을 받고, 추위를 막을 옷과 짐 옮길 사람과 음식을 지급해 본국으로 돌려보낸 일이 있었습니다.[10] 지금 올라온 안

---

8 동급 기관끼리 주고받는 공문서.
9 이 자문에서는 병부의 책임자인 병부상서를 가리킨다.
10 《성종실록》 2년(1471) 1월 7일 기사에 한치의韓致義가 예부에서 가져온 자문咨文이 실려 있는데, 이 내용이다.

건을 본부에 도착해 살펴보니, 풍랑을 만난 조선인 최부 등 43명이 비록 해양의 초군에게 사로잡힌 이인夷人이기는 하지만 이미 해당 절강진수·순안巡按·삼사 등의 관원이 모여 조사한 결과 별달리 간악한 사유가 없음을 확인했습니다. 하물며 각 이인夷人이 풍파에 표류해 의복과 양식이 결핍돼 있는 만큼, 조정에서 먼 나라 사람을 회유하는 대의大義로 헤아려 보더라도 마땅히 넉넉하게 구휼해야 하니, 예부에 이문을 보내어 갈아입을 옷을 적절히 지급해 주어야 할 듯합니다. 본부는 응당 관인官人 최부에게 참마站馬[11]와 급료를 지급하고, 나머지 사람에게는 짐 옮길 사람과 식량을 지급해 주며, 전 구간에 걸쳐 수레를 주어 짐을 싣게 하고, 해당 부府에 이첩해 관원 한 사람을 차출해 호송토록 하며, 연도에 있는 군위에서는 군부軍夫를 적절히 차출해서 호송토록 하겠습니다. 요동에 이르면 진수와 순안 등 관원의 지시에 따라 별도로 통사通事 인원을 차출해 조선 국경까지 호송해 그들 스스로 돌아가도록 해야겠지만, 풍랑 만난 이인夷人을 귀국시키는 일이고, 또 삼가 '해당 부에서 알아서 하라'는 성지의 사리를 받들어 감히 마음대로 할 수 없는 일입니다. 그리해 홍치 원년(1488) 4월 1일 태자태보太子太保 본부상서 여余 등이 제본을 갖추어 올렸고, 다음 날 성지를 받았는데, '옳다'는 내용이었으니, 삼가 이를 받들어야 할 것입니다. 응당 그대로 실행하는 외에, 자문을 보내니 번거로워도 본부에서 상주해 받은 성지의 사리에 따라 삼가 그대로 시행하기를 바랍니다. 자문을 보냄.

내가 효자를 시켜 쌀을 가져다 술로 바꾸어 정춘 등에게 대접하자, 정춘이 내게 말했다.

---

11 역참에 비치된 말이니, 우리나라의 역마같이 관원이 출장할 때에 사용했다.

"우리 두 사람이 체면을 무릅쓰고 와서 약간의 선물을 달라는 것은 동전이나 토산품 베나 다른 여러 가지 산물을 가져다 쓰려는 것이지, 한 번 술에 취하자는 생각이 아니오."

"내가 표류를 당해 사지를 보전하지 못하다가 겨우 살게 됐으니, 어찌 몸뚱이 말고 다른 물건이 있겠소? 그대는 우리 짐을 살펴보고 하나라도 있으면 가지고 가시오."

천천히 그의 의중을 살피니 내가 입은 옷에 생각이 있는 듯했다. 나는 이정을 시켜 쌀을 덜어 돈 10문과 바꾸어서 그들에게 주었다. 이종주는 받지 않고 내 앞에 내던졌고, 정춘과 함께 몹시 성이 나서 가 버렸다. 밤에 내가 안의와 이효지 등에게 말했다.

"송나라 때 너희 제주 사람이 표류하다 소주 경계에 이르렀는데, 그 배에 연밥처럼 큰 삼씨가 있었다. 소주 사람이 얻어다 심었더니, 몇 년 뒤에는 점점 작아져 보통 삼씨와 같아졌다. 지금 너희 제주에 삼씨라는 것이 있느냐?"

안의가 말했다.

"그것은 옛날 일입니다. 지금은 보통 삼씨도 귀해서 모든 관청노비가 공물을 바칠 때 다들 갈추포葛麤布를 들이니, 나라에는 소용없고 백성들에게 해만 됩니다. 만약 토산품으로 공물을 바친다면 해산물을 바치는 것이 편할 것입니다."

4월 8일, 흐렸다

국자감생國子監生 양여림楊汝霖·왕연王演·진도陳道 등이 흑 두건을 쓰고 푸른 옷깃의 단령 차림으로 와서 말했다.

"그대 나라 학도들도 이런 옷을 입소?"

"학동들은 비록 궁벽한 마을이나 골목에 사는 자라도 모두 입지요."

"그대 나라에도 경서만 전공하는 사람이 있소?"

"우리나라 과거는 경서에 정통한 사람을 뽑기 때문에 학도들이 사서오경을 정밀하게 연구하오. 한 가지 경서만 전적으로 공부한 자는 유학자의 반열에 들지 못하오."

4월 9일, 옥하관에 머물렀다

이날 맑았다. 장원張元·장개張凱 형제의 집이 옥하관 앞에 문을 마주하고 있었는데, 함께 왔기에 맞아들여 얘기했다.

4월 10일, 옥하관에 머물렀다

이날 맑았다. 이서가 내게 말했다.

"그대들이 귀국할 거마와 관문關文이 왔으니, 그대는 여기에 오래 머물지 않을 것이오."

4월 11일, 옥하관에 머물렀다

이날 흐렸다. 이상이 와서 내게 말했다.

"그대 나라 사은사가 어째서 지금까지 오지 않소?"

내가 말했다.

"길이 머니 그들이 가고 멈추는 속도를 내가 알 수 없소. 내가 여기에 온 것은 국가의 일과는 관련이 없으나 특별히 대국의 깊은 은혜를 입어 본국에 살아 돌아가게 됐으니, 하늘을 우러러 감사할 뿐이오. 그러나 떠도는 처지로 객지에 머물며 시간이 늦어지고 있으니, 운구와 여막에서 곡을 하려는 내 마음을 온전히 이룰 수 없어 통곡할 뿐이오."

이상이 말했다.

"내 이미 그대 말을 상세하게 예부에 설명했소. 예부에서 이미 들어가 아뢰었으니 가까운 시일에 회답이 올 것이오. 염려하지 마오."

또 성명이라는 사람이 우리나라 말에 밝아 내게 말했다.

"내 조상은 대대로 요동 동팔참 땅에 사시면서 의주에 왕래했소. 나 역시 고려인이오. 내 나이 열셋에 아버지께서 돌아가시고, 어머니를 따라 살았소. 31년 동안을 돌이켜 따져 보면 나와 어머니 모두 올량합兀良哈에게 잡혀 달단국에 갔다가 마침내 살아 돌아와 여기에 살고 있소. 그대 나라의 사신이 오면 내가 만나지 않은 적이 없소."

그가 가지고 있는 돈을 술로 바꾸어 나와 종자들을 위로했다. 또 내게 말했다.

"그대를 따라온 사람 가운데 죽은 이가 없다고 들었소."

"그렇소."

"그렇다면 다행이 아니오? 사람이 많고 날이 오래되면 평소처럼 아무 일 없이 지내도 앓거나 죽는 사람이 있는데, 더욱이 사나운 바람을 만나 대해를 건넜는데도 죽은 사람이 하나 없으니 천고에 드문 일이오. 분명히 당신이 평소 예전에 선을 쌓아서 그리된 것으로 생각하오."

"이는 황제의 은혜를 입었기 때문이오. 만물이 각기 제자리를 얻었기 때문에 우리도 역시 다행히 이 목숨을 보존할 수 있었던 게지요."

4월 12일, 옥하관에 머물렀다

이날 아침 비가 왔고 정오에 흐렸다. 이해인이라는 사람이 역시 우리나라 말을 알고 있었는데, 와서 내게 말했다.

"나는 사신을 따라 당신네 나라를 이미 여섯 번 다녀왔소. 재상 서거정께서는 아직도 무고하신지요?"

4월 13일, 옥하관에 머물렀다

이날 흐렸다. 장기는 장원의 막내 동생으로 형보다 총명하고 지혜로웠는데, "적막한 여관에서 무엇으로 소일하시오?"라고 말하면서 초醋 와 장醬 을 가져다주었다.

4월 14일, 옥하관에 머물렀다

이날 맑았다. 손금이라는 사람이 내게 말했다.

"이렇게 여름날이 길어 지내기 어려우니 너무 불쌍하오."

그가 내게 쌀 한 되, 채소 한 쟁반, 소금·간장·식초 각각 한 그릇을 주었다. 내가 정보에게 가서 감사하게 했더니, 손금이 말했다.

"그대들이 공자께서 진나라에서 식량이 떨어져 곤란을 겪으셨을 때처럼 한탄스러운 처지에 있으니, 이는 오로지 회동관 관원이 창고에서 더 많이 가져오지 않기 때문이오. 황제께서 어찌 이 같은 줄을 아시겠소?"

4월 15일, 옥하관에 머물렀다

이날 맑았다. 예부에서 관리가 와서 내 직함과 성명, 데리고 온 사람의 성명을 물어보더니, 써 가지고 갔다. 왜 그런지 모르겠다.

4월 16일, 옥하관에 머물렀다

이날 맑았다. 금의위 후소後所의 반검사班劍司 교위校尉 손웅孫雄이 왔기에 내가 말했다.

"빈 객관에 머물며 하는 일 없이 지체한 지 이미 열흘에서 보름이 돼 가오. 며칠 뒤에나 우리나라로 돌아갈는지 모르겠소."

손웅이 말했다.

"예부에서 아뢰고 상 내려 주실 것에 대해 논한 뒤에야 돌아갈 수 있을 것이오."

"우리가 여기에 온 것은 국가의 일 때문이 아니오. 구사일생으로 겨우 목숨을 구해 돌아가는 것뿐이오. 지금 넘어가던 숨이 이미 씩씩해졌고, 메말랐던 내장이 기름졌으며, 다쳤던 발도 완치됐고, 여위었던 뼈가 실해졌소. 모두 황상이 먼 지방 사람을 품어 주고 어루만져 주신 은혜가 중대했기 때문이오. 실오라기 하나 대국에 보탬이 없이 이런 중대한 은혜를 입었으니 내 몸을 둘 곳이 없소. 또 무슨 상을 내리실 일을 했다는 것이오? 내가 원하는 것은 고향으로 빨리 돌아가서 어머니를 뵙고 아버지를 장사지내, 내 효를 마치는 것이오. 이 자식 된 사람의 간절한 마음을 예부가 어찌 알 수 있겠소?"

"예부가 근래 일이 있었기 때문에 그대 일이 늦어졌소. 내가 상세하게 그대의 마음을 상서께 아뢴 후, 또 그대를 만나러 오겠소."

4월 17일, 옥하관에 머물렀다

이날 부슬비가 내렸다. 유구 사람 진선·채새·왕충 등이 와서 귀국한다고 알리며, 접는 부채 두 자루와 방석 두 장을 내게 주고 말했다.

"물건이 너무 변변치 않으나 실로 마음이 깃든 것이오."

"내가 그대를 만나 알게 된 것은 마음에 있지 물건에 있지 않소."

진선이 말했다.

"우리 나라 왕께서 20년 전 내 아버지를 귀국에 보냈다가 돌아왔소. 사람들에게 아낌받았던 것을 크게 여기며 항상 은정을 생각했었는데, 내가 또 대인과 잘 지냈으니 다행이 아니오?"

4월 18일, 예부에 나아갔다

이날 흐렸다. 사무를 주관하는 서리 왕환王瑍이 패자牌子(통지서)를 가지고 와서 나를 불렀다. 그 패에 '조선에서 바다에 표류해 온 관원 최부를 불러 빨리 관사官司로 가게 하라. 어기지 말라'고 쓰여 있었다. 내가 왕환을 따라 남훈포를 지나 문덕방에 갔다. 성의 정양문正陽門 안에 대명문大明門이 있는데, 문 왼쪽이 문덕방, 오른쪽이 무공방이다. 정양문은 3층, 대명문은 2층이다. 예부에 이르니 주객사主客司 낭중 이괴, 주사 김복·왕운봉 등이 상서尙書 주홍모와 좌시랑 예○, 우시랑 장○[12]의 명을 받들어 내게 말했다.

"내일 일찍 인도해 조정에 들어가면 상으로 의복을 지급할 것이니 예복으로 바꿔 입고, 일이 끝나면 곧 떠나 돌아가시오."

내가 대답했다.

"내가 바다에 표류할 때 풍랑을 이기지 못해 짐이 다 흩어져 버렸소. 겨우 이 상복을 지켜왔으니, 다른 예복이 없소. 그리고 내가 상을 당했는데 예복을 입는 것이 예에 맞지 않을까 걱정이오. 또 상복을 입고 조정에 들어가는 것은 의리상 불가하오. 청컨대 대인은 예제를 짐작해 다시 보이는 것이 어떠하오?"

이 낭중이 내 말을 가지고 오랫동안 일일이 상의하고 아전 정춘을 시켜 내게 말했다.

"내일 아침 상을 받을 때 예를 행하는 절차가 없으니, 그대의 종자에게 대신 받게 해도 좋소. 내일 모레 사은할 때는 그대가 직접 황제께 절해야 하니 불참하면 안 되오."

나는 옥하관으로 돌아갔다. 손금이 또 조 두 되와 절인 오이 한 그릇을 가지고 와 주었다. 어떤 사람이 양떼를 몰아 옥하관 문 앞을 지나는데, 그 중 양 한 마리는 뿔이 네 개였고 두 마리는 털이 땅까지 늘어져 있었다.

---

12   원문에는 없지만, 박원호 국역본에 좌시랑 예악倪岳, 우시랑 장열張悅로 밝혀냈다.

4월 19일, 내리는 상을 받았다

이날 흐렸다. 예부 서리 정춘·왕민·왕환 등이 와서 내 수하인 정보 등 40여 인을 데리고 돌아갔다. 나 홀로 객관에 남았다. 정보 등이 궐 안에 들어가 내리는 상을 받아 왔다. 내가 받은 것은 흰 모시옷 한 벌, 속이 붉은 비단인 단령 하나, 흑록색 비단 겹옷 하나, 푸른 비단 겉옷 하나, 가죽신 한 켤레, 털버선 한 켤레, 녹색 명주 두 필이었다. 정보 이하 42인에게는 반오 胖襖[13] 한 벌, 비단 바지 한 벌, 가죽 장화 한 켤레씩이었다. 이상이 돈을 받아 시장 옆에서 글씨 써 주는 자에게 주고 다음과 같이 써서 홍려시에 보고했다.

"조선국인 최부 등이 상을 받았습니다. 바다에 표류해 절강에 닿았다가 풀려나 서울에 호송됐고, 지금 황제의 상으로 의복·반오·가죽신 등의 물건을 받았으니, 마땅히 홍려시에 나아가 보고하고, 4월 20일 아침에 사은하겠습니다."

이상이 정보에게 말했다.

"그대의 상관에게 알려서, 내일 아침에 길복 차림으로 와서 황제의 은혜에 사례하도록 하시오."

서반序班[14] 서 아무개라는 사람이 와서 정보 등이 관대를 갖추었나 점검하고, 사은숙배謝恩肅拜하는 절차 의례를 가르쳤다. 서 아무개가 통역이라고는 하지만 우리말을 잘 몰랐다. 내가 정보에게 문 지키는 사람 하나와

---

13 명나라 때 구변九邊의 장사將士와 금의위의 병사가 입었던 겨울용 저고리.
14 홍려시에 속한 종9품 관직.

222

이상의 집을 찾아가서 다음과 같은 내 뜻을 알리게 했다.

"부친상을 다 치르지 못하고 있는데, 만약 화려한 성장을 하면 효를 그르치는 것이 되오. 나 역시 사람의 아들이니 어찌 가볍게 상복을 벗어 효를 그르쳤다는 이름을 듣겠소?"

이상이 말했다.

"오늘 나와 예부상서 대인이 이미 의논했소. 이런 때는 부친상은 가볍고 천자의 은혜가 무거우니, 사은숙배하는 예절을 그만둘 수 없소. 밤 4경 때 동쪽 장안문 밖에 모두 하사하신 의복을 입고 오시오. 어기지 마시오."

저녁에 달단 대령위大寧衛의 남녀 15인이 제 나라에서 도망 와 서회동관에 묵었다.

4월 20일, 황궁에서 사은했다

이날 흐렸다. 축시에 이상이 자기 집에서 와서 내게 일렀다.

"그대가 지금 관복을 갖춰 입고 조정에 들어가 사은하는 일을 늦추면 안 되오."

내가 머리 위의 상관喪冠을 가리키며 말했다.

"초상을 당해 이런 비단옷을 입고 사모를 쓰면 마음이 편하겠소?"

"그대가 상중에 있으니 그대 아버지가 중요하겠지만, 지금 여기에서는 황제가 계심을 알 뿐이오. 황제께서 은혜를 베푸셨는데 가서 사은하지 않으면 신하의 예를 크게 잃는 것이오. 그러므로 우리 중국의 예의 제도에는 재상이 상을 당해 황제께서 사람을 보내 부의를 하시면, 아무리 초상이더라도 반드시 예복을 갖추어 입고 입궐해 사은숙배한 연후에 상복을 다시 입소. 황제의 은혜는 사은하지 않을 수 없고, 사은하면 반드시 궐내에 서 해야 하고, 궐내에서는 최마衰麻복을 입고 들어가서는 안 되기 때문이 오. 이는 형수가 물에 빠지면 손을 잡고 건지는 권도와 같은 것이오. 그대 가 지금 예복을 입는 것은 형편이 그러한 것이오."

"어제 상을 받을 때 내가 직접 받지 않았소. 지금 사은할 때 역시 종리 이하를 보내 절하게 하면 어떻겠소?"

"상을 받을 때는 절하는 절차가 없어 대신 받아도 괜찮았지만, 지금은 예부와 홍려시에서 의장을 갖추어 그대가 사은한다는 일을 이미 들어가 아뢰며 '조선인 관원 최부' 운운할 거요. 그대가 그대 무리의 우두머리인 데 편안히 물러나 앉아 있어서야 되겠소?"

나는 어쩔 수 없이 정보 등을 데리고 이상을 따라 장안문까지 걸어갔으 나, 차마 예복을 입지 못했다. 이상이 직접 내 관을 벗기고 사모를 씌우며 말했다.

"국가에 일이 있으면 상기가 끝나지 않아도 기용하는 제도가 있소. 그 대는 이제 이 문부터 예복을 입고 들어가 사례를 행하고, 끝나면 다시 이 문을 나설 때 상복으로 갈아입으시오. 잠깐일 뿐이니 권도 없이 한 가지만 고집하지 마시오."

이때 황성 밖 문이 이미 열리고 상참常參[15]하는 조정 관원들이 물고기 떼 가 줄지어 가듯 들어갔다. 나는 형편에 밀려 예복을 입고 입궐했다. 층문 하나와 2층 대문 두 개를 지나 들어가니 또 2층 대문이 있었다. 바로 오문 午門(자금성 정문)이었다. 군위가 엄정하고 등촉이 휘황했다. 이상이 중정에

---

15   신하들이 날마다 전전前殿에서 임금을 알현하는 일.

오문

나를 앉혔다. 잠시 후 오문 왼쪽에서 북을 다 치자 오문의 오른쪽에서 종을 치고, 끝나자 세 개의 홍문이 훤하게 열렸다. 문마다 두 마리의 큰 코끼리가 지켰는데, 그 모습이 매우 특이하고 컸다.

날이 밝을 무렵 조정 관원이 차례로 문 앞에 늘어섰다. 이상이 나를 인도해 조정 관원의 반열에 끼워 넣었다. 또 정보 등으로 따로 하나의 대열을 만들어 국자감 생원의 뒤에 차례를 세웠다. 다섯 번 절하고 머리를 세 번 조아린 후 단문으로 나와 또 승천문承天門을 나왔다. 승천문은 대명문안에 있다. 그리고 동쪽 장안문의 좌문으로 나와 다시 상복을 입었다. 장안가를 지나 옥하관으로 돌아왔다. 이효지·허상리·권산 등이 모두 상으로 받은 옷을 입고 알현하러 와서 내게 말했다.

"전에 정의 사람이 현감 이섬을 따라 역시 표류해 여기까지 왔지만 황제께서 상을 내리는 은혜는 베풀지 않으셨습니다. 지금 우리가 행렬을 따라 다시 왔는데 특별히 이런 생각지 못한 상을 받고 황제 앞에서 절을 했으니 행운이 아니겠습니까?"

내가 말했다.

"어찌 우연이겠느냐? 상이라는 것은 공이 있는 사람에게 주는 것이다. 너희가 대국에 무슨 공이 있느냐? 표류해 죽을 뻔하다가 다시 살아나 본국으로 살아 돌아가는 것은 황제의 은혜가 역시 이미 지극한 것이다. 게다가 비천한 너희가 황궁까지 들어가 이런 상을 받았으니 너희가 알겠느냐? 황제께서 우리를 어루만져 상을 주신 것은 모두 우리 임금께서 하늘을 외경하고 대국을 섬은 은덕 때문이지 너희가 이룬 것이 아니니라. 너희는 우리 임금의 은덕을 잊지 말고 황제께서 내리신 것을 소홀히 하지 마라. 망가뜨리거나 잃어버리지도 말고, 팔아서 남의 소유로 만들지도 마라. 너희 자손 대대로 지키게 해 영구히 보물로 보관하라."

4월 21일, 옥하관에 머물렀다

이날 흐렸다. 백호百戶 장술조張述祖가 와서 말했다.

"나는 좌군도독부 총병 나으리가 임명하시어 그대들을 요동으로 호송할 사람이오. 병부와 회동관의 공문이 이미 모두 나왔으니, 그대들은 2~3일 사이 출발할 것이오."

소매에서 차출된 차부箚付를 꺼내 보여 주었는데, 그 글에 다음과 같이 쓰여 있었다.[16]

"좌군도독부의 해양 상황에 관한 일 때문에 경력사經歷司에서 올린 정문呈

---

16 4월 7일 일기에 병부에서 예부로 보낸 자문이 실려 있는데, 같은 내용이 실행 단계에 이른 것이다.

文의 병부兵部 직방청리사의 수본手本에 이렇게 쓰여 있었다.

'본부(병부상서)의 명을 받들어 본부의 제본題本을 함께 발송하고, 본 직방청리사가 올려 보낸 정문을 본부의 명을 받아 내부로 발송하고, 진수절강사설감태감鎭守浙江司設監太監 장경이 보낸 안건에 대한 제본의 초본抄本을 작성해, 해당 도독부에 이첩해 관원 한 사람을 차출해 호송토록 하고, 연도의 군위에서는 군사를 적절히 차출해 호위하되, 요동에 이르러 진수·순안 등 관원의 지시를 받아 통사 인원을 따로 차출해 조선의 경계까지 보내 주어 그들 스스로 돌아가게 해야 합니다. 풍랑을 만난 외이外夷를 돌려보내는 일이고, 또 '해당 부에서 알아서 하라'는 성지의 사리를 삼가 받들어 감히 마음대로 할 수 없는 일이기에, 홍치 원년(1488) 4월 1일 태자태보 본부상서 여자준 등이 제본을 갖추어 올렸고, 다음날 성지를 받았는데, '옳다'는 내용이었으니, 삼가 이대로 따라 응당 그대로 시행해야 할 것입니다.

이외에 해당 도독부의 경력사는 그 부에 정문을 올려 본부에서 상주해 받은 성지의 사리에 비추어 삼가 적절한 관원 한 명을 파견해 호송토록 하고, 이어 진수요동태감鎭守遼東太監 위낭韋朗과 총병관 구겸緱謙 및 연도의 군위 아문衙門에 이첩해 그대로 준수해 시행토록 하시기 바랍니다.'

함께 발송한 문서가 본 경력사에 도달해 수본手本을 보낸다는 내용이다.

좌군도독부 경력사에서 본 도독부에 정문을 올려 문서 내용에 의거해 시행하라는 수본과 안정案呈이 본 도독부에 도달했으니, 응당 그대로 시행해야 할 것이다. 사유서를 갖춘 관련 인원을 자문과 함께 보내는 한편, 차부를 주어 본직本職[17]으로 하여금 바로 이인夷人 최부 등을 성심껏 호송해 요동진수와 총병

---

17 좌군도독부 총병에게 임명받아 요동까지 최부 일행을 호송하게 된 백호百戶 성용소城勇所를 가리킨다.

관 구겸에게 데리고 가 인계하고, 따로 통사 인원을 차출해 가는 사람들과 동행시켜 소홀히 지연돼 불편한 일이 생기지 않도록 해야 할 것이다. 차부를 보냄."

4월 22일, 옥하관에 머물렀다

이날 맑았다. 나는 이달 5일부터 두통을 앓아 17일에 나았다. 이날이 되자 갑자기 심통이 생겨 가슴이 답답했다. 손발이 편치 않고 냉기가 온몸을 돌아 숨이 인후 사이에서 위급했다. 정보·김중·손효자·고이복 등이 빌어도 효험이 없었다. 데리고 온 사람들이 어찌할 바를 몰랐다. 이정과 막쇠는 옆에서 흐느껴 울었다. 이름을 알 수 없는 어떤 사람이 병 치료에 밝아, 내가 위태로운 것을 보고 대침을 써 내 열 손가락 끝에 침을 놓자 검은 피가 솟구쳤다. 그가 "위험하구나, 위험해!"라고 말했다. 김중과 정보가 예부 주객사에 달려가 아뢰었다. 회동관의 보고가 또 이르자 예부에서 즉시 태의원사太醫院士 주민朱旻을 보내 내 병을 치료하게 했는데, 주민이 나를 진맥하고 말했다.

"이 증상은 본래 칠정七情이 상했기 때문에 감기가 겹쳐서 생긴 것이니, 마음을 써서 조리하시오."

주민이 태의원에 급히 달려가 약을 가지고 왔는데, 가감칠기탕加減七氣湯이었다. 손수 약을 달여 내게 먹였는데, 주민이 떠나고 밤 2경이 되자 먹은 약을 토했다.

4월 23일, 옥하관에 머물렀다

하늘이 흐리고 천둥이 쳤다. 동틀 무렵 주민이 또 와서 내 맥을 살피고 말했다.

"어제는 삼지이패三遲二敗[18]의 맥이더니 오늘 맥의 기운에 회생할 기색이 있어, 잘 치료하면 되겠소."

또 인삼양위탕人蔘養胃湯을 달여 먹였다. 내가 약을 먹은 후 몸이 점점 평안해졌다. 저녁 무렵 이서와 장술조가 함께 와 내게 말했다.

"내일 일찍 그대들이 귀국해야 하는데 지금 그대 병이 좋아지지 않으니, 26일에 출발하는 것이 어떻겠소?"

내가 말했다.

"나는 초상에 달려가다가 타국에 표류해 왔으니 마음이 아주 간절하오. 하루 지나는 것이 참으로 3년 지나는 것 같소. 어제 병이 오늘 조금 나았으니 수레 위에 누워서 가도 좋소. 가게 해 주시오."

장술조가 말했다.

"그렇다면 내가 순천부체운소順天府遞運所에 가서 수레와 말을 알아보고 오겠소."

명나라 태조 고황제께서 남경에 수도를 정하셨는데, 남경은 금릉이니 육조 제왕의 수도였던 땅이다. 태종 문황제께서 북평부로 천도해 북경이 됐지만, 남경의 관청 역시 그대로다. 남경 기내에 응천부 등 18부가 있고, 소속 주현이 있다. 북경 기내에 순천부 등 11부가 있고, 역시 소속 주현이 있다. 남경과 북경의 기내와 부·주·현은 육부에 직접 예속돼 있다. 또 천하를 나누어 13개의 포정사를 만들었으니 산서·산동·하남·섬서·절강·

---

[18] 건강한 사람은 숨 한 번 쉴 때에 맥박이 네 번 뛴다. 세 번 뛰면 늦은 것이고, 한두 번 뛰면 위험한 것이다.

강서 · 호광 · 사천 · 복건 · 광동 · 광서 · 운남 · 귀주가 모든 부 · 주 · 현을 거느린다. 또 도사 · 위소를 조치해 방어한다. 부가 149개, 주가 218개, 현이 1105개다. 또 선위사 · 초토사 · 선무사 · 안무사 등이 있다.

북경은 원나라의 큰 도성이었는데, 영락 연간에 넓히고 성을 수리했다. 성문은 아홉 개인데 남쪽이 정양문이고, 정양문 왼쪽이 선무문, 오른쪽이 숭문문이다. 동쪽에는 동직문과 조양문이 있고, 서쪽에는 서직문과 부성문이 있으며, 북쪽에는 안정문과 덕승문이 있다.

성 가운데에 또 황성이 있다. 황성 가운데 서원 · 태액지 · 경화도 · 만세산 · 사직단 · 태묘가 있다. 황성의 장안좌문 남쪽에 종인부 · 이부 · 호부 · 예부가 남쪽으로 차례로 있다. 장안우문의 남쪽에 오군도독부의 중부 · 좌부 · 우부 · 전부가 역시 남쪽으로 차례로 있다. 후부는 중부의 뒤에 있다. 후부의 남쪽에 행인사 · 태상시 · 통정사사 · 금의위가 역시 남쪽으로 차례로 있다. 기수위는 통정사사의 뒤에 있다. 형부 · 도찰원 · 대리시가 모두 관성방에 있는데 남쪽으로 차례로 있다. 또 한림원은 옥하의 서쪽에 있고, 첨사부는 옥하의 동쪽에 있다. 국자감은 안정문 안에 있고 광록시는 동안문 안에 있으며 태복시는 만옥방에 있다. 그리고 오병마사 · 부군 4위 · 우림3위 · 금오4위 · 호분좌위 · 연산3위 · 대흥좌위 · 무양2위 · 용양2위 · 영청2위 · 무공3위 · 제양위 · 제주위 · 팽성위 · 사이회동관 및 순천부 · 대흥현과 완평현의 관청이 있다. 원세조 · 문천상 · 옥황 등의 사당이 모두 성안에 있다.

천수산天壽山은 북쪽 100리 되는 곳에 있으니, 바로 황도의 진산이다. 산 아래 영안성이 있고, 영안성 안에 장릉 · 헌릉 · 경릉 3위가 있다. 지금 대행 성화황제께서 여기에 묻혔다. 서산 · 금산 · 각산 · 천산 · 앙산 · 향산 · 노사 ·

평파·한가·쌍천·기반·취봉·담자·옥천·오화 등의 모든 산이 성 서북쪽 30여 리 사이에 황도를 향해 우뚝우뚝 기운차게 솟아 억만 년 기틀을 튼튼히 한다. 옥하의 근원은 옥천산에서 나와 황성의 궁궐 안을 지나 도성 동남으로 나와서 대통하가 되고, 고려장高麗庄에 이르러 상건하와 함께 백하白河로 들어간다.

해자垓子는 둘이 있다. 하나는 황성 서쪽 3~4리 되는 곳에 있어 모든 산의 물이 돌아든다. 하나는 성 남쪽에 있는데 바로 지역에서 금수禽獸를 가두어 기르는 곳이다. 기타 누각이 있어 피운각이나 중심각, 영평정, 포과·옥천·남야 등과 같은 것은 일일이 셀 수 없다.

북경은 우나라 순임금 때 유주幽州 땅이었다. 주나라 때 연경과 계주로 나뉘었다. 후위 이래 오랑캐 풍속에 익숙해졌다. 그 후 요나라 때 남경이 되고 금나라 때 중도가 되고 원나라 때 역시 대도가 돼 이적의 군주가 계속해서 도읍을 세우니, 그 백성들의 풍습과 토속은 모두 오랑캐 풍속을 받아들였다. 지금 명나라가 옛날에 물들었던 더러움을 한번에 씻어 내고자, 옷깃을 왼쪽으로 여며 구별하는 의관으로 풍속을 만들었다. 조정 문물의 성대함이 볼만한 점이 있다. 그러나 여염에서는 도교와 불교를 숭상해 유학을 숭상하지 않으며, 상업에 종사해 농업을 생업으로 하지 않는다. 의복은 짧고 좁은데 남녀가 같은 모양을 입는다. 음식은 비리고 더러우며 신분이 높거나 낮거나 같은 그릇을 쓴다. 남은 풍습이 아직 없어지지 않았으니 한스럽다. 산에는 풀이 없고 하천은 더러우며, 땅에는 모래흙이 날아올라 먼지가 하늘에 가득하고 오곡이 잘 영글지 않는다. 그 사이 인물의 번성함과 누대의 성대함, 저자의 부유함은 소주와 항주에 미치지 못하는 것 같다. 성안에서 필요로 하는 것은 모두 남경 및 소주·항주에서 가져온다.

조정에서 우리를 표류해 온 이인夷人으로 보아, 객관의 문지기 유현 등에게 우리를 지키게 했다. 상급기관에서 보내는 글로 쓴 통지문을 받들고 와서 부르는 것이 아니면 객관에서 마음대로 나서지 못하게 했다. 중간상인이나 신분이 분명치 않은 무리가 객관으로 들어와 만나는 것 역시 허락하지 않았다. 그래서 유현이 엄격하게 통제했다. 통역이 없어 장님이나 귀머거리와 같았으므로 조정에서 일어나는 일을 들어도 알 수 없었다.

4월 24일, 회동관에서 여정에 올랐다

이날 맑았다. 백호 장술조와 그의 아들 중영이 순천부에서 수레 석 대를 구해 왔다. 나는 말을 타고, 종자들은 수레나 나귀를 탔다. 옥하교에서 숭천문으로 나와 다시 통주 신성과 구성을 지나 노하역에 도착했다. 역리 이봉李鳳이 차를 달여 대접하러 왔다.

4월 25일, 흐렸다

백하를 지났다. 오랜 가뭄 때문에 물이 얕아 흙다리를 대강 설치해 놓았다. 또 화소둔·조리포·연각집·마의파·하점포·유하둔을 지나 하점역에 당도했다. 지나온 빈 들 가운데 길의 북쪽 10여 리 밖에 민둥산이 있었는데, 멀리서 바라보니 흙 언덕 같았다. 위에는 호천탑이 있었으니 바로 통주의 고산이었다. 통주는 평야에 위치해 높은 산은 없고 이런 산만 있을 뿐이다.

또 백부도포·동관체운소를 지나 삼하현 성 남문으로 들어갔다. 진사문을 지나 태복분시에 이르렀다. 삼하현은 칠도하·포구하·임순하 세 강의 가운데 있기 때문에 생긴 이름이었다. 성안에 현의 관청 및 흥주후둔·영주후둔 등의 위가 있다. 현의 북쪽 15리쯤에 영산과 고성산이 있고 서북쪽에 토아산이나 타산 등의 산이 있다.

4월 26일, 흐렸다

이른 아침에 삼하현의 지현인 오 아무개와 현승 범 아무개, 주부 양 아무개가 쌀 한 쟁반·고기 한 근·술 한 병·채소 한 쟁반을 가지고 와 위문했다. 다시 남문으로 나가 초교점에 도착했다. 초교점 동쪽에 임순하가 있는데 풀을 쌓아 다리를 만들었다. 또 연둔포·석비점·동령포를 지나 공락역에 도착했다.

4월 27일, 어양역漁陽驛에 이르러 사은사와 마주치다

이날 흐리고 밤에 큰비가 왔다. 백간포·이십리포·십리포를 지나 어양역에 도착했다. 역은 계주성 남쪽 5리쯤에 있다. 역 남쪽에 남관체운소가 있다. 역승은 조붕이라는 사람이다. 계주는 진한 때 어양군이다. 당나라 때 안녹산安祿山이 모반해 점거했었다. 나중에 옛 계문관에서 이름을 땄다. 반룡산이 서북쪽에 있고 공동산이 동북쪽에 있다.

성안에 주의 관청과 계주위·진삭위·영주우둔의 위치·소치가 있다. 서북쪽 귀퉁이에 장감묘가 있다. 장감이 어양태수였을 때 백성들에게 모 심는 법을 가르쳤으므로 동요에 '보리 이삭이 둘로 갈라졌네(麥穗兩歧)'라는 구절이 있다. 거사비가 새것 같았다. 우리가 출발하려 할 때 어떤 사람이 달려와 조선국 사신이 온다고 알렸기에, 내가 장술조에게 말했다.

"우리나라 사신이 잠깐 사이에 올 것이니, 만약 길에서 만나면 한 번 읍하고 지나가는 데 불과할 것이오. 내가 잠시 머물러 기다렸다가 본국의 고향 일에 대해 알아보고 싶소."

장술조가 말했다.

"좋소."

해가 저물녘에 사은사 지중추 성건·서장관 윤장 및 최자준·우웅·성중온·김맹교·장우기·한충산·한근·오근위·김경희·권희지·성후생·이의산·박선·정흥조 등이 와서 역 안에 머물렀다. 내가 중정에서 사신에게 나아가 알현했다. 사신이 계단을 내려와 역시 부복하고 내게 말했다.

"상께서 평안하시고 나라는 무사하며 그대의 고향 역시 탈이 없습니다. 상께서 당신이 바다에 표류해 돌아오지 못했다는 말씀을 들으시고 각 도 관찰사에게 연해의 각 관원에게 두루 알리게 해, 수색해 찾는 일을 가볍게 하지 말고 빨리 아뢰라고 예조에 명하셨습니다. 그리고 대마도 및 일본 섬들에 사람을 보내 서계의 답서를 닦을 때 이상의 말을 아울러 기록해 널리 알리게 했습니다. 우승지 경준이 차례로 아뢰어 윤허를 받았습니다. 성은을 어찌 헤아릴 수 있겠습니까?"

나는 엎드려 절을 하고 객사로 물러나 김중 등에게 말했다.

"우리는 보잘것없는 백성이라 매미나 개미가 천지 사이에서 살고 죽는 것과 같으니 살아도 천지에 보탬이 안 되고 죽어서도 천지에 손해가 되지 않는데, 어찌 임금의 염려가 소소한 백성에게 이렇게 미칠 줄 생각했으랴! 임금께서 이렇듯 염려하신 것이 우리가 만 가지 죽을 고비를 거쳐 살아난 까닭이다."

김중 등도 역시 감격해 울었다. 잠시 있다가 서장관과 최자준이 내가 묵고 있는 곳에 함께 이르러 고향의 근래 일을 다 말해 주었다. 그리고 말했다.

"표류했다는 소식을 처음에 듣고 사람들이 모두 당신이 죽었다며 탄식했습니다. 성희안成希顔 홀로 '내 마음에는 최부가 바다에서 죽은 것 같지 않으니 조만간 반드시 살아올 것이다'라고 큰소리 쳤는데, 지금 만나게 되니 과연 그 말이 증명됐소."

땅거미가 지자 사신이 나를 맞이해 함께 앉았다. 내게 저녁을 대접하고 배리에게도 내려 주었다. 내가 감사하며 말했다.

"소인의 죄가 매우 무거운데도 스스로 죽지 않아 화가 아버지께 미쳤습니다. 빈소에서 가슴을 치고 발을 구르며 통곡하기도 전에 도리어 폭풍에 밀려 오장이 나뉘어 흩어지는 것 같아 다시 살기를 바라지 못했습니다. 다행히 절강 동쪽에 도착해 6000여 리 되는 거리를 지났으나 역시 돌아보아도 가까운 사람이 없고 말이 통하지 않았으니, 슬픔과 고초를 겪어도 누구에게 하소연할 수가 있었겠습니까? 지금 영공을 만나 보니 부모님을 뵌 듯합니다."

사신이 말했다.

"내가 앞서 동팔참에서 안 영공의 행렬을 만나 당신이 살아 절강 등에 도착했다는 말을 듣고 고꾸라질 듯 기뻤습니다. 오늘 해후한 것이 다행이 아닙니까? 데리고 다닌 사람 중에 죽은 이가 있습니까?"

"우리 43명 모두 다행히 죽지 않고 함께 왔습니다."

"하늘이 실로 살려 주셨습니다. 하늘이 실로 살려 주신 거지요. 비단 살린 것 뿐 아니라 진실로 임금의 은덕으로 말미암은 것이니 참으로 기쁩니다."

내가 또 사신의 질문을 받들어 대략 표류한 까닭과 지나온 바다의 위험, 산천의 명승지와 풍속의 차이를 진술하자, 사신이 말했다.

"내가 이 땅들을 지나며 홀로 장관이라고 생각했는데, 당신 눈에는 별것 아니겠습니다."

4월 28일, 아침에 비가 오고 흐렸다

사신이 나를 불러서 또 아침 식사를 대접했다. 양식 열 말, 갓모 두 개, 부채 열 자루, 이중환理中丸 스무 개와 여러 가지 먹을거리를 주고는, 우리를 호송하는 백호를 불러 말했다.

"그대가 우리나라 사람을 호송하며 잘 돌봐준다니 가상하고 가상하오!"

갓모, 부채 등의 물건을 선물하고, 모자와 부채를 내 배리들에게도 나누어 주었다. 서장관 역시 내게 여름용 저고리 한 벌, 베 버선 한 켤레를 주었다. 최자준과 우웅도 각기 부채 두 자루를 길 떠나는 선물로 주었다. 사신이 또 나의 종자들에게 술과 고기를 각기 등급에 따라 먹였다. 이어서 내게 말했다.

"날이 점점 찌는 듯 더워지는데 길은 험하고 머니, 조금이라도 몸조리를 잘못하면 병에 걸릴 것입니다. 밥을 더 먹도록 노력하고, 본국에 잘 돌아가 자당께 효도하십시오."

이때 이정이 사신이 대접한 술에 취해 돌연 앞으로 들어와 바다에서 겪었던 고통을 다 늘어놓았다. 나는 곧 고별하고 영제교를 지났다. 다리는 용지하를 넘어갔다. 일명 어수라고도 하는데, 물이 백룡하로 들어간다. 민간에서는 이 다리가 바로 안록산이 세운 것이라고 한다. 태산 동악묘·오리점·팔리포·별산리·석하포·고수리를 지나 양번역에 도착했다.

4월 29일, 옥전현을 지나다 길에서 중국 사신을 만났다

이날 맑았다. 구유포를 지나 채정교에 이르렀다. 다리로 남수하를 건너, 옥전현에 달려 도착했다. 남전문을 통해 성으로 들어가 남전체운소까지 갔다. 소천산·서무산 등의 산이 모두 동북쪽 20~30리 사이에 있다. 연산은 서북쪽에 있는데 성에서 20리 떨어져 있다. 소철의 시에 이른바 '연산은 긴 뱀같이 1000리에 뻗어, 오랑캐와 중국을 경계 짓는다(燕山如長蛇 千里限夷漢)'는 곳이다. 내가 장술조에게 물었다.

"이 땅이 바로 한나라 때 우북평의 땅이었다고 전해 들었소. 이광李廣이 호랑이로 잘못 알고 쏘아 화살의 깃까지 박혔다는 바위는 어디에 있소?"

장술조가 말했다.

"여기에서 동북쪽으로 30리 떨어진 곳에 무종산이 있소. 무종산 아래 무종국의 옛터와 북평선의 유적이 있는데, 성이 바로 이광이 사냥을 나가 바위를 만났던 곳이오. 산 위에 또 연나라 소왕의 무덤이 있소."

우리는 또 효자 이무의 정문을 지나 동문으로 성을 나섰다. 문은 홍주 좌둔위의 문이었다. 한가장을 지나 2리쯤 되는 곳에서 가마를 타고 오는 관인 두 명과 마주쳤다. 절월과 납패가 있고 앞에서 인도하는 자가 '말에서 내리라'고 소리쳤다. 내가 즉시 말에서 내렸더니, 두 관인이 나를 앞으로 오라고 불러 말했다.

"그대는 누구요?"

내가 미처 대답하기 전에 상관
인이 내게 자기 손바닥에 쓰게 했
다. 장중영이 불쑥 와서 내 성명과
표류했다가 돌아가는 일에 대해
간략하게 진술했다. 상관인이 나
를 돌아보며 말했다.

"그대 나라 사람이 이미 그대가
중국에 도착한 것을 알고 있소."

내가 인사하고 읍을 하며 물러
났다. 그 관인이 누구냐고 물으니
중영이 말했다.

〈조선부〉
1488년(성종 19) 명나라 사신으로 조선을 찾았
던 동월이 사행을 마친 뒤 조선의 산천과 풍속,
인정과 물정을 부 형식으로 기록한 글

"앞에 가는 사람은 한림학사 동
월이고, 뒤에 가는 사람은 급사중 왕창이오. 지난달 즈음 황제의 칙서를
받들고 그대 나라에 전하러 갔다가 이제 돌아가는 것이오."

또 양가점·사류하포를 지나 영제역에 도착했다.

4월 30일, 풍윤현豊潤縣을 지났다

이날 흐렸다. 일찍 출발해 경수에 도착했는데, 일명 환향하라고도 한다.
하류가 양하로 들어간다. 당 태종이 요동을 정벌할 때 지은 이름이라고 민
간에 전한다. 또 등운문을 지나 풍윤현 성 서문에 도착했다. 문은 겹성이

었고 안에 화신묘가 있었다.

그 성으로 들어가 무안왕묘·등소문·수의문을 지나 다시 성 동문으로 나왔다. 문의 현판에 '홍주전둔위'라 쓰여 있었다. 문밖에 재성총포가 있고 재성총포 동쪽에 동관체운소가 있다. 소유 관원의 성명은 전능인데 수염과 눈썹이 희었다. 매우 정성스럽게 대접하는 뜻을 보이며 장타리[19] 정문종을 질책해 급히 수레를 구해 우리를 호송했다. 정문종이 발끈해서 성을 내며 전능의 수염을 뽑았다. 관아의 상하 간 예절이 이렇게 아주 없었다.

현에는 아골산과 영웅산이 서북쪽에 있고 진궁산이 북쪽에, 애아구산이 동북쪽에, 마두산·명월산·요대산이 동쪽에 있다. 아골산만이 성에서 가까웠다. 우리는 또 임성포를 지나 의풍역에 도착했다.

5월 1일, 흐렸다

새벽에 난주蘭州 지방에 도착했다. 중국에서는 난주가 은나라 때 고죽국孤竹國이라고 생각한다. 우리나라 이첨은 해주海州가 고죽국이라 했다. 두 가지 설이 달라 어느 것이 옳은지 모르겠다.

또 철성포·낭와포·행아현·진자진·망우교점·전자리포를 지나 천안현 지방 신점체운소에 이르렀다. 그 동쪽이 바로 칠가령역이다. 역의 동북쪽 30리 밖에 도산·망산·단산·황대·용천·쇄갑 등의 산이 바라다보인다. 도산이 더욱 높고 험준하며 빼어나다.

---

19 창고의 서무를 맡아보는 관리.

5월 2일, 영평부永平府 성 남쪽에 도착했다

이날 맑았다. 사하를 지나 난하灤河(완허강)에 이르렀다. 그 사이 지나온 곳에 사와·색산·적봉·백불원·석제자 등의 포가 있었다. 난하의 근원은 구북 개평에서 나온다. 북쪽 지방 모든 산의 물은 합류해 하나가 되어 흘러가 정류하가 돼 바다로 들어간다.

우리는 배를 타고 건너 7~8리 가서 또 칠하를 건넜다. 칠하와 비여하는 합류해 영평부 성 서남쪽을 감돌다가 난하로 유입된다. 그래서 또 호성하라고 부른다. 백이숙제묘가 강 언덕 위에 있다. 2리를 가서 영은문·세영문·관영문·상의문 등을 지나 난하역에 도착했다. 역 북쪽 2리에 성이 있고 성 위에 성루를 줄지어 세웠는데, 그중 하나가 바로 망고루다.

성안에 부의 관청 및 노룡현·영평위·노룡위·동승좌위의 치소가 있다. 영평부는 금나라 때 남경이었다. 노룡은 옛날 비자국이니 이른바 '노룡 변새 밖'이라고 하는 것이다. 용산·동산·쌍자·주왕·마안·양산·회산·필가 등의 모든 산들이 연이어 감싸 돌아 역시 경치가 뛰어난 지역이었다. 역의 남쪽 언덕은 경치가 좋고 그 위에 절이 있었다. 역승 백사경이 '이것이 개원사다'라고 했다. 이때 금의위 관인이 강도를 잡아 역 뒤 청사에 왔다.

5월 3일, 난하역에 머물렀다

이날 맑았다. 장술조가 자기 아들 중영을 북경으로 돌아가게 했다. 중영이 병부에서 우리에게 교부한 광령태감의 공문을 잘못 가져가 버렸다. 장술조가 사람을 시켜 뒤쫓아 가게 해 날이 저물어서야 돌아왔다. 그래서 부득이하게 머물렀다. 밤에 천둥번개가 크게 치고 비가 왔다.

5월 4일, 무령위에 도착했다

이날 맑았다. 동관체운소를 지나 여조하에 이르렀다. 강 북쪽 언덕에 말구유 같은 큰 바위가 있어 석조라고 부른다. 당나라 장과가 나귀를 먹였던 그릇이라고 민간에 전한다. 또 국가포·십팔리포·쌍망포·의원령포·노봉구포·궁록포를 지나 양하에 도착했다. 양하의 근원은 열타산에서 나온다.

무령현撫寧縣 성 서쪽 8리쯤 되는 곳을 거쳐 민장교장문을 지나 무령현 성 서문으로 들어갔다. 관왕묘를 지나 무령위에 묵었다. 토이산·화자산·대승산·연봉산들이 성의 남북을 둘러쌌다. 관청의 서쪽에 서관체운소가 있다.

5월 5일, 유관역을 지났다

이날 맑았다. 청운득로문을 지나 성 동문으로 나섰다. 홍산포·배시포를 지나 유관점楡關店에 이르렀다. 유관점은 옛날 국경의 관문이었으나 지금은 산해관으로 옮겨졌다. 유관점 동쪽에 투하가 있고 강가에 임투산이 있다. 수문제가 고구려를 정벌할 적에 한왕 량이 군대를 이끌고 유관을 나섰다고 한 곳이 바로 이 땅이다.

또 유관역·반산포를 지나갔다. 길 서북쪽에 해양의 옛 성이 있고 성 북쪽에 열타산이 있다. 열타산은 높이 솟아 모든 산 가운데 가장 웅장하다. 또 장고로하를 지나 낭자하에 이르자 날이 이미 저물어 갔다. 강가에 인가 서너 채가 있어 그릇을 빌려 밥을 지었다. 또 10여 리 가서 이름 모를 길에 수레를 멈추었다.

5월 6일, 맑았다

행렬이 석하에 이르자 남쪽에 오화성五花城이 있었다. 당 태종이 고구려를 정벌할 때 설인귀薛仁貴가 쌓은 것이다. 천안역에 도착했다. 역은 산해위성 서문 밖에 있고, 성의 동남쪽에 고산임해빈이 있다. 성 북쪽에 각산이 우뚝 솟아 있고 산해관은 그 안에 있는데, 북쪽으로 산을 지고 남쪽으로 바다를 두르고 있어 거리가 10여 리 된다. 오랑캐와 중원의 군사상 중요한 지역으로 진나라 장수 몽염蒙恬이 쌓은 것이다. 긴 성이 각산의 복판을 가로질러 나와서 구불구불 산해위의 동성이 됐다가 바다까지 닿는다. 동문체운소가 성안에 있다.

5월 7일, 산해관을 지났다

이날 맑았다. 조교를 통해 산해위 성 서문으로 들어가 유학문에 이르렀다. 이른바 맛이 달다는 쌍문정에 대해 물으니, 사람들이 모두 쌍봉이라고 대답했다. 보운문·급사방병원문·영웅묘를 지나 동북 제일관에 도착했다. 이른바 산해관이라는 곳이다.

산해관 동쪽에 진동공관이 있었다. 병부 주사관 한 사람이 군리를 통솔

산해관

해 항상 관사에 앉아 있다. 동서를 지나는 사람들은 모두 시비를 조사받아 출입한다. 물 긷는 아낙이나 꼴 베는 아이라도 모두 명패를 지급받아 증명해야 한다. 장술조가 우리의 성명을 줄줄이 써서 주사관에게 보고했다. 주사관이 하나하나 이름을 불러 점검한 후에야 내보냈다.

　산해관 동쪽 성문을 나서니, 문 위에 동관루가 세워져 있었다. 문 밖에 동관교가 있는데 해자를 넘어간다. 산해관 밖에 망향대와 망부대가 있다. 망부대는 진나라에서 성을 쌓을 때 맹강녀孟姜女가 남편을 찾아왔던 곳이라고 민간에 전한다. 또 동료일포·진원포를 지나니 포의 동쪽 1리에 작은 강이 있는데 그 이름이 기억나지 않는다. 또 중전천호소 성을 지났다. 성은 광령의 전둔위에서 관할한다. 성 동쪽의 작은 강을 지나서 고령역에 도착했다. 역에 성이 있다. 여기부터는 역이 모두 성을 쌓은 것이고, 체운소가 성안에 함께 있다.

5월 8일, 전둔위前屯衛를 지났다

이날 흐렸다. 고령역 사람은 완고하고 사나우며 횡포가 비할 데 없이 심했다. 내 군인 가운데 문회라는 사람이 나귀를 재촉할 때 역 사람이 몽둥이로 때려서 문회의 머리통에서 피가 철철 났다. 장술조와 우리가 길을 떠나 전둔위에 도착해 위관군도지휘 성명에게 하소연하자, 즉시 사람을 보내 그 역 사람을 잡아 왔다.

우리가 위에 이르러 성에 가까워지자 성 서쪽 2리에 석자하가 있었다. 성의 남문으로 들어가 영은문·승은문·치정문·영안문 등을 지나 위관에 도착했다. 지휘 양상이 와서 잠시 얘기했다. 용모가 크고 훤칠한 사람이었다.

또 성 동쪽 숭례문을 나섰다. 전둔위성은 옛날 대령로 서주 땅이었다. 서쪽으로 산해관에 이어져 온 큰 산이 위의 동북쪽을 누르고 있는데 바로 삼산이었다. 속칭 삼산정이라고 한다. 또 동악묘를 지나 사하역에 이르렀다. 성 서쪽에 있는 지나온 작은 강이 사하다.

5월 9일, 맑았다

장공묘·쌍곽포·왕공묘를 지나 전둔위의 중후천호소 성에 이르렀다. 남문으로 들어갔는데 문이 바로 서령문이다. 소관에 이르러 천호 유청과 작별하고 다시 나섰다. 성 동쪽 경춘문에서 출발해 동관역에 도착했다. 이 날 건넌 강이 셋이니 십자하·구아하·육주하다. 북쪽에 은악산이 있다.

5월 10일, 맑았다

곡척하포·대사포를 지나 영원위寧遠衛의 중우천호소 성에 도착했다. 남훈문으로 들어가 무안왕묘를 지나 소관에 이르렀다. 성 북쪽에 갑산·양각산이 바라다보였다. 다시 나와 영화문에서 소사하를 지나갔다. 길 동남쪽에 소염장성이 있는데 바닷가가 성 동북쪽을 감싸 안았다. 조장역 성까지 달려갔다.

5월 11일, 영원위를 지났다

이날 맑고 큰바람이 불었다. 조장역에서 영원위성까지 갔다. 성 남쪽에 또 긴 담을 쌓아 놓았는데 담 남쪽이 바로 강무장이다. 여아하가 성 동북쪽을 끼고 돌며 서쪽으로 갔다가 남쪽으로 흘러들었다. 성의 서쪽에 철모산이 있고 북쪽에 입산·홍라산이, 남쪽에 청량산이 있다. 홍라산은 세 겹둘린 산 가운데 유독 빼어났다.

우리는 성 남문으로 들어가 영은문·진사문·숭경문 등을 지나 영은가에 도착했다. 거리 가운데 2층 누각을 지어 놓았다. 누각 서쪽이 회원문, 북쪽이 정변문, 동쪽이 경양문이다. 또 위관을 달려가 잠시 쉬었다. 성안에 또좌·우·중·전·후 5소가 있다. 우리는 춘화문을 통해 성 동쪽으로 나왔다.

성 동쪽 4리쯤에 성당온천이 있다. 장술조가 나를 끌고 가니 과연 온천

탕 세 개에 욕실을 만들어 놓았다. 또 상수포를 지나 연산역에 도착했다. 역의 남쪽에 호로투가 있고 서쪽에 삼수산, 북쪽에 채아산이 있었다. 역의 이름이 이 때문에 지어진 것이었다.

5월 12일, 맑았다

길을 떠나 오리하를 지나 탑산소성에 도착했다. 소는 곧 영원위의 중좌 천호소다. 성 남문으로 들어갔는데, 문은 해령문이다. 진사문을 지나 소관 에 도착했다. 또 성 동문으로 나가서 행산역에 도착했다. 역 동쪽에 행아 산이 있기 때문에 지어진 이름이다. 북쪽에 또 장령산이 있다.

5월 13일, 흐렸다.

가다가 중둔위中屯衛의 중좌천호소성에 이르고, 정안문을 거쳐 들어갔 다가 정원문으로 나왔다. 능하역凌河驛에 이르니, 능하역 북쪽에 점무산占 茂山이 있었다.

5월 14일, 맑았다

역의 성 동쪽에 소릉하小凌河가 있다. 강을 건너 형산포를 지나 좌둔위 의 중좌천호성에 도착했다. 해령문으로 들어가 임하문으로 나왔다. 성 서 쪽에 자형산이, 북쪽에 소요사가 있다. 성의 동쪽 7~8리 밖에 또 대릉하가 있다. 두 강의 거리는 40여 리가 된다. 홍안포·동악묘는 강가 동쪽 언덕에 있다. 강의 동북쪽 6~7리 사이에 백사장이 있고 사와포가 그 가운데 있다. 백사가 바람을 따라 날아올라 포성을 가득 메웠다. 성에서 모래에 묻히지 않은 부분은 겨우 한두 자였다.

십삼산역에 도착했다. 성 동쪽에 십삼산이 있는데 봉우리가 열세 개라 붙여진 이름이다. 역 이름도 산 때문에 붙여졌다. 북쪽에 또 소곤륜산·웅본산 등이 있다. 관인이 역마를 타고 왔다. 행낭에 표주박만한 물건이 있었는데 그 안에 술이 들어 있어 가른 후에 마실 수 있었다. 장술조가 내게 말했다.

"이 열매는 야자주(야자열매)인데, 영남에서 많이 나오. 어떤 사람은 이것을 마시고 아이를 낳기도 하오. 이것은 광동포정사가 황제께 진헌한 것인데, 황제께서 또 광령태감에게 상으로 주신 것이오."

5월 15일, 맑았다

산후포·유림포를 지나 여양역에 도착했다. 산이 십삼산의 북쪽에서 동쪽으로 가로질러 이 역의 북쪽을 지나 광령위의 북쪽에 이르러 동쪽으로 간다. 그 가운데 용왕봉·보주봉·망해봉·분수봉·망성강봉·녹하봉 등이 있어 통칭 의무려산醫巫閭山이라 한다. 이 역은 바로 그 남쪽에 있기 때문에 이름이 여양[20]이다.

유관의 동쪽으로 나서면 남쪽으로 바다와 접하고 북쪽으로 큰 산이 막혀 있는데 모두 다 거친 불모지라고 들은 적이 있다. 주산이 우뚝 솟아 하

---

20 산의 남쪽을 양陽이라 한다. 여양은 의무려산의 남쪽이라는 뜻이다.

늘에 닿을 듯 높고 울창한데, 바로 이 산을 가리켜 의무려산이라고 한다.

5월 16일, 광령역廣寧驛에 도착해 성절사신을 만났다

이날 맑았다. 사탑포를 지나 또 두 개의 포와 접관정을 지나서 광령위성에 도착했다. 성 서쪽 영은문으로 들어가 진사방을 지나 광령역에 이르렀다. 성절사 참판 채수·질정관 김학기·서장관 정이득 및 민림·채년·박명선·유사달·오성문·장량·이욱·이숙·이형량·홍효성·정은·신계손·신자강·윤중련·김종손·김춘 등이 역 안으로 달려왔다. 서장관과 질정관이 먼저 내 처소에 들어와 고향 소식을 대략 말해 주었다. 내가 사신께 절하러 가자, 사신이 나를 윗자리로 이끌며 말했다.

"오늘 여기서 만날 줄 생각지 못했습니다. 그대를 표류시킨 것도 살린 것도 하늘이 하신 것이니, 표류해 도착한 중국 땅이 바로 당신이 목숨을 건질 땅이 됐겠지요."

이어서 내게 지나온 산천의 명승지와 인물의 번화함에 대해 물었다. 내가 대략 진술하자 사신 역시 절강 이남의 강산과 지방에 대해 말했는데, 마치 가본 적이 있는 것 같았다. 사신이 내게 말했다.

"우리나라 인물 가운데 양자강 이남을 직접 본 사람은 예나 지금이나 없었습니다. 그대가 홀로 이렇게 두루 보았으니 어찌 행운이 아니겠습니까?"

내가 인사하고 물러나자, 저녁에 사신이 또 사람을 시켜 물었다.

"그대가 표류해 타국에 와 있으니 짐과 식량이 분명 부족할 것입니다. 무엇이 부족하든 내가 보태겠습니다."

내가 말했다.

"나는 황제의 두터운 은혜를 크게 입어 살아서 이곳에 도착했는데, 여기를 지나면 며칠 안 돼 본국에 달려 도착할 것입니다. 영공의 여행은 반드시 일곱 달이 지나야 돌아올 테니, 여행길에 물건이 있어도 역시 한계가 있는 법이오. 가볍게 남에게 주지 마십시오. 감히 사양하겠습니다."

사신이 내 종자를 불러 쌀 두 말·미역 두 묶음을 주며 말했다.

"상중에 나그네가 됐으니 먹을 만한 것이 없을 것이다. 그래서 주는 것이다."

밤에 달빛 아래 사신이 중정에 앉아 나를 앞으로 초대해 술을 따라 주며 위로했다.

5월 17일, 광령역에 머물렀다

이날 맑았다. 사신과 서장관·질정관이 모두 내가 거처하는 곳으로 와서 한참 얘기하고 작별했다. 저녁에 진수태감 위랑·도어사 서관·도사 대인 호충·총병관 구겸·참장 최승동이 의논해, 우리가 표류해 죽을 뻔하다 살아난 것이 불쌍하다고 하며 역관과 백호 유원을 시켜 통돼지 한 마리·황주 세 동이·멥쌀 한 말·좁쌀 두 말을 가지고 와 나를 위로하게 하고, 모든 배리와 군인들에게 나누어 주어 먹고 마시게 했다.

5월 18일, 광령역에 머물렀다

이날 흐렸다. 장술조가 고별하고 북경으로 향하며 내게 말했다.

"1000여 리 길을 따라오면서 사모하는 마음이 더 깊어졌소. 내 나이 이미 예순이라 다리의 힘도 쇠했으니 어찌 그대와 다시 만날 수 있겠소? 다만 그대가 본국에서 뜻을 얻게 되면 다른 날 분명 진공進貢하러 천자께 사신으로 올 때가 있을 것이오. 우리 집은 순성문順城門 안 석 부마 집 앞의 맞은편 문이니, 오늘의 정을 기억한다면 한 번 방문해 줄 수 있겠소?"

그리고 속저고리를 벗어 오산에게 주었다. 장술조가 도중에 항상 오산을 수족처럼 부렸기 때문인 듯했다. 참장 최승이 김옥에게 우리를 맞이하게 했는데, 김옥은 요동 사람으로 우리말을 잘했다. 나는 정보 등에게 김옥을 따라가게 했다. 최승이 술과 음식을 많이 차려 매우 성대하게 대접했다.

5월 19일, 광령역에 머물렀다

이날 비가 왔다. 태감·총병관·도어사·도사·참장 등이 유원 및 사자관 왕례 등을 시켜 의복·모자·가죽신 등을 역에 가져오게 해 나와 종자들에게 나누어 주었다. 내가 받은 것은 생복청단령 하나, 백하포파 하나, 백삼준포삼 하나, 대전모 하나, 소의 하나, 백록피화 한 켤레, 털버선 한 켤레였다. 정보 이하 42인은 백삼준포삼 하나, 소의 하나, 전모 하나, 가죽신 한 켤레, 털버선 한 켤레씩을 각기 받았다. 또 통돼지 한 마리, 술 두 동이로 대접하며 위로해 주었다. 유원이 내게 말했다.

"삼사 나으리께서 그대가 돌아가면 오늘 받은 물건을 모두 국왕께 알려 달라고 말씀하셨소."

저녁에 정보 등 40여 인이 내 앞에 무릎을 꿇고 앉아 말했다.

"예부터 표류를 당하면 배가 혹 부서지지 않더라도 기갈이 들리거나 바다에 빠지거나 병사해 열에 반은 죽습니다. 지금 우리가 여러 차례 환난을 겪었으나 모두 사상자가 없으니 이것이 첫 번째 행운입니다. 타국에 표류한 자는 변방 장수에게 의심을 받아 꽁꽁 묶이거나 감옥에 갇히거나 매를 맞으며 국문을 받고 검사를 받습니다. 지금 우리는 구속당해 고통받은 일 하나 없이 가는 곳마다 모두 공경히 대접해 주고 배불리 먹게 하였으니 이것이 두 번째 행운입니다. 전에 정의 사람이 이 현감[21]을 따라 표류했을 적에 죽은 사람이 매우 많았고 속박 역시 심했으며 황도에 도착해서 상을 받는 일 없이 기갈과 고통 속에 겨우 살아 돌아왔습니다. 지금 우리는 황도에 도착해서는 황제께서 상을 내려 주시고 광령에 도착해서는 진수 삼사에서 옷과 모자, 신을 상으로 주셔서, 군인들이 빈손으로 왔다가 무거운 짐을 가지고 돌아가게 되니 이것이 세 번째 행운입니다. 이 세 가지 모든 행운이 어떻게 오게 된 것인지 모르겠습니다."

내가 말했다.

"이 모두가 우리 성상께서 인후함으로 백성들을 어루만지시고 성실함으로 대국을 섬긴 은덕 때문이다."

5월 20일, 흐리고 큰바람이 불었다

찰원·보자사를 지나 성 동문으로 나왔으니 태안문이다. 또 종수교·천수·평전·조구 등의 포를 지나 반산역에 도착했다. 지휘 양준이 와서 차를 대접했다. 역성의 북쪽에 흑산·기산·사산이 바라다보였다. 산은 모두 의

---

21 이섬李暹(1612~1673). 이섬은 1483년 정의 현감 임기를 마치고 돌아오던 중 풍랑을 만나 명나라에 표착했다가 천추사 박건을 따라 돌아왔으며, 성종에게 보고한 내용을 홍문관 직제학 김종직이 기록해 《성종실록》에 실었다. 이섬 일행 가운데 17명이 죽었다.

무려산의 동쪽 지산들이다.

5월 21일, 맑고 바람이 불었다

요참포를 지나 고평역에 이르렀다. 청천포·신하교·통하교·통하포를 지나 사령역에 도착했다.

5월 22일, 맑고 바람이 불었다

고돈포를 지나 신관문에 이르렀다. 장사성이 있는데 북쪽으로 장성에 붙어 남으로 이어졌고, 관문이 그 가운데 있었다. 성화 연간에 새로 쌓은 것이다. 또 대대·삼관묘·하만포를 지나 삼차하에 이르렀는데, 강은 요하다. 근원이 개원 동북에서 비롯돼 철령을 지나 여기에 이르러 혼하·진자하와 합류해 하나가 된다. 그래서 이름이 삼차하다.

요동 땅은 바다에 닿았고 높이 솟아 있어 지류가 모두 역류한다. 그래서 진자하와 혼하가 모두 동쪽에서 서쪽으로 흐른다. 또 경계 밖에 있는 지류는 모두 북에서 남으로 흘러 굽이굽이 감기며 여기에 모인다. 강물을 가로질러 부교를 만들었고, 또 배를 끌어 건너는데 요하도라고 부른다. 한 관인이 강 언덕의 작은 청사에 앉아서 왕래하는 행인을 살폈다. 그 남쪽에는 성모낭낭묘가 있다.

또 임하교를 지나 우가장역에 도착했다. 또 석정포·사하재성포를 지나 재성역에 이르렀다. 역은 해주위의 성 서문 밖에 있기 때문에 이름이 붙여졌다. 위 역시 거대한 진으로, 동쪽에 서모성산이 있다.

5월 23일, 요양역에 도착했다

이날 흐리고 번개가 쳤다. 역 옆 위성에서 서쪽으로 가다가 북쪽으로 가다가 동쪽으로 갔다. 체운소·토하포·감천포·관왕묘를 지나 안산역에 도착했다. 역의 동쪽에 요고산, 서쪽에 요하산이 있다. 또 무안왕묘·장점포를 지나 사하포에 이르렀다.

강이 두 개 있는데 모두 포의 동서로 이어져 있고 이름이 다 사하다. 통주에서부터 땅에 모래흙이 많았다. 그래서 강 가운데 사하라는 이름을 가진 것이 많았다. 또 수산포를 지나 체운소성에 이르렀다. 성은 팔리장이다. 접관정을 지나 요양 재성역에 도착했다. 역은 요동성 서쪽에 있다.

5월 24일, 맑았다

계면이라는 승려가 우리말을 잘했는데, 내게 말했다.

"소승은 본래 조선인입니다. 제 조부께서 여기에 도망해 온 지 이미 3대가 지났습니다. 이 지방이 본국의 경계와 가깝기 때문에 조선인 가운데 내왕하는 사람이 매우 많습니다. 중국인이 겁이 많고 나약하기 때문에 도적을 만나면 모두 창을 버리고 도망을 칩니다. 그리고 활을 잘 쏘는 사람이 없습니다. 그래서 반드시 귀화한 조선인을 뽑아서 정병을 삼거나 선봉을 삼습니다. 우리나라 사람 하나가 중국인 열 명, 백 명을 당할 수 있기 때문입니다. 이 지방은 옛날 우리 고구려의 도읍이었으나 중국에 빼앗겨 귀속된 지 1000여 년이 됐습니다. 우리 고구려의 남은 풍속이 아직 끊기지 않아 고려사를 세워 근본으로 삼고, 공경히 제사 지내기를 게을리하지 않으며, 근본을 잊지 않고 있습니다. 새는 날아 고향으로 돌아가고 여우는 죽을 때 반드시 고향 쪽으로 머리를 둔다고 들은 적이 있습니다. 저희 역시 본국으로 돌아가 살고 싶습니다만, 본국에서 도리어 우리를 중국인이라 여길까 걱정입니다. 중국으로 쇄환되면 우리는 분명 도망쳤다는 죄를 입어 몸뚱이와 목이 다른 곳에 떨어지게 될 것입니다. 그래서 마음은 가고 싶어도 발이 머뭇거립니다."

"그대는 수도하는 무리로서 깊은 산중에 있어야 마땅한데, 어찌 승려의 관을 쓰고 속되게 행동하며 여염을 출입하느냐?"

"저는 산에 들어간 지 오래됐으나 지금 관리가 불러 왔습니다."

"무슨 일로 불렀느냐?"

"대행 황제께서 불법을 존숭하시어 천하에 거대한 사찰이 반이었습니다. 승려복을 걸친 자가 서민 가운데 많았고 승려들은 편히 누워 배불리 먹으며 불사를 닦았습니다. 새 황제께서는 동궁에 계실 때부터 평소 승려 무리를 미워하시어, 즉위하시자 없애 버리겠다는 뜻이 컸습니다. 이제 천하에 조서를 내리시어 모든 신설된 사찰과 암자를 다 철거하게 하고, 도첩이 없는 승려는 환속시키라는 명령이 성화같습니다. 그래서 삼사의 나으리께서 관리를 시켜 승려를 부르고, 오늘부터 절을 허물고 머리를 기르라고 합니다. 승려의 무리가 몸을 둘 곳이 어디에 있겠습니까?"

"이는 사찰을 없애 민가를 만들고 청동불상을 부숴 그릇을 만들며 깎은 머리를 기르게 해 충군하려는 것이니, 대성인이 언제나 그렇게 해 왔던 것에서 나온 일이다. 너희 무리는 '황제폐하 만만세'라고 축복했는데, 너희가 이렇듯 축복하고 대행 황제께서 이렇듯 불법을 숭상해 사찰과 승려가 이렇듯 번성했으나 대행 황제께서 수명이 오십을 넘기지 못하고 돌아가셨으니, 너희가 축복한 것은 어디에 있느냐?"

말이 미처 끝나기 전에 계면이 인사하고 물러갔다.

5월 25일, 맑았다

통역인 천호 왕헌과 백호 오새가 내게 와 말했다.

"관부들이 당신들이 여기에 머물러 하루를 보낸다는 말을 하지 않았습니다. 그래서 저희는 알지 못한 채 집에 있다가 살피러 온 것이 늦었습니다."

오새가 정보·김중 등을 끌고 삼사 대인 앞에 데리고 나아와 표류해 온 전말을 알렸다. 삼사 대인은 도지휘사 정옥·분수총병관 한빈·포정사 부사 오옥·순안감찰어사 진림이다. 저녁에 지휘사가 관리를 시켜 황주 두 동이·통돼지 한 마리·멥쌀 한 말·좁쌀 한 말을 보내 우리를 대접했다.

5월 26일, 맑았다

왕헌이 다시 와서 말했다.

"귀국과 해서·모령·건주 등의 위가 모두 여기를 거쳐 갑니다만, 귀국의 사신이 왕래할 때 접대하는 사람이 저와 오새 둘뿐입니다. 저는 이제 연로해 더위가 두렵습니다. 그래서 총병관께서 오새를 차출해 당신을 반송하게 하셨습니다. 오새 역시 좋은 사람입니다. 당신은 본국에 잘 돌아가실 것이니 걱정하지 않으셔도 됩니다. 길이 멀어 여행 중에는 사지가 쉴 수 없고 자고 먹는 것을 때에 맞추지 못하기 때문에 실병에 쉽게 걸립니다. 그래서 몇 달 안 되는 사이에 귀국의 사신 가운데 한찬·이세필 같은 사람이 연이어 길에서 돌아가셨습니다. 길을 가는 것이 이렇게 어려운 법입니다. 지금 당신은 거친 풍랑과 남쪽 월 땅과 북쪽 연 땅을 거쳐 오셨으나 자기 몸과 종자들을 온전히 해 돌아가시는 중입니다. 하늘이 위험에 두고서도 온전히 해 주고 화에 두면서도 복을 준 까닭임을 알 만합니다."

"내가 보전해 돌아가는 것은 모두 황제의 은혜를 입은 것이고, 또 우리 조상의 영령이 분명 보이지 않는 데서 도운 공 때문일 것입니다."

5월 27일, 흐렸다

오새가 와서 말했다.

"총병관께서 차출하셔서 제가 기마 40필과 짐 실을 말 열다섯 필로 당신들을 호송해 환국시키게 됐습니다. 그 가운데 한 필은 제가 탈 것입니다. 당신들의 짐은 대략 얼마나 됩니까?"

내가 말했다.

"우리 43인은 원래 짐을 합해 실었으나 한두 마리가 되지 않았소. 다만 황제께 상으로 받은 반오와 비단바지가 모두 겨울옷이고, 또 광령에서 받은 의복과 신 등의 물건이 있을 뿐이오."

"짐이 적으니 가는 길이 편하겠습니다."

5월 28일, 큰비가 왔다

오새가 또 와서 말했다.

"오늘 짐을 정리하고 출발하려 합니다만, 비가 오니 어떻게 할까요?"

내가 말했다.

"내 절박한 마음 때문에 일각이라도 머물기 어렵소. 이런 비를 걱정하는 사람은 나 하나뿐일 게요. 올해 크게 가뭄이 들어 2월부터 비가 오지 않다가 지금 다행히 비가 내리니, 사람과 만물이 함께 기뻐할 것이오. 하늘이 하시는 일을 무어라 하겠소?"

오새가 말했다.

"그렇지요, 그렇지요."

요동은 옛날 우리 고구려의 도읍이었다. 당나라 고종에게 멸망해 중원에 귀속됐다가 오대 때 발해의 태씨가 소유했다. 나중에 또 요나라·금나라·호나라·원나라가 병탄했다. 성안에 도사·찰원·포정사·태복분사·열마사가 있고 좌·우·중·전·후위가 있다. 성 서쪽 승평교부터 숙청·영은·징청·양무·위진·사로 등의 문까지와 진사문 8좌에서 고려까지 시장과 백성 거주지가 번화했다. 강남에서 가흥부와 견줄 만하다. 그러나 가흥성 밖에는 저자가 이어져 있지만 요동성 밖은 닭이 우는 소리나 개가 짖는 소리가 들리지 않고 해자와 길가에 쌓이고 쌓인 흙무덤뿐이다. 성 동쪽에 또 따로 동령위성을 쌓았다. 수산·천산·목장·낙타·태자·행화 등의 산이 성의 서·남·동쪽을 빙 둘러 받치고 있었으며 북쪽은 끝없이 넓고 빈 들이었다.

5월 29일, 요동에서 출발했다

이날 맑았다. 오새와 천호 전복이 함께 역으로 와 우리를 인도해 출발했다. 역성의 동문 밖으로 나서니 1리가 안 돼 요동성이었다. 두 성 사이에 관왕묘가 있었다. 올량합관·태화문·안정문을 지나 우리 조선관에 도착했다. 조선관 앞에 서 있는 표지판에 '천자국을 경외해 나라를 보전하라(畏天保國)'는 네 글자가 쓰여 있었다. 또 석하아를 지나 고려동으로 들어갔다. 대석문령·소석문령을 지났다. 두 고개 사이에 왕도독묘가 있었다.

또 유하아·탕하아·두건참·낭자산을 지나 현득채리에 이르러 쉬었다. 마을에 서너 가구가 있었는데, 어둠을 틈타 마을 사람이 내 갓집을 훔쳐갔다. 갓집 안에 사모, 낭패囊佩와 강남 사람들이 준 시 원고가 들어 있었다. 정보가 오새에게 알리자 마을 사람들을 신문하고 색출했으나 찾지 못해, 오새가 내게 말했다.

"보관을 소홀히 해 도둑질을 가르쳤으니 누구를 허물하겠습니까?"

6월 1일, 맑고 일식이 있었다

현득령과 청석령을 넘었는데, 두 고개 사이에 청석진로가 있었다. 또 첨수하아를 지났다. 서남쪽에 높고 험준한 검은 산이 바라다보였다. 연자동에는 탑과 절이 있다. 동남쪽으로 높은 고개를 넘었는데 고개는 가파른 바위로 굽이굽이 감겨 있었다. 태자하를 지나 연산관에 이르렀다. 수관 천호 동문이 나와 오새·전복·방상·장용·심영을 초대해 밥을 지어 대접했다. 전복·방상·장용·심영 및 왕승·마총·홍걸·오세·김청·주단 등과 백호 30인, 군인 200여 인, 관부 10인은 모두 요동총병관이 우리를 호송하도록 차출한 사람이었다. 연산하를 거슬러 올라가 저녁에 백가장 민가에 투숙했다.

6월 2일, 맑았다

아침에 분수령에 이르렀다. 분수령 이북은 지세가 북쪽이 낮아, 계곡의 모든 물이 다 진자하에 모여 서쪽으로 요하에 들어간다. 분수령 이남의 물은 모두 팔도하에 모인다. 고개의 이름이 이 때문에 붙여졌다. 통원보에 이르렀다. 통원보에는 신성과 구성이 있고 용봉산이 그 뒤에 있으며 앞에는 용봉하, 서남쪽에는 덕산이 있다. 또 남쪽에 증산이 있는데 일명 옹북산이라고도 한다. 또 이해둔을 지나는데, 마을 사람이 말했다.

"어젯밤 천호 마총 소관의 호송 군인이 먼저 여기에 도착했는데, 타고 온 말을 호랑이가 상하게 했습니다."

예전부터 이런 걱정이 없었기 때문에 여기를 지나가는 사람들은 모두 산과 들로 다니며 묵었는데, 지금 이런 일이 생겼으니 역시 두려워할 만하다. 사초둔하를 지날 때 물이 불어나 소용돌이치며 급하게 쏟아져 내렸다. 군인 가운데 고복이라는 자가 발을 헛디뎌 물결에 넘어졌다. 오새가 마침 목욕하다가 그가 빠진 것을 보고 구했다. 이승둔에 도착했다.

6월 3일, 맑았다

사초대령을 지나 팔도하에 이르렀다. 여덟 번 그 강을 건너기 때문에 붙여진 이름인데, 반도하라고도 한다. 우리 조선의 서울에서 중국의 북경까지 이 강이 한가운데 위치해 양쪽을 반씩 나누기 때문에 생긴 이름이다. 장령아·설리참·백언령·노가독·노가하아·노가령·천하아를 지나 봉황산에 도착했다. 동령위가 막 군부를 뽑아 여기에 성을 쌓고 있었다. 오새가 내게 말했다.

"이 성은 귀국의 사신들이 오갈 때 도중의 재난을 막기 위해 쌓는 것입니다."

개주성·왕빈길탑리·여온자개하아를 지나 관득락곡에 도착해 노숙했다. 계곡의 동쪽에 해청산이 있는데 송골산이라고도 한다.

6월 4일, 압록강을 건넜다

이날 맑았다. 새벽에 탕산참湯山站과 이름이 기억나지 않는 두 개의 작은 강을 지나 구련성九連城에 도착했다. 성이 퇴락해 겨우 흙으로 쌓은 옛터만 있었는데, 파사보라고도 부른다. 파사보 앞에 강이 있으니 풍포였다.

또 배로 오야강을 건넜다. 두 강은 근원이 같으나 나뉘었다가 다시 하나로 합하는데, 흔히 적강이라고도 한다.

또 배로 압록강을 건넜다. 목사가 군관 윤천선을 보내 강가에서 나를 위로하게 했다. 저물녘 또 배로 계자강을 건넜다. 두 강 역시 하나로 나뉘었다가 아래에서 합류한다. 밤 3경 의주성에 달려 들어갔다. 성은 바로 중국인과 여진인 등이 왕래하는 요충지다. 성의 제도는 협소하고 퇴락했으며 성안의 마을이 영락했으니, 정말 한스럽다.

우두외양부터 도저소까지 160여 리, 도저소에서 영해현까지 400여 리 사이에 모두 바다에 연해 있는 벽지로 관역이 없었다. 월계순검사에 이르러 비로소 포가 있었고 영해현에 이르자 비로소 백교역이 보였다. 백교역에서 서점·연산·사명·거구·요강·조아·동관·봉채·전청·서흥을 지나 항주부 무림역에 이르렀으니, 도저소에서 여기까지 1500여 리다. 또 무림에서 오산·장안·조림·서평·평망·송릉·고소·석산·비릉·운양을 지나 진강부 경구역에 이르렀으니, 항주에서 여기까지 1000여 리다.

양자강을 지나 양주부 광릉역에 이르자, 여기부터 길이 수로와 육로로 나뉘었다. 수로는 소백·우성·계수·안평·회양·청구·도원·고성·종오·직하·하비·신안·방촌·팽성·협구·사정·사하·노교·남성·개하·안산·형문·숭무·청양·청원·도구·감마영·양가장·안덕·양점·연와·신교·전하·건령·유하·봉신·양청·양촌·하서·화합을 거쳐 통주 노하 수마역에 이르렀으니, 양주부터 여기까지 모두 3300여 리다. 육로는 대류·지하·홍심호·양왕장·고진·대점·휴양·협구·도산·황택·이국·등양·계하·주성·창평·신가·신교·동원·구현·동성·임산·어구·태평·안덕·동광·부성·낙성·영해·근성·귀의·분수·탁록을 지나 고절역에 이르렀으니, 양주에서 여기까지 2500여 리다.

강에는 홍선紅船[22]이 있고, 육지에 포마鋪馬[23]가 있다. 명령을 받든 사자나 조공을 바치는 사람이나 상인들은 모두 수로를 이용한다. 만약 가뭄 때문에 강물이 얕아져 배가 다닐 수 없거나 화급하게 알려야 할 일이 있으면 육로를 이용한다. 양주부는 남경에 가까워 사이에 겨우 세 개의 역뿐이지만 복건과 절강 이남은 모두 여기를 거쳐 황도에 도달한다. 그래서 역로가 매우 크다. 육지의 역은 거리가 60리 되는 곳도 있고, 70~80리 되는 곳도 있다. 수로의 역은 무림부터 오산까지 30리, 노하부터 회동관까지 40리인데 모두 수로 가운데 있는 육로다. 그래서 거리가 가깝다. 기타는 60~70

---

22   수역에 준비돼 있는 역선.
23   역에 준비돼 있는 역마.

리 되는 곳도 있고 80~90리 되는 곳도 있으며 어떤 데는 100리가 넘어 거리가 매우 멀다. 포는 10리, 혹은 20~30리 떨어져 있다.

양주부터는 강가에 또 천淺을 설치해 6~7리나 10여 리마다 거리를 표시한다. 내가 지나온 우두외양부터 도저소까지와 항주까지, 북경 회동관까지 대개 모두 6000여 리였다.

회동관에서 노하·하점·공락·어양·양번·영제·의풍·칠가령·난하·노봉구·유관·천안·고령·사하·동관·조가장·연산도·행아산·능하·십삼산·여양·광령·고평·사령·우가장·해주재성·안산·요양 등의 역을 지나 요동성에 도착했다. 요양은 요동재성역이다. 역은 30~40리나 50~60리 떨어져 있어 모두 1700여 리다.

산해관 이내에는 10리마다 연대를 설치해 봉화를 준비한다. 산해관을 지난 후 또 5리 간격으로 작은 돈대를 설치하고, 표지판을 세워 거리를 표시했다.

요동에서 두관·첨수·통원보·사리·개주·탕참 등의 참을 지나 압록강까지 또 300여 리다. 산해관 이동에는 또 긴 담장을 쌓고 작은 둑을 설치해 여진족을 막았다. 역체에는 모두 성이 있어 방어소와 같다. 또 부·주·현을 설치하지 않고 위소를 둔다. 비록 역체의 관원일지라도 모두 군직으로 채운다.

이런 이야기도 또 들었다. 삼차하부터 또 다른 길이 있어 해주위·서목성·수안성·앵나하둔·뇌방임자둔·독탑리둔·임강하둔·포로호둔을 지나 압록강까지 겨우 200여 리로 역시 중대로라 한다. 길 왼편에 옛 성터가 있으나 버려져 안시리가 됐는데, 민간에서 '당나라 군대를 막았던 곳'이라고 전한다. 대명 홍무 연간에 또 긴 담장을 쌓아 호족을 막았다. 머리는 진시황의 장성에 닿아 동으로 이어져 온다. 삼차하 이서는 자세히 모르겠다. 이동은 북으로 장정·장령·장안·장승·장용·장영·정원·상유림·시방사 등의 보를 지나고 또 동쪽으로 평락박보를 지나 심양성에 이른다. 또 북으로 포하·의로현·범하·철령위·요참 등의 성을 지나 개원성에 이르고, 또 동으로 무순소성을 지나 남으로 동주·마근단·청하·함장·애양·십차구 등의 보를 지나 압록강에 이른다. 모두 수천여 리로 요동의 25위를 안고 돌아 평정하고 있으며 성을 둘러 역시 길이 있다고 한다. 그러나 정확히 모르겠다.

봉화현 이남은 바닷가를 아우르고 높은 산과 험준한 고개가 많으며, 기암괴석이 계곡 사이를 휘감고 있고 꽃과 풀이 밝고 아름답다. 대강 이남 땅에는 도랑과 못이 많다. 그러나 천태·사명·회계·천목·천평 등의 여러 산이 그 사이에 종횡으로 섞여 있다. 회하 이남은 땅이 호수에 잠겨 늪지대가 많다. 이북은 땅에 솟아오른 곳이 많아 평지보다 높은 둑을 따라 배로 지나며 입구를 터서 흘려보내 수륙이 바뀌었다.

제령주의 북쪽에 분수묘가 있다. 분수묘 이남은 수세가 모두 남으로 흐르고 이북은 모두 북으로 흐른다. 무성현 이북은 땅에 진흙이 많고, 장로 같은 곳에서는 염전을 개척해 소금이 많으니 〈우공〉에 나오는 '바닷가 널리 개척한 땅(海濱廣斥之地)'이다.

천진위 이북은 수세가 또 모두 남으로 흘러 장가만까지 통한다. 너른 모래가 끝이 없고 바람에 따라 흘러서 구른다. 북경에 이르면 천수산 등의 여러 산이 북쪽에서 둘러 받치고 있다. 그 서쪽의 지산은 태행·왕옥 등의 여러 산으로 통해 하남 경계까지 도달한다. 동쪽의 지산은 동으로 달려 삼하·계주를 지나 옥전현의 북쪽에 이르러 연산이 되고 다시 동으로 풍윤현을 지나 진자진에 이르면 또 두 개의 지산으로 나뉜다. 남쪽의 지산은 동쪽으로 난주·창려현을 지나 갈석산에 이르렀다가 곧바로 바다에 닿는다. 북쪽 지산은 연산의 맥과 통해 이어져서 동쪽으로 천안·영평을 지나 무령의 동쪽에 이르렀다가 곧바로 산해관에 닿는다. 산해관 밖으로는 구불구불 동쪽으로 이어져 광령위의 서북쪽에 이르러 의무려산이 된다. 북경에서 여기까지 산이 모두 풀이 없는 민둥산이다. 그 사이 대강 이북·태행 이동·연산과 의무려산 이남의 수천여 리 사이 사방의 들이 너르게 펼쳐져 동쪽으로 대해에 통하고 광령의 동쪽·해주위의 서쪽·요동의 북쪽으로 이어져 큰 들이 되니 이른바 학야다.

해주위의 동쪽에 이르러서야 비로소 안산이 있어 휘감겨 남으로 가 천산이 된다. 이 이후로 봉우리들이 벌려 놓은 창과 둘러싼 병풍처럼 첩첩이 막혀서 동남쪽으로는 압록강에 이르며 동쪽으로는 여진족의 경계로 들어간다. 요동 이남은 산에 수풀이 많고 무성하며 계곡물이 맑고 푸르다. 북경에서 압록강까지 이름 있는 강은 모두 작은 개천이라서, 비가 오면 불었다가 가뭄이 들면 마른다. 난하·삼차하만이 제일 크고 그 다음이 백하·대릉하·소릉하·진자하·팔도하 등이다.

대강 이남은 땅에 부드러운 돌이 많아 육지에서는 모두 돌을 캐서 길을 깔았고, 혹은 잘라 낸 돌을 진창에 쏟아부어 넘어가 산등성이로 올라간다. 영해·봉화현 같은 곳에 가장 많다. 회하 이북은 돌다리가 하나도 없다. 배로 부교를 만들기도 하고 나무다리를 대략 설치하기도 한다. 육로는 모래먼지가 하늘에 가득하고 연산관 이후부터는 험준한 데다 실같이 좁은 길이 나 있으며, 사방에 풀이 거칠고 모기와 등에가 얼굴에 달려들어 길 가는 사람이 매우 괴롭다.

회하 이남부터는 땅에 논이 많고 비옥해 곡식이 싸다. 서주 이북은 논이 없다. 요동 이동은 기후가 늦게 따뜻해지고 일찍 추워져 오곡이 풍성하지 않아 기장만 자란다. 옛날에 절강·복건 이남의 조운이 모두 대강에 모여 바다를 건너 노하에 도달했다가 북경까지 이르렀다. 원나라 순제 때 비로소 운하를 뚫고 제방을 쌓아 갑문을 설치해 조운이 통했다. 명나라 영락 연간에 이르러 황하를 터 회하에 주입시키고 위하를 끌어 백하로 통하게 해 대대적으로 수축했다. 물이 쏟아지면 언·파를 설치해 막고 물에 진흙이 많으면 제·당을 설치해 막는다. 물이 얕아지면 갑을 설치해 저장하고, 물이 세차면 홍을 설치해 거스르며, 물이 모이면 취로 나눈다.

파의 제도는 다음과 같다. 두 개의 물을 제한해 안팎으로 양쪽에 돌로 언을 쌓는다. 언의 위에 두 개의 돌기둥을 세워 기둥 위에 문처럼 가로목을 댄 후, 가로목에 큰 구멍 하나를 뚫어 또 나무기둥을 가로목의 구멍에 맞추어 세우면 돌릴 수 있게 된다. 기둥 사이에 어지럽게 구멍을 파고 또 대나무를 쪼개 밧줄을 만들어 배를 나무 기둥에 묶어 두어, 짧은 나무로 어지러운 구멍에 끼워 막고서 배를 끌어 올린다. 파를 거슬러 올라가는 것은 어려우나 내려오는 것은 쉽다.

갑의 제도는 다음과 같다. 양쪽 언덕에 돌로 언을 쌓고 가운데에 배 하나가 다닐 만큼 남겨두고, 또 넓은 판으로 그 흐름을 막아 물을 저장한다. 판의 수는 물의 깊이에 따른다. 또 언 위에 나무다리를 설치해 사람이 왕래한다. 그리고 두 기둥을 나무다리 양 옆에 세워 파의 제도처럼 하고, 배가 이르면 그 다리를 철거해 새끼줄로 기둥에 묶고 갈고리로 넓은 판을 들어 올려 흐름을 통하게 한 뒤에 배를 저어 지나고, 배가 지나면 다시 막는다.

홍의 제도는 다음과 같다. 양 언덕에 역시 돌로 언을 쌓고, 언 위에 견로를 닦는다. 역시 대나무 밧줄을 사용해 거슬러 끌고 간다. 배 하나 끄는 데 인부가 100명, 소가 10여 마리 필요하다.

파·갑·홍에는 모두 인부와 소를 모아 배가 오기를 기다리는 관원이 있다. 제·당·취가 모두 석축이고, 혹 목책을 쓰는 것도 있다. 절강 진수가 양왕을 차출해 우리를 황도로 호송할 때 기한을 4월 1일로 했다. 그래서 양왕이 우리를 이끌고 밤낮으로 길을 독촉해, 순풍에는 돛을 펼치고 역풍에는 배를 저었으며, 물이 얕으면 짧은 노를 젓고 깊으면 긴 노를 저었다. 역에서 양식을 지급하고 체운소에서 배를 바꾸었다. 사명을 띠고 가는 사람 및 공물 바치러 가는 사람도 다 그렇게 한다.

100리 사이에도 풍속이 다른데 하물며 천하의 풍속을 한 가지로 논할 수는 없다. 그러나 대개 양자강을 중심으로 남북으로 나누어 보면 인가의 성쇠가 강 이남이 여러 부·성·현·위 가운데 번화하고 장려해 말로 다 할 수 없다. 진·순검사·천호소·채·역·포·리·파 같은 것이 있는 부근에 3~4리 혹은 7~8리나 10여 리, 많으면 20여 리에 이르는 사이에 여염이 땅에 가득하고 저자가 거리를 메우며 누대가 서로 바라보고 배가 닻줄에 매여 있다. 주옥·금은·보패의 산물과 쌀·수수·소금·철·생선·게의 풍부함, 염소·양·거위·오리·닭·돼지·나귀·소의 가축, 소나무·대나무·등나무·종려·용안·여지·귤·유자 등의 물건이 천하에서 제일이다. 옛사람이 강남을 아름답고 고운 땅이라고 한 것이 이 때문이다.

양주·회안 같은 강 이북과 서주·제령·임청 같은 회하 이북은 번화하고 풍부하여 강남과 다르지 않으며 임청이 더욱 번성하다. 기타 관부가 다스리는 성 같은 곳 역시 간간이 풍성하고 번화한 경우가 있다. 진·채·역·

포·리·집·취·창·만·오·갑·파·천 사이에는 인가가 아주 번성하지는 않으며 마을은 조용하다.

통주 이동으로 인가가 차츰 적어져, 산해관을 지나면 100리를 가야 겨우 한 마을이 있고 초가집 두세 채에 불과하다. 염소·양·닭·돼지·나귀·낙타·소·말 같은 가축은 우리에 가두거나 고삐를 묶거나 들에 풀어 둔다. 버드나무·뽕나무·대추나무가 무성하게 덮여 있다. 팔도하 이남은 황량하게 비어 사는 사람이 없다.

강남의 집은 기와로 덮고 벽돌을 깔았으며, 계단은 모두 연석을 사용하고 혹 돌기둥을 세운 것도 있어 매우 크고 화려하다. 강북은 초가집에 왜소한 것이 거의 반을 차지한다. 강남 사람들은 모두 넉넉한 검은 바지저고리를 입는데, 능라와 명주, 비단으로 만든 것이 많다. 양모 모자·검은 비단 모자·말총 모자를 쓰거나 베 두건으로 머리를 싸매거나 뿔이 없는 검은 두건이나 뿔이 있는 검은 두건을 쓴다. 관인은 사모를 쓰고, 상 당한 사람은 흰 베나 굵은 베 두건을 쓴다. 신은 가죽신이나 가죽 단화·가죽 장화·짚신을 신는다. 또 헝겊으로 발을 싸매 버선을 대신하는 경우도 있다. 부녀자들이 입은 옷은 모두 왼쪽으로 옷깃을 여민다.

영파부 이남의 머리 모양은 둥글고 길고 크게 해 그 끝과 가운데 화려한 장식을 묶는다. 이북은 둥글고 소뿔처럼 뾰족하게 해 관음관 장식을 쓰거나 금옥으로 사람의 눈을 현란하게 하며, 백발노파라도 모두 귀걸이를 한다. 강북의 복식은 대개가 강남과 같다. 다만 북쪽에서는 짧고 좁은 흰 옷을 좋아하며, 가난해 해진 옷을 입은 자가 열에 서넛이었다. 부녀자들의 머리 모양 역시 둥글고 새부리처럼 뾰족하게 한다. 창주 이북부터는 여자들의 옷깃 여밈이 왼쪽이기도 하고 오른쪽이기도 하다. 통주 이후는 다 오른쪽으로 여민다.

산해관 이동은 사람들이 모두 거칠고 누추하며 의관이 남루하다. 해주·요동 등의 사람들은 반이 중국인, 반이 조선인, 반이 여진인이다. 석문령 이남에서 압록강까지 모두 우리나라 사람이 이주한 것이라 의복과 말과 여자의 머리 모양이 우리나라와 같다.

인심과 풍속은 강남이 온화하고 순해 형제끼리, 혹은 종형제나 재종형제까지 한 집에 살기도 한다. 오강현 이북은 간간이 부자가 따로 사는 경우가 있으나, 사람들이 모두 잘못됐다고 여긴다. 남녀노소 할 것 없이 모두 탁자와 의자에 걸터앉아 일한다. 강북 사람은 마음이 강하고 사납다. 산동 이북은 한 집안의 가족도 서로 잘 지내지 못해, 싸우고 때리는 소리가 끊임없이 터져 나온다. 위협하고 도둑질하고 사람을 죽이는 일도 많다. 산해관 이동은 사람의 성격과 행동이 더욱 난폭하고 사나워 호족의 풍속이 많다.

강남 사람은 독서를 업으로 삼아, 마을의 어린 아이나 나룻배의 사공, 노 젓는 뱃사공까지도 모두 문자를 알고 있다. 내가 그곳에 이르렀을 때에 글로 써서 물으면 산천의 고적이나 토지 연혁을 모두 환히 알아 자세히 알려 주었다. 강북은 배우지 않은 사람이 많다. 그래서 내가 물어도 모두 글을 모른다고 하니 무식한 사람들이다. 강남 사람은 어업에 종사한다. 작은 배에 통발이나 그물을 싣고 고기를 잡는 사람이 1000명, 100명 무리를 이룬다. 강북은 제령부·남왕호 등지를 제외하면 고기 잡는 도구를 보지 못한다.

강남 부녀자들은 모두 문안 뜰을 나서지 않으며, 혹 붉은 누각에서 주렴을 걷어 올리고 멀리 바라볼 뿐이지, 밖에 다니며 노역에 종사하지 않는

300년 전 영국 사절단이 중국을 방문했을 때 그린 그림 속 사람들의 모습

방패를 든 병사, 가족, 여자 뱃사공(왼쪽부터)

다. 강북은 밭 갈고 노 젓는 일 등을 모두 스스로 한다. 서주나 임청 같은 곳에서는 화장하고 스스로를 팔거나 돈을 받고 일하는 것이 풍속이다.

강남 사람 가운데 관원이라 불리는 자는 직접 노역을 해 줄개 노릇을 하거나 걸상에 앉아 휘장 없는 관대를 하며 상하 구분이 없어 예절이 없어 보인다. 그러나 관아에서는 위의가 엄숙하고 군중에서는 호령이 엄격해, 대오가 바로잡혀 감히 떠드는 사람이 없다. 한 번 명령을 내리면 징 소리를 한 번 듣고 원근에서 구름처럼 모여들어 혹시라도 뒤쳐지는 사람이 없다. 강북 역시 그렇다. 다만 산동 이북은 명령을 내릴 때 채찍질을 하지 않으면 정제하기 어렵다.

강남의 무기는 창·검·긴 창·갈라진 창이 있으며 갑옷과 방패 등의 물건은 모두 크게 용勇자가 쓰여 있다. 그러나 활과 화살, 전투마는 없다. 강북에 비로소 활과 화살을 지닌 자가 있어 통주 이동 및 요동 등지에서는 사람들이 활쏘기와 말타기를 업으로 삼는다. 그러나 화살을 나무로 만든다.

강남은 치장하기 좋아해 남녀 모두 거울 갑과 빗, 칫솔 등의 물건을 지니고 다닌다. 강북 역시 그렇다. 그러나 지니고 다니는 사람은 보지 못했다. 강남 시중에서는 금은을 쓰고 강북은 구리 동전을 쓴다. 강남에서 파는 아이는 주석으로 팔을 묶고 강북에서는 납으로 코를 뚫는다.

강남은 농공상업에 힘을 쓰지만, 강북에는 놀고먹는 무리가 많다. 강남은 육로에서 가마를 타고 다니고, 강북에서는 말이나 나귀를 탄다. 강남에는 좋은 말이 없으나, 강북에는 말이 용처럼 크다.

강남에서는 사람이 죽으면 큰 집안에서는 사당과 정문을 세우는 경우가 있으나, 보통 사람들은 대략 관을 써서 묻지 않고 강가에 버린다. 소흥부 같은 경우에는 성 주변에 백골이 무더기를 이루었다. 강북은 양주 같은 곳에서는 강변이나 밭두둑, 마을 가운데 무덤을 만든다.

강남에서는 상을 당한 사람과 승려가 고기를 먹기도 하나 훈채를 먹지
는 않는다. 강북은 모두 날 음식과 훈채를 먹는다.

이상이 강남과 강북의 다른 점이다. 같은 점은 다음과 같다. 귀신을 숭
상하고 도교와 불교를 숭상한다. 말할 때 손을 흔들고 성이 나면 이마를
찌푸리고 침을 뱉는다. 음식이 거칠고, 같은 식탁에 앉아 같은 그릇에 담
아 젓가락을 돌려 가며 먹는다. 이나 서캐는 잡으면 꼭 씹는다. 다듬잇돌
과 절구 공이는 모두 돌을 사용하고, 맷돌을 움직일 때 나귀나 소를 부린
다. 점포에 깃발을 세워 표시하며, 지나다니는 사람은 물건을 메고 다니지
지거나 이지는 않는다. 사람들이 모두 상업을 업으로 여겨, 벼슬이 높은
거족巨族이라도 직접 소매에 저울을 넣고 다니며 작은 눈금으로 이익을
따진다. 관부의 형벌에는 죽편으로 곤장 치기·손가락 조이기·돌 올려놓
기 같은 것들이 있다. 기타 산천의 명승지·누대와 고적 같은 것은 인구에
회자되는 것이 있으나 붓끝이 모지라지도록 써도 다 기록할 수 없다. 내가
지나오며 본 것은 1000년에 한 번 보기 어려운 것이지만 상중이라 감히
구경하고 돌아다니거나 경승지를 찾아다니지 못했다. 다만 배리 네 사람
에게 날마다 표시한 것을 살펴보게 했지만 옆에서 지방을 물어 하나를 찾
으면 만 개는 빠뜨리니, 그 대략만 기록했다.

금남錦南 최 선생의 휘는 부溥요, 자는 연연淵淵이니, 희춘의 외할아버지다. 경술經術과 기절氣節로 성종조에 신임을 받아 시종侍從에 등용되었다.

명을 받들어 제주도에 갔었는데, 마침 아버지의 상을 당하여 급히 오다가 풍랑에 휩쓸려 표류하여 중국의 태주까지 흘러갔다. 돌아와 도성 밖에 이르렀는데, 임금의 명으로 일행이 날마다 기록한 것을 지어 바치니, 임금이 읽어 보고 가상히 여겨 승문원에 간직하게 하였다.

그 문자文字가 3권에 불과하지만 큰 바다의 변화를 형용했을 뿐만 아니라, 구甌에서 연燕까지 가던 길가의 산천·토산·인물·풍속까지 환하게 줄줄이 써 놓았다. 또한 선생의 경국제세經國濟世의 재능 열 가운데 하나를 살펴볼 수 있으니 다문多聞을 구하고 박람博覽에 힘쓰는 선비들 가운데 이 글을 보고 싶어 하는 사람이 많았다. 그러나 지금까지 80년간 판각하여 세상에 널리 전하지 못하였다.

희춘이 북쪽에서 은혜를 입고 조정으로 돌아와 급히 이 글을 오래 전할 생각으로 교정을 이미 마쳤지만, 오직 책임지고 맡을 분을 얻기 어려웠다. 마침 학식이 넓고 성품이 단아한 오공吳公[1]이 평안도관찰사로 가게 되어

---

[1] 평안감사 오상吳祥(1512-1573)을 가리키는데, 도승지와 6조 판서를 두루 지냈다.

희춘이 서신으로 간절히 부탁하니, 공이 기꺼이 허락하여 일할 사람을 모아 간행을 완수하여 성공하였다. 아! 이 글이 잔결殘缺하고 침륜沈淪된 지 거의 100년이 되었는데, 이제야 오랜 어둠 속에서 드러나 이 세상에 널리 전하게 되었으니, 어찌 다행스러운 일이 아니겠는가.

융경隆慶 3년 되는 기사년(1569) 8월 16일에 외손자 통정대부 성균관成均館 대사성大司成 지제교知製教 유희춘이 삼가 쓴다.

본관	탐진耽津
자	연연淵淵
호	금남錦南

1454년(단종 2, 1세)	전라도 나주 곡강면曲江面 성지촌性智村 (지금의 나주시 동강면 인동리 성지마을)에서 진사 최택崔澤과 여양 진씨 사이에서 태어남.
(미상)	전라도 해남현海南縣으로 이사. 점필재 김종직에게 사사.
1470년(성종 1, 17세)	정귀감鄭貴瑊의 딸 해남 정씨와 결혼.
1477년(성종 8, 24세)	진사회시進士會試에 합격.
1478년(성종 9, 25세)	성균관에 들어감.
1480년(성종 11, 27세)	6월, 친구들과 한훤당寒暄堂 김굉필金宏弼 집에 모여 정지교부계情志交孚稧를 만듦.
1482년(성종 13, 29세)	10월, 알성시謁聖試에 을과 1등으로 급제.
1483년(성종 14, 30세)	교서관 저작(정8품), 박사(정7품)를 거쳐 군자감 주부(종6품)가 됨.
1485년(성종 16, 32세)	성균관 전적(정6품)으로 서거정 등과 함께 《동국통감》을 편찬, 논論 120편 집필.
1486년(성종 17, 33세)	1월, 사헌부 감찰(정6품)을 거쳐 홍문관 부수찬(종6품)이 됨.
	2월, 왕명으로 김종직 등과 함께 《동국여지승람》 편찬.
	9월, 수찬(정5품)이 됨.
	10월, 《유지유용儒之有用》이라는 책문策問에 답하여 중시에 을과 1등으로 합격.
1487년(성종 18, 34세)	1월, 홍문관 부교리(종5품)가 됨. 김종직 및 여러 친구와 함께 용산강을 유람

I   외손자 유희춘의 《금남사실기錦南事實記》과 외후손 나두동의 《연보기략年譜紀略》 등을 정리하여 작성하였다.

하며 시를 지음.

7월, 용양위 사과(정6품)가 되었다가 곧 부사직(종5품)이 됨.

9월, 추쇄경차관으로 제주에 감.

1488년(성종 19, 35세)   1월, 부친상을 당함.

윤정월, 장례를 치르러 돌아오는 도중에 풍랑을 만나 표류, 10여 일 만에 중
국 태주 임해현에 도착.

6월, 귀환. 왕명으로《표해록》을 지어 올림.

11월, 왕명으로 수차를 만들어 올림.

1489년(성종 20, 36세)   11월, 모친상을 당함.

1491년(성종 22, 38세)   11월, 삼년상을 마치고 지평持平(정5품)에 제수되었으나 사간원에서 서경署
經하지 않아 부임하지 못함.

1492년(성종 23, 39세)   1월, 귀환한 즉시 부친상에 가지 않고 일기를 기록하여 바친 데 대해 대간臺
諫에서 논박하여 체직됨. 서장관으로 중국에 감. 사가독서.

1493년(성종 24, 40세)   봄, 세자시강원世子侍講院 문학文學(정5품)이 됨.

4월, 홍문관 교리(정5품)에 제수되었으나 대간의 논박으로 체직됨.

5월, 승문원 교리가 됨.

1494년(성종 25, 41세)   1월, 홍문관 교리가 됨.

8월, 예문관 응교應敎(정4품)가 됨. 휴가를 얻어 고향에 내려감. 연산군 즉위
후〈의대행묘호소議大行廟號疏〉를 지어 올림. 왕명으로 남해 금성산錦城山
에 행향行香하러 감.

1495년(연산군 1, 42세)   《성종실록》편수관이 됨.

1496년(연산군 2, 43세)   5월, 호서 지방이 크게 가물자, 왕명으로 내려가 수차 만드는 법을 가르침.

8월, 홍문관 응교가 됨.

11월, 통례원通禮院 상례相禮(종3품)가 됨.

12월, 사간司諫(종3품)이 됨.

1497년(연산군 3, 44세)   2월, 성종을 태묘太廟에 부제祔祭한 후 왕의 실정失政과 공경대신公卿大臣
을 비난하는 상소를 올림. 이 때문에 상례로 좌천. 성절사 질정관이 되어 중
국에 감.

가을, 귀국하여 예빈시정禮賓寺正(정3품)이 됨.

1498년(연산군 4, 45세)   7월, 무오사화가 일어나자 김종직의 문인이며《점필재집佔畢齋集》을 집에 소
장한 죄목으로 고신拷訊을 받고 단천端川에 유배됨.

1504년(연산군 10, 51세)   10월 24일, 다시 나포되어 참형을 당함. 해남현 모목동牟木洞에 묻힘.

1506년(연산군 12)   신원伸寃되어 도승지都承旨(정3품)에 증직됨.

1569년(선조 2)   외손 유희춘이《표해록》을 간행.

1571년(선조4)	유희춘이 문집《금남집》을 간행.
1573년(선조6)	유희춘이《표해록》을 간행.
1676년(숙종2)	외후손 나두춘羅斗春이 문집과《표해록》을 합편하여 간행.
1724년(경종4)	외후손 나두동羅斗冬이 문집을 보간補刊.
1725년(영조1)	나두동이《표해록》에 연보와 부록을 보완하여 간행.
1769년(영조45)	일본 유학자 기요타 기미카네淸田君錦가《표해록》을 일본어로 번역하여《당토행정기唐土行程記》라는 제목으로 간행.
1945년	아버지 묘가 있는 전라남도 무안군 몽탄면 이산리 느러지마을로 이장.